AI시대
국제물류론

AI시대 국제물류론

강민효 지음

경진출판

감사의 글

최근 글로벌 경제는 디지털 경제의 출현, 인공지능(Artificial Intelligence, AI)의 등장, 지역별 블록화의 심화, 미-중 무역 분쟁, 그리고 국지적 전쟁 등으로 인해 많은 기업들이 경영상의 어려움에 직면하고 있다. 국제물류는 한국 경제의 기본과 핵심 요소로서, 국내 시장의 한계를 극복하고 글로벌 시장 진출을 가능하게 하는 중요한 전략적/운영적 수단이다.

글로벌 기업의 핵심 역량 중 하나는 국제시장 진출 능력과 국제물류의 각 구성 요소에 대한 이해, 그리고 글로벌 경제환경의 변화에 대한 학습 능력이다. 특히 대학 학부 과정에서 국제물류, 국제유통 및 국제경제 그리고 국제경영에 대한 이해는 기본적인 학문 영역이라 할 수 있다. 따라서 이 책은 후학들의 기본 물류 및 경영 개념과 이론 습득과 학문적 트렌드 변화에 대한 심도 있는 연구에 기여할 것으로 기대된다.

글로벌 경제의 극심한 침체와 출판업계의 어려움에도 불구하고 본 원고를 흔쾌히 승낙해 주신 경진출판 양정섭 사장님께 진심으로 감사 인사드리오며 세심하게 원고 개정 및 편집을 해 주신 부분에 대해 다시 한번 감사의 말씀을 드립니다.

끝으로 험난한 인생에서 항상 응원하고 함께 하는 사랑하는 가족들과 친척분들에게도 감사의 말씀을 올립니다.

2025년 10월 10일

著者識

머리말

최근 글로벌 경제 상황에서 기업들의 국제물류는 광범위하고 다양한 국가들과 연계되며 사회 전반에 걸쳐 확산하여 기업의 경영활동에 밀접한 관련을 맺고 있다. 최근의 빠르게 발전하고 있는 디지털 기술의 출현, 급변하는 통상환경, 미국의 관세전쟁, 그리고 팬데믹 등의 상황은 다수의 글로벌 공급사슬의 붕괴를 초래하고 있다. 예기치 못한 전쟁과 공급망 교란으로 인해 기업들은 제품을 공급할 수 없어졌으며, 이는 다른 국가의 제품 생산에도 치명적인 문제를 초래하였다. 이처럼 한 국가의 무역에 차질이 발생하면 세계적으로 연계된 한국 경제에 직접적 또는 간접적으로 영향을 미치게 된다. 또한 이러한 세계적 네트워크화 상황은 각 개인의 삶과 경제에도 상당한 영향을 미친다. 그만큼 글로벌 경영은 각 기업의 경영관리와 밀접하게 관련되어 있다.

이 책이 다른 저서와 구별되는 특징은 다음과 같다. 국제물류 이론과 해외 직접투자 관련 이론을 체계적으로 서술하였으며, 국제경영의 기능별 전략과 세부 내용을 충실하게 담고 있다. 특히 해외 진출 전략, 생산관리 및 공급사슬관리 등의 영역을 상세하게 다루고 있다. 또한 물류현장에 도입되는 디지털 기술 현황과 적용에 대해 자세하게 소개하고 있다.

이 책의 구성은 제1부에서 국제물류의 개념을 설명하고, 제2부에서는 국제경영전략과 국제물류를 중심으로 서술하였다. 제3부에서는 국제물류와 국제무역을 실무적 관점에서 설명하였으며, 제4부 국제생산 및 공급사슬관리를 상세하게 제시하였고, 제5부에서는 국제금융을 다루었으며, 제6부에서는 클레임과 상사중재를 자세하게 집필하였다. 마지막 제7부에서는 국제마케팅에 관하여 설명하였다.

이 책에서 서술한 내용을 학습함으로써 국제물류와 국제경영에 관한 기본 지식과 이론에 대한 이해도와 통찰력을 제고할 수 있다. 이러한 점에서 대학 교재로서 학부 과정 학생들에게 도움이 되고자 가능한 한 쉽게 서술한 저서이다. 또한 국제경영을 통해 글로벌 지역으로 진출하고자 하는 기업의 국제 물류 및 경영 관리자에게 도움이 되기를 기대한다. 국제물류와 국제경영의 발전과 새로운 사업 진출에 조금이나마 이바지하기를 바라며, 독자들의 성공과 한국 경제의 더 큰 도약을 응원하는 마음으로 이 책을 저술하였다.

부산 엄광산 기슭에서

저자 강민효

차례

제4장 물류시스템의 최적화 ___ 40

제5장 디지털 전환의 시대 ___ 44

제6장 국제물류의 변화 ___ 48

제2부 국제경영전략과 국제물류

제1장 국제통상환경 ___ 94

제2장 ESG 경영 및 통상 확대 ___ 100

제3부 국제물류와 국제무역

제4부 국제생산 및 공급사슬관리

제5부 국제금융

제6부 클레임과 상사중재

제7부 국제마케팅

제7장 국제목표시장 선정 340

제8장 국제목표시장 선정 344

제9장 국제시장 진입 전략 356

제10장 국제시장 마케팅믹스 전략 365

제1부
국제물류

제1장

국제물류관리의 개념

1. 물류(logistics)의 의의

글로벌경영은 세계 경제와 긴밀히 상호 연관되어 있으며, 이에 따라 물류의 중요성이 더욱 주목받는다. 기업들은 경쟁적으로 해외 시장에 진출하여 공장 설립 및 물류센터 구축을 통해 현지 시장점유율을 제고하기 위해 전사적 역량을 결집한다.

물류는 공급사슬관리의 핵심 구성 요소이다. 고객의 요구를 반영하여 생산지부터 최종 소비지까지 재화·용역 및 관련 정보의 효율적이고 효과적인 흐름과 보관을 계획·실행·통제하는 전 과정을 포함한다.

2. 물류의 목적

물류 활동을 통해 기업은 운영 효율성과 이익의 극대화를 추구한다. 따라서 물류의 목적은 아래와 같이 체계적으로 정의할 수 있다.

첫째, 재고 및 물품 흐름의 변동성 최소화이다. 물류의 핵심 목표는 구매, 생산, 운송 관리에 부정적 영향을 미치지 않도록 시스템 내 변동성을 최대한 억제하는 것이다. 변동성 관리에 실패할 경우, 고객 만족도 저하와 함께 기업의 경쟁력이 현저히 약화할 수 있다.

둘째, 소비자와 수요자의 요구에 대한 신속한 대응 역량 확보이다. 현대의 소비자 시장은 급격한 변화에 직면해 있다. 이러한 시장 변화에 민첩하게 반응하는 능력은 기업의 경쟁 우위를 결정하는 핵심 요소로 작용하며, 물류는 이러한 대응성을 직접적으로 지원한다.

셋째, 재고비용의 최소화는 물류의 중요한 목적 중 하나이다. 재고비용 절감을 위해서는 과잉 재고 보유를 지양하고, 생산량, 재고 수준, 출하량 등이 합리적으로 관리될 수 있도록 관련 부서 간의 유기적인 소통과 협력이 필수적이다.

넷째, 배송품의 혼재(Consolidation)를 통한 물류비용 절감이다. 즉, 물품 운송 시 유사한 목적지로 향하는 화물들을 통합하여 적재함으로써 단위 운송비용을 절감하는 것이다. 이는 물류 운영의 효율성을 제고하는 실질적인 방안이다.

다섯째, 높은 수준의 물류 서비스 품질 유지이다. 기업의 핵심 물류 활동은 정시 납기(On-time Delivery)를 준수하고, 고객의 반품 요구 등에 신속하게 대응하는 것을 포함한다. 이를 위해서는 높은 수준의 물류 서비스 품질이 반드시 뒷받침되어야 한다.

여섯째, 제품수명주기(Product Life Cycle)의 효과적 지원이다. 이는 시장 정보를 신속하게 반영하고, 생산, 마케팅, 구매 등 관련 부서와 긴밀히 소통하는 것을 의미한다. 또한, 신제품 개발의 필요성을 제기하고, 기존 제품의 수요를 정확히 분석하여 관련 정보를 제공해야 한다. 재고 수준 역시 제품 수명주기의 각 단계를 고려하여 전략적으로 결정되어야 한다.

3. 물류의 범위

물류 활동의 범위를 전체적으로 이해하는 것은 매우 중요하다. 물류의 범위는 기업의 운영 프로세스 전반을 파악하고, 주요 활동 요인을 식별할 수 있는 프레임워크를 제공한다. 본서에서는 물류의 범위를 크게 세 가지로 구분하고자 한다.

첫째, 조달물류(Inbound Logistics)이다. 이는 외부 공급업체로부터 원부자재를 공급받는 활동으로써, 적기·적소(Just-in-Time)에 물품이 배송되도록 관리하는 것이 물류의 핵심적인 활동 범위가 된다.

둘째, 생산물류(Production/Intra-logistics)이다. 생산물류는 조달된 자재를 생산 공정으로 투입하고, 완성된 제품을 생산 라인에서 창고로 이동시켜 보관 및 재고관리를 수행하는 중요한 활동 범위를 포함한다.

셋째, 판매물류(Outbound Logistics)이다. 이는 완성된 제품을 최종 목적지, 즉 최종 소비자에게 전달하는 전 과정을 의미한다. 고객이 원하는 정확한 장소와 시간에 제품을 인도하는 것이 중요하며, 이를 위해서는 지속적인 모니터링, 재고관리, 생산 일정 조율 등 통합적인 관리가 요구된다.

4. 물류의 주요 활동

기업은 인적·물적·정보 자원 등 다양한 생산요소를 투입하여 경영활동을 통해 제품을 생산하며, 물류활동은 이러한 제품에 공간적·시간적 효용을 부가하여 고객이 원하는 시기와 장소에서 이를 획득할 수 있도록 지원한다. 물류의 주요 활동은 크게 투입, 활동, 산출의 세 단계로 구분하여 정리할 수 있다.

첫째, 물류의 투입(Input)이다. 이 단계에서는 기업이 보유한 모든 천연자원(건물, 토지, 운용장비 등)과 인적자원이 투입된다. 나아가 금융자원으로써 필요한 자금이 투입·활용되며, 정보자원으로서 시장, 제품, 경쟁사에 대한 정보 등이 투입되는 활동을 포함한다.

둘째, 물류활동(Process)으로서 계획, 실행, 통제의 과정이다. 세부적으로는 수요 예측, 원자재 조달, 재고관리, 생산관리, 포장, 하역 등의 활동이 포함된다.

셋째, 물류의 산출(Output) 활동이다. 물류를 통해 기업은 시간과 공간의 효용을 창출하고, 고객에게 가장 효율적인 흐름을 제공하고자 한다. 이를 통해 궁극적으로 경쟁 우위(Competitive Advantage)를 확보하게 된다.

5. 물류관리 기능의 통합

국제경영에 있어 물류관리 기능을 효과적으로 통합하는 것은 기업 성과에 중대한 영향을 미치는 핵심 활동 중 하나이다. 이를 위해서는 가치사슬(Value Chain)에 대한 이해가 선행되어야 한다. 가치사슬분석은 Michael Porter에 의해 체계화된 개념이다.

기업 활동은 본원적 활동(Primary Activities)과 지원 활동(Support Activities)으로 구분된다. 본원적 활동은 조달물류(자재 및 구매관리), 생산물류(생산관리, 공정관리 등), 판매물류, 마케팅, 그리고 A/S(사후 서비스) 등으로 세분화할 수 있다. 지원 활동에는 인적자원관리, 기업 인프라, R&D, 경영기획

등이 해당한다. 이러한 본원적 활동과 지원 활동이 상호 유기적으로 운영될 때, 기업은 이윤을 극대화하고 나아가 경쟁기업에 대한 경쟁 우위를 확보하게 된다. 이러한 가치사슬분석을 통해 기업은 물류활동을 더욱 효율적으로 개선하고 관리할 수 있다.

6. 물류의 중요성

기업의 핵심 활동 중 하나인 물류는 글로벌 시대에 접어들며 그 중요성이 더욱 높아지고 있다. 국제경영의 관점에서 물류의 중요성을 파악하는 것은 시급한 과제이며, 그 이유는 다음과 같이 정리될 수 있다.

첫째, 경쟁사보다 우월한 물류 서비스를 통해 차별화를 획득할 수 있다. 최근 온라인 플랫폼 기업들은 경쟁사보다 월등히 빠른 배송과 편리한 반품·환불 서비스를 제공함으로써 물류 서비스의 차별화를 도모하고 있다.

둘째, 효율적인 물류 시스템 구축을 통해 상당한 비용 절감이 가능하기 때문이다. 국제경영 환경에서는 생산기지와 물류센터가 국제적으로 분산·배치되는 것이 일반적이다. 따라서 효율성을 극대화하는 물류 시스템을 구축하여 비용을 절감하는 것이 다국적 기업에 중요한 경영 과제가 되고 있다.

셋째, 국제경영에서 요구되는 유연성 증대에 물류가 핵심적인 임무를 수행하기 때문이다. 최근 국지적 분쟁이나 팬데믹 등으로 인해 공급사슬 붕괴(Supply Chain Disruption)가 간헐적으로 발생하고 있다. 이러한 위기 상황에 대응하기 위해서는 효율성에 기반한 유연성을 확보해야 하며, 물류 기능은 이러한 유연성을 뒷받침하는 핵심 역량이기에 그 중요성이 더욱 강조되고 있다.

넷째, 물류 서비스가 다른 기업 기능과 결합하여 시너지 효과를 창출하기 때문이다. 현대 비즈니스 환경에서는 제품과 마케팅만으로는 고객을 완전히 만족시키기 어렵다. 경쟁사들이 더 빠른 배송과 반품 서비스를 신속하게 도입하고 있기 때문이다. 따라서 물류 서비스는 다른 기능들과 효과적으로 융합되어 시장에 긍정적인 신호를 지속적으로 제공해야 한다.

다섯째, 우수한 물류 서비스 제공을 통해 궁극적으로 고객 만족도를 제고할 수 있기 때문이다. 제품의 성능과 품질, 마케팅 활동만으로는 소비자를 완벽하게 만족시키는 데 한계가 있다. 글로벌 기업들은 더 나은 물류 서비스 제공을 위해 물류 서비스의 최적화에 막대한 노력을 기울이고 있다. 따라서 기업들은 효율적이고 합리적인 물류 시스템을 구축하고, 물류 서비스를 고객 중심 및 시장 중심 관점에서 획기적으로 전환해야 한다.

7. 국제물류와 국내물류 특성의 차이점

국제비즈니스에서 국내물류와 국제물류는 큰 차이점이 있다. 특별하게 국가간 규정의 차이, 지리적인 거리, 물품의 검수 및 검품 절차, 국제비즈니스 업무상 전략 수립의 복잡성 및 불확실성이 있다. 그렇다면 아래와 같이 세부적으로 차이점을 나열할 수 있다.

첫째, 주문절차의 다양성과 복잡성을 들 수 있다. 국제무역에서 수출주문은 직접 받는 때도 있을뿐만 아니라, 해외자회사 또는 대리인에게 위임되는 경우도 있어 본사의 생산시설과의 주문절차 및 처리가 다양하고 복잡하다. 따라서 평균주문의 규모도 국내보다 상대적으로 크고 주문에 있어 복잡하고 난해하다.

둘째, 서류의 엄격성과 복잡성이 있다. 국제물류에는 수출입 관련하여 다음과 같은 부분을 엄격하게 반영해야 한다. 즉, 수출입 업무에서 금융 및 상업 서류들이 많아 복잡한 부분과 중요한 사항을 잘 반영해야 한다.

또한 서류 작성에 관련 많은 이해 관계자들이 있다. 이러한 점에서 상업서류 및 금융서류 작성시 전문적 지식과 기술 등이 요구된다. 국제상거래를 할 때 오류가 발생하는 경우에는 국제분쟁의 소지가 있어 주의가 요구된다.

셋째, 통관절차가 있다. 국제물류는 국가간 수출입 과정에서 당연히 통관을 거쳐야 한다. 통관절차는 일반적으로 신고제도, 품질검사, 보세구역 반입 등이 있어서 비교적 복잡하다. 따라서 신속한 이동이 요구되는 물품의 경우에는 상대적으로 어려움이 따른다.

넷째, 다양한 운송수단이 활용된다. 국가간 통상활동을 통해 운송거리가 연장되기 때문에 여러 운송수단을 사용하게 된다. 따라서 다양한 운송인과 운송수단을 이용하기에 운송수단간 운영의 조정 및 통합이 요구된다.

다섯째, 국제물류는 상대적으로 높은 위험성을 내포하고 있다. 즉, 국가간 통상거래를 통해 금융 및 결제, 정치/경제적 격변, 환율의 변화, 국제통상규범의 개정 등의 불확실한 부문과 함께 여러 위험에 노출될 수도 있다.

학습 문제

1. 기업 활동에 있어서 근본적인 목적을 아는 것은 매우 중요하다. 그렇다면 물류의 목적은 무엇일까요?

2. 물류는 기업의 중요한 영역을 담당하게 된다. 여기에서 물류의 범위를 구분한다면, 어떤 영역으로서 나눌 수 있을까요?

3. 물류의 효율적 운영을 위해서는 운영과 활동의 통합이 중요하다. 이런 의미에서 물류관리기능의 통합은 어떻게 설명할 수 있는가?

4. 물류는 글로벌 비즈니스에서 핵심이 되고 있다. 어떠한 이유로 물류의 중요성이 강조되고 있을까요?

제2장

글로벌 물류 환경 및 물류산업

1. 글로벌 무역 환경의 변화

1) 물류공급측면

최근 물류의 공급 측면에서는 급속한 변화가 진행되고 있다. 특히, 기술의 발전과 글로벌화의 심화로 인해 기업들은 물류 분야에서 중대한 구조적 전환을 맞이하고 있다.

첫째, 기술 발전은 물류 공급 체계에 다양한 혁신을 도입하는 기반이 되고 있다. 특히 인공지능(Artificial Intelligence), 사물인터넷(Internet of Things), 디지털 트윈(Digital Twin), 스마트 로봇 기반 융합 물류장비 등의 도입은 물류 공급 영역 전체에 획기적인 변화를 야기하고 있다.

둘째, 각종 규제의 완화는 기업들이 과거에 진입하지 못했던 산업군과 지역 시장으로의 진출을 촉진하고 있다. 이를 통해 물류 부문에서도 이전에는 제한되었던 항만, 무역, 유통, 물류 관련 분야에서 활발한 교류와 접근성 증대가 이루어지고 있다.

셋째, ESG 경영의 확산과 지속가능성에 대한 강조가 두드러진다. 이에 따라, 물류 과정에서 핵심적 역할을 하는 선박, 하역, 적재 장비 등의 친환경적 운용이 필수 요건이 되고 있으며, 물류 공급 기업들은 이러한 변화에 신속히 대응해야 하는 환경에 직면하고 있다.

넷째, 전략적 제휴, 합작투자 및 해외 직접투자 등이 더욱 활발히 전개되고 있다. 이는 기업들이 단일 국가를 넘어서 다수 국가의 시장에 진출하는 사례가 증가하고 있음을 의미하며, 결과적으로 물류 환경도 이러한 기업 활동의 다변화·복잡화에 따라 더 폭넓고 복합적인 형태로 발전하고 있다.

다섯째, 글로벌 공급사슬관리(Supply Chain Management, SCM)의 중요성이 더욱 두드러지고 있다. 구체적으로, 기업들은 원자재 조달에서부터 최종소비자에 이르는 전 과정을 통합적으로 실시간 모니터링 및 관리하고 있다. 이에 따라 물류 관리의 정교성과 중요성이 한층 강화되고 있다.

여섯째, 세계 물류 흐름, 생산 및 재고 이동 등이 매우 긴밀하게 연계되어 있다. 특정 지역에서 발생하는 사건이나 물류 보안(logistics security)의 문제는 기업의 조달물류, 생산물류, 판매물류 등 주요 활동 전반에 중대한 영향을 미칠 수 있다. 여기에서 물류 보안은 의도적 위해행위로부터 물류 시설 및 활동 전반을 사전에 보호하는 일련의 체계를 의미하며, 이는 공급망 전체에서 화물, 시설, 인력, 정보가 테러 또는 불법적 위협으로부터 안전하게 보호될 수 있도록 하는 종합적인 보안 시스템(supply chain security, cargo security, transportation security 등)을 포함한다. 이러한 환경 변화하에서 위기관리와 물류 보안의 중요성이 크게 주목받고 있다.

2) 물류수요측면

물류를 활용하는 측면의 변화, 즉 물류를 소비하는 글로벌 기업들의 경영환경과 정책의 변화를 이해하는 것은 전략적으로 매우 중요한 의미를 지닌다. 다음과 같이 물류 수요 측면에서 나타나는 주요 무역환경의 변화를 살펴볼 수 있다.

첫째, 생산기지와 기업경영의 글로벌화가 가속화되고 있다. 이는 수익성 확보가 가능하다면 지리적으로 원거리 지역으로 생산기지나 물류센터를 재배치하는 기업이 증가하고 있음을 의미한다. 따라서 이러한 현상은 기업의 물류 수요가 현저하게 증가하고 있음을 방증한다.

둘째, 전자상거래가 급격히 확대되고 있다. 이러한 비즈니스 환경에서는 물류의 신속한 대응과 실행이 필수적인 경쟁 요건이 되고 있다. 경쟁사 대비 우월한 납기 대응 능력은 기업의 경쟁 우위를 확보하는 핵심 동력으로 작용한다.

셋째, 역내 교역이 확대되고 있다. 심화되는 지역주의(Regionalism)는 기업들의 활발한 역내 운송 및 생산 활동을 촉진하고 있다. 이에 따라 관련 물류 수요 역시 지속적으로 증가하는 추세이다.

넷째, 국제 기업이 증가함에 따라 고객의 서비스 요구 수준 또한 높아지고 있다. 이에 부응하여, 기업들은 더 나은 서비스를 제공하기 위해 물류센터를 확충하거나 현지 생산시설을 설립하는 등 고객 만족도 제고를 위해 노력하고 있다. 이러한 추세는 물류 수요의 급격한 증가로 직접 이어진다.

2. 글로벌 물류의 추세

국제화가 사회 전반에 걸쳐 더욱 빠르게 심화하고 있으며, 이에 따라 글로벌 물류 영역에서도 새로운 패턴이 도출되고 있다. 이러한 변화는 글로벌 물류의 트렌드를 다음과 같이 재편하고 있다.

첫째, 기술적 추세와 관련하여, 인공지능 활용의 확대, 블록체인 기반 시스템의 도입, 친환경 에너지의 이용 증대 등은 글로벌 물류에 큰 영향을 미치는 핵심 기술적 동향으로 자리 잡고 있다.

둘째, 사회 및 비즈니스 환경에서는 공유경제의 확산, 환경 관리의 중요성 증대, 그리고 사회적 다양성의 확대가 글로벌 물류의 새로운 기준으로 부상하고 있다.

3. 글로벌 물류의 변화 동인

글로벌 물류를 변화시키는 동인(動因, Drivers)은 아래와 같이 다양하게 존재한다. 이는 변화를 일으키는 요인들이 복합적이고 예측 불가능한 특성이 있기 때문이다.

첫째, 기업의 국제경영 확대는 글로벌 물류의 고도화를 촉진하는 핵심 동인이다. 이에 따라 물류 환경은 점차 다변화되고 복잡화되는 양상을 띤다.

둘째, 글로벌 공급사슬관리의 확산 역시 물류 패러다임의 변화를 이끌고 있다. 디지털 기술의 발전과 금융 및 운송 분야의 규제 완화 등은 이러한 글로벌화를 더욱 가속하고 있다.

셋째, 국제물류 변화에 영향을 미치는 환경적 요인 역시 중요한 동인이다. 환경적 요인은 통제 불능 요인(Uncontrollable Factors)과 통제 가능 요인(Controllable Factors)으로 구분할 수 있다. 통제 불능 요인에는 현지국의 정책, 법률, 정치 상황, 문화적 특성 등이 포함된다. 반면, 통제 가능 요인은 물류센터의 위치, 보관, 하역, 포장, 서비스 수준 등 기업이 직접 통제할 수 있는 요소들이다. 국제경영에서 기업은 통제 불능 요인에 대해서는 효과적으로 대응해야 하며, 통제 가능 요인은 내부 전략을 통해 최적화하여 운영해야 한다.

4. 글로벌 물류 서비스 체계의 발전 개요

글로벌 물류 서비스 체계는 단계적으로 발전해 왔다. 일반적으로 초기부터 세계 전역에 진출하는 기업은 드물며, 다음과 같은 발전 단계를 거쳐 왔다.

① 1970년대의 수출물류체계는 국제 물류의 전형적인 형태로, 주로 수출을 위한 물류 활동에 집중하던 시기였다.

② 1980년대의 현지물류체계는 현지 생산·물류가 중시되고, 저임금 국가에 현지 공장과 물류센터 설치를 통해 시장 점유율 확대를 도모하는 시기였다.

③ 1990년대의 거점물류체계는 투자가치가 높은 지역을 중심으로 기업의 주요 활동(본원적 활동 및 지원 활동)의 일부 또는 전체를 이전하여 운영하는 방식이 본격화되었다.

④ 2000년대 이후의 글로벌 공급사슬 네트워크 체계(Global Supply Chain Management, Global SCM)는 기업 전체 활동을 글로벌 차원에서 통합적으로 관리하며, 가치의 창출과 확장에 초점을 두는 진화된 단계로 정의된다.

학습 문제

1. 글로벌 무역 환경이 물류수요측면에서 어떤 형태로 변화되었나요?

2. 글로벌 무역 환경의 또 다른 형태로서 물류공급측면은 어떻게 증가되었나요?

3. 국제물류 분야의 변화(變化) 동인(動因)은 어떤 것이 있을까요?

4. 글로벌 물류 서비스 체계의 발전 과정을 서술해 보라.

제3장

국제물류시스템과 국제물류네트워크

1. 국제물류시스템 개념

국제물류시스템은 글로벌 공급사슬관리의 실행을 위해 운송, 각종 시설, 정보처리 및 이러한 요소를 상호 연계하는 기능을 하나로 통합한 광의의 개념으로 정의할 수 있다. 다시 말하자면, 국제물류시스템은 글로벌 공급사슬관리(Global Supply Chain Management)를 디지털 기술, 다양한 자원, 그리고 기업의 전체 활동을 유기적으로 통합·관리하는 체계화된 시스템을 의미한다.

2. 국제물류시스템의 구성 요소

국제물류시스템의 구성 요소는 크게 주문처리, 창고관리, 재고관리, 하역 및 포장, 운송관리, 정보처리, 그리고 물류 관련 각종 시설로 요약될 수 있다. 다시 말해, 국제물류시스템은 국제경영을 수행하는 기업이 보유한 전체 자원을 활용하여 모든 물류 프로세스를 체계적으로 관리하는 통합적 관리체계로 정의될 수 있다.

3. 국제물류시스템의 유형

국제물류시스템의 유형은 Picard(J. Picard, 1992)에 의해 다음 네 가지로 분류된다.

첫째, 고전적 시스템(classic system)이다. 이 방식은 무역 상품 또는 제품이 수출국의 본사에서 해외 자회사 창고로 이동한 후, 고객의 주문이 발생하면 자회사 창고에서 최종 고객에게 다시 배송되는 형태이다. 이는 국제물류에서 가장 널리 활용되는 전형적 시스템으로, 창고에 일정 재고를 확보한 후 수요에 따라 대응하게 된다.

둘째, 통과 시스템(transit system)이다. 자회사 창고가 재고의 장기 보관소라기보다 통과 또는 허브 기능이 강조되는 시스템이다. 수출기업에서 해외 자회사 창고로 운송된 상품이나 제품을, 장기간 보관하지 않고 단기간 내에 유통 경로의 다음 단계 혹은 최종 고객에게 바로 배송하는 운영 방식이 특징이다.

셋째, 직송 시스템(direct system)이다. 이는 수출국 내 공장 혹은 배송센터에서 해외 자회사 고객에게 직접 배송하거나, 수출국의 배송 센터에서 최종 소비자 또는 판매점으로 곧바로 운송하는 형태이다. 이 경우 중간 창고 보관 과정이 없으므로, 보관 비용의 발생이 사실상 없다.

넷째, 다국행 창고시스템(multi-country warehouse system)이다. 상품이 생산국 창고에서 출하되어 중앙 창고(허브 창고)로 운송된 후, 다시 국가별 자회사 창고나 최종 고객에게 분산 배송되는 시스템이다. 다국행 창고는 보관형 창고로 주로 활용되나, 통과형 창고 기능도 일부 수행하여 보관 비용 측면에서 중간적 특성을 띤다. 이에 따라 보관 비용은 고전적 시스템이 가장 높고, 다국행 창고는 그 중간, 통과 시스템은 낮으며, 직송 시스템에는 보관 비용이 발생하지 않는다.

각 기업은 비용, 서비스 품질, 운영 효율성 등 다양한 요소를 종합적으로 고려하여, 자사에 가장 적합한 국제물류시스템을 전략적으로 선택해야 한다.

4. 국제물류시스템의 운영 방식

국제경영에서 국제물류시스템의 운영 방식은 매우 다양하게 나타날 수 있으나, 일반적으로 분산거점형과 집중추진형의 두 가지 유형으로 구분할 수 있다.

첫째, 분산거점형(Decentralized Model)은 해외 자회사에 물류 관련 의사결정권을 위임하여 운영하는 방식이다. 이 모델은 해외 자회사의 이익 극대화를 위한 핵심적 전략으로 간주되며, 자회사에 전권과 책임을 부여하는 특징이 있다.

둘째, 집중추진형(Centralized Model)은 본사가 직접 재고관리 및 물류 운영에 대해 의사결정을 내리거나, 자회사의 물류관리 방식을 직접적으로 감독 및 조정하는 방식이다. 이 모델의 성공적인 운용을 위해서는 본사가 자회사의 현지 의견을 충분히 수렴하고, 이를 운영 전략에 반영하는 조율 및 의사소통 체계가 필수적이다.

학습 문제

1. 국제물류시스템의 개념과 구성 요소를 설명하라.

2. 국제물류시스템의 유형 중에서 고전적 시스템은 무엇일까요?

3. 국제물류시스템 유형 중에서 통과시스템과 직송시스템은 어떻게 다른지 설명해 보라.

4. 국제물류시스템의 운영 방식은 무엇이 있으며, 각각 자세하게 서술하라.

제4장

물류시스템의 최적화

1. 물류시스템의 최적화 개념

국제경영을 수행하는 기업에 있어 물류시스템의 최적화란, 기존의 구조적 안정성을 최대한 유지하면서, 변화하는 시장 수요에 대한 대응 능력을 제고하고 관련 비용을 최소화하는 것을 의미한다.

2. 물류시스템의 최적화 과정

물류시스템을 최적화하는 과정은 일반적으로 다음과 같은 핵심 원칙들을 통해 이해될 수 있다.

첫째, 상물 분리(Separation of Commercial and Physical Flows) 원칙의 적용이다. 이는 기업의 경영활동에서 상거래 과정과 물류 과정을 명확히 구분하여 관리하는 것을 의미한다. 다수의 기업에서는 상거래와 물류 활동이 통합된 형태로 운영되는 사례가 빈번하며, 이러한 비분리적 경영관리는 정확한 비용 산정과 프로세스 분석을 저해하는 요인으로 작용한다. 따라서 체계적인 분석과 효율적인 개선 조치를 위해서는 기업 활동에서 상물 분리 원칙의 적용이 필수적이다.

둘째, 기업 활동 내에 존재하는 다양한 상충 관계(Trade-off)에 대한 체계적인 조정이 요구된다. 구체적으로, ① 물류비용과 서비스 수준, ② 물류 시스템을 구성하는 개별 비용 요소, ③ 그리고 다양한 물류 기능과 타 부문 기능 간의 상충 관계를 면밀히 분석하고 이를 최적화하는 과정이 요구된다.

셋째, 물류 관리 기능의 전략적 통합이 필수적이다. 특히, 본원적 활동에 해당하는 구매관리, 자재관리, 생산, 완제품 재고관리 등 제반 물류 기능을 디지털 기술을 기반으로, 유기적으로 통합하여 관리하는 것이 요구된다.

3. 물류 관리의 접근법

물류 관리의 접근 방식은 다음과 같이 세 가지로 구분할 수 있다.

첫째, 시스템적 접근법(Systems Approach)은 전체 프로세스의 관점에서 각 부분 간의 관계와 상호작용을 이해하고 분석하는 방식이다. 이는 물류 시스템 내 다양한 기능과 단계가 어떻게 연계·통합되어 있는지를 파악함으로써, 복합적인 문제를 종합적으로 해결하는 데 중점을 둔다.

둘째, 총비용 접근법(Total Cost Approach)은 기업이 물류 관련 비용과 운송 서비스 수준을 동시에 고려하여 의사결정을 내리는 방식이다. 즉, 개별 기능의 비용 절감보다는 전체 물류 프로세스에서의 총비용 최적화를 추구하는 것을 의미한다.

셋째, 상충 관계(trade-off) 분석 접근법은 물류시스템에서 나타날 수 있는 여러 상충 요소들, 예를 들어 속도와 비용, 시간과 비용, 품질과 속도 간의 상호 관계를 체계적으로 분석하여 최적의 의사결정을 도출하는 방식이다.

4. 물류 관리의 합리화 방안

국제 기업의 물류 관리를 합리화하는 방안은 다음과 같다.

첫째, 운송의 합리화를 통해 운송 서비스 수준을 제고하고 관련 비용을 최소화하는 것이다.

둘째, 창고관리의 합리화로서 현지 창고 수를 최적화하고 물류센터의 전략적 입지를 선정해야 한다.

셋째, 하역 및 포장의 합리화이다. 이는 하역 작업의 기계화·지능화와 포장의 표준화·견고화를 통해 수송 효율성 및 공간 활용도를 극대화하는 것을 포함한다.

학습 문제

1. 국제물류시스템의 최적화는 어떤 개념인지 서술해 보라.

2. 물류시스템의 최적화 과정을 자세하게 설명해 보라.

3. 물류관리의 접근법 3가지로 구분해서 설명해 보시오.

4. 최적의 물류관리를 위한 합리화 방안은 무엇인지 서술해 보라.

제5장

디지털 전환의 시대

최근의 디지털혁명은 인터넷기술의 발전과 정보통신기술의 비약적인 확장으로 가능하였다. 통신기술과 컴퓨터기반의 하드웨어 발전의 기반한 디지털 경제(Digital Economy)는 세계 시장의 경제, 정치, 문화, 사회 등의 전반적인 변화를 이끌고 있다.

1. 디지털 경제 출현 계기

이러한 디지털 경제의 출현하게 된 계기는 아래와 같이 분석되고 있다(Chaffey, 2002).

첫째, 인터넷 기반구조 확산에 따른 새로운 패러다임을 가져오게 되었다. 전 세계적인 인터넷망 확산에 따른 각 기업 활동 및 개인의 생활 전반에 걸쳐 영향을 미치게 된다. 이러한 배경으로 경제의 3주체는 디지털 기반의 경제 활동을 영위하게 되고 이러한 현상은 글로벌 현상으로 변모하게 된다.

둘째, e-커머스 시장의 등장이다. 전자 통신은 다른 경제 주체와의 관계를 변화를 가져오게 된다. 예를 들면, B2B 거래에 있던 시장 상황은 획기적 변화를 맞이하게 된다. 소비자들은 거래 단계를 축소하고 바로 B2C의 형태로 자연스럽게 물품 소비를 하게 되었다. 이는 소비활동에 있어 인터넷 활용이 더욱 용이해 졌기 때문이다. 기업 또한 비즈니스 모델로서 e-커머스를 이용함으로써 글로벌 시장으로 판매 확장을 이루게 되었다.

셋째, 지식정보에 대한 중요성의 증가로 인한 것이다. 인류 문명의 발전 과정은 대략적으로 농업경제, 산업경제, 디지털 경제로 발전되었다. 여기에서 농업경제의 핵심 원동력은 자연력이었다. 산업경제는 동력을 바탕으로 산업기술을 발전시킬 수 있었다. 반면에 디지털 경제의 원동력은 정보통신기술을 통한 것이었다. 실제적으로 디지털 경제에서는 물리적 자산이 크게 중요한 가치를 나타내지 않는다. 오히려 모든 구성원들이 지식근로자가 될 때에 기업은 상대적으로 효율적인 비즈니스 전략을 수립할 수 있으며 글로벌 경쟁 우위를 갖출 수 있다.

2. 디지털 경제 특징

디지털 경제는 디지털 패러다임 속에서 디지털 기술과 연관되어 있는 경제현상을 포괄하는 개념이다. 한편 디지털 경제 특징은 여러 학자들에 의해 정리되었다(Chaffey, Tapscott, Turban 등등). 그러한 부분을 종합하면 아래와 같다.

- 디지털화
- 가상화
- 지식중심
- 분자화
- 비중개화
- 네트워크화
- 융합화
- 글로벌화

- 혁신성
- 즉시성
- 생산/소비 일원화
- 이슈충돌

위의 내용을 볼 때, 디지털 경제는 경제, 정치, 문화, 사회, 통상 환경에 이르기까지 전방적으로 영향을 미치는 중요한 부분을 차지하고 있음을 보여주고 있다. 이러한 중요한 특징을 이해하는 것은 기업의 e-비즈니스와 e-커머스(전자상거래)를 수행하는 것에 있어 핵심적인 사항이 될 것이다. 디지털 경제의 이와 같은 특징은 기업의 네트워크화와 구매 및 조달활동 방식에 영향을 미치게 된다. 물론 소비자의 소비활동에도 큰 영향력을 미친다는 것은 자명하다. 또한 디지털 경제는 글로벌 사회에서 국제경영 방식과 국제통상환경에도 변화와 혁신의 주역으로 자리를 차지하고 있다.

학습 문제

1. 디지털 경제는 어떤 형태로 전체 사회와 경제에 영향을 주고 있는가?

2. 디지털 경제 출현 계기를 자세하게 서술해 보라.

3. 디지털 경제의 특징을 나열해 보라.

4. 디지털 경제가 비즈니스와 경영환경에 영향을 주는 부분을 자세하게 설명해 보시오.

제6장

국제물류의 변화

1. 물류자동화 및 휴먼노이드 로봇 출현

물류자동화는 이제 더 이상 먼 미래의 이야기가 아니다. 기존의 물류 작업인 포장, 분류, 적재, 재고 위치 및 재고수량 파악 등이 로봇기계 또는 자율주행차량에 의해 관리된다. 이러한 변화는 물류 현장을 근본적으로 변화시키고 있다. 사진은 물류 작업 중인 휴먼노이드 로봇(Humanoid Robot)

과 자율주행로봇(Autonomous Mobile Robot)이다.

이러한 휴먼노이드 로봇은 제품의 적재, 포장 및 분류 등의 다양한 작업에 활용되고 있다. 로봇의 장점은 24시간 작업이 가능하고, 실수가 없는 방식의 프로그램화된 기계라는 점이다. 현재 선진화된 공장설비를 갖춘 기업들은 비용 절감과 효율화 증대를 동시에 달성하기 위해 선제적으로 도입하고 있다.

스마트 공장(우측 사진)은 인력에 의존하기보다는 순수한 로봇 자동화 설비를 통하여 현저하게 생산성을 제고하고 있으며, 비용의 최소화를 통해 기업은 생존력과 경쟁 우위를 높이고 있다.

거리에서 공장까지… 휴머노이드 로봇, 미국 산업 현장에 스며들다

지난 6월 텍사스의 주도 오스틴 번화가에 이색적인 광경이 펼쳐졌다. 카우보이 모자를 눌러쓴 키 150cm 남짓의 휴머노이드 로봇이 바톤 크릭 몰(Barton Creek Mall)과 더 도메인(The Domain) 일대를 천천히 거닐며 행인들과 눈을 마주친 것이다. 이름하여 '제이크 더 리지봇(Jake the Rizzbot)'. 이 로봇은 지나가는 사람들에게 "That drip is clean, boss energy(옷차림 멋지다, 카리스마 넘친다)"와 같은 Z세대·알파세대식 화법으로 칭찬을 건네며 시민들의 시선을 단숨에 사로잡았다. 사람들은 일제히 스마트폰을 꺼내 들고 웃음과 놀라움을 표했고, 그 순간 오스틴 도심은 공상과학 영화 속 장면과 현실이 겹쳐지는 무대로 변모했다.

이번 사례는 단순한 퍼포먼스를 넘어선다. 오스틴 거리를 누빈 로봇처럼 휴머노이드 기술은 이제 연구실을 벗어나 산업 현장으로 빠르게 확산되고 있다. 미국에서는 인력난으로 인한 자동화 수요 확대, 그리고 AI · 센서 기술 발전이 맞물리면서 제조업과 물류 분야에서 휴머노이드 로봇의 시범 운용과 상용화 시도가 이어지고 있다. 일부는 엔터테인먼트와 대중 공간까지 영역을 넓혀간다.

① 제조 현장

제조업은 휴머노이드 로봇 도입이 가장 빠르게 진행되는 분야다. 테슬라(Tesla)는 오스틴 기가팩토리에서 자체 개발한 옵티머스(Optimus)를 활용해 조립라인의 단순·반복 작업을 보조하는 실증을 진행하고 있다. 향후 대규모 투입을 목표로 한다. 오스틴에 본사를 둔 스타트업 앱트로닉(Apptronik) 역시 아폴로(Apollo) 로봇을 메르세데스-벤츠(Mercedes-Benz) 생산라인에 도입해 키팅(kitting), 부품 전달, 검사 업무 등을 맡기며 제조 현장에서의 실질적 역할을 확대한다. 두 사례 모두 인력 부족 문제를 해결하고 생산 효율성을 높이려는 제조업계의 필요가 가져 온 변화다.

② 물류 현장

글로벌 물류 기업들도 휴머노이드 로봇을 적극 검토하고 있다. 지엑스오 물류(GXO Logistics)는 애질리티 로보틱스(Agility Robotics)의 디짓(Digit)을 창고에 투입해 컨테이너 운반, 정렬, 주문 처리 등 다양한 물류 작업을 시험하며, 일부 고객사와는 RaaS(Robot-as-a-Service) 계약을 통해 상용화를 준비 중이다. 앱트로닉 제조 파트너 제이빌(Jabil)과 협력해 내부 물류라인에서 아폴로 로봇을 활용, 라인사이드 운송과 반복 검사 작업을 자동화하고 있다. 이는 물류 현장에서 휴머노이드 로봇이 단순 자동화 장비를 넘어 다목적 인력 보조 역할로 확장될 수 있음을 보여준다.

③ 엔터테인먼트와 대중 공간

산업 현장을 넘어 휴머노이드 로봇은 엔터테인먼트와 대중 공간에서도 존재감을 드러내고 있다. 오스틴의 Jake the Rizzbot은 시민들과의 소통으로 화제를 모았다. 보스턴 다이내믹스(Boston Dynamics)의 아틀라스(Atlas)는 달리기, 점프, 파쿠르, 춤 동작 등 고난도 퍼포먼스를 선보이며 온라인과 미디어에서 폭발적인 반응을 얻고 있다. Atlas는 아직 상용화 단계에 이르지는 않았지만, 인간형 로봇이 구현할 수 있는 복잡하고 유연한 동작을 보여주며 휴머노이드 기술의 잠재력을 대중에게 각인시켰다.

미국 휴머노이드 로봇 시장은 부품 → 시스템 통합 → 최종 어셈블리 → 적용 산업 → 서비스 운영으로 이어지는 다단계 공급망을 형성하고 있다. 가장 기초 단계에서는 모터, 감속기, 센서, 배터리, AI칩 등 핵심 하드웨어와 제어 소프트웨어가 결합된다. 이어서 이러한 부품이 통합돼 로봇의 구동·인지·제어 기능을 구현하는 단계가 진행되며, 주로 테슬라 같은 대기업과 앱트로닉·피겨(Figure) 등 혁신 스타트업이 중심 역할을 맡고 있다. 이후 제이빌과 같은 전자제조서비스(EMS) 기업이 대규모 생산과 품질검증을 담당하며 로봇의 양산 체계를 구축한다. 이렇게 생산된 로봇은 제조업과 물류 산업에서 우선 활용되며, 일부는 엔터테인먼트와 대중 공간에서도 시범 적용이 진행되고 있다. 마지막으로 유지보수·업그레이드·RaaS(Robot-as-a-Service) 등 사후 서비스 시장이 형성되면서 공급망 전반에 새로운 부가가치가 창출된다. 이처럼 스타트업의 혁신, 대기업의 자본 투자, EMS 기업의 생산 능력, 그리고 수요 산업의 실증 사업이 맞물리며 미국 휴머노이드 시장은 역동적인 생태계를 구축해가고 있다.

휴머노이드 로봇 시장은 아직 초기지만 빠른 성장 궤적을 보이고 있다. Grand View Research 에 따르면 미국 휴머노이드 시장은 2023년 5억8400만 달러에서 2030년 17억9400만 달러로 확대될 전망이며 2024~2030년 연평균 성장률(CAGR)은 17.4%일 것으로 예상된다.

미국 정부 휴머노이드 산업을 키우기 위해 정책적으로 연구개발 투자와 안전·표준 정비를 병행 중이다. 반도체 및 과학법(CHIPS and Science Act)은 미국국립과학재단(NSF, National Science Foundation) 산하 기술혁신파트너십국(TIP, Directorate for Technology, Innovation and Partnerships) 등을 통해 로보틱스·AI 전반의 연구·전환 투자를 뒷받침하고 있다. NSF의 연차 예산에서도 로보틱스와 AI 를 포함한 핵심 기술 투자가 확대되고 있다. 산업안전보건청(OSHA, Occupational Safety and Health Administration)은 로봇 및 협동로봇 안전표준(ANSI/RIA R15.06, TR R15.606 등)을 안내하고 있다. 국립표준기술연구소(NIST, National Institute of Standards and Technology)는 로봇 조작·접촉 안전 메트릭과 시험법 개발 등 표준화 연구를 통해 산업 현장 확산의 규제·표준 기반을 보완한다.

미국 휴머노이드 로봇 시장은 제조와 물류를 중심으로 초기 상용화 단계에 들어섰으며 정부 정책과 민간 투자가 맞물려 향후 수년간 빠른 성장을 이어갈 것으로 전망된다. KOTRA 달라스 무역관이 인터뷰한 로봇 공학 관련 교수는 “미국 기업들은 휴머노이드 로봇을 단순히 미래 기술이 아니라 실제 인력 대체 수단으로 검토하고 있습니다. 아직은 초기 단계지만, 공급망 전반에서 협력 기회가 다양하게 존재합니다.”라고 전했다. 휴머노이드 로봇은 단순 반복 업무를 대체하는 데서 출발했지만 앞으로 엔터테인먼트와 서비스 영역으로 활용 범위가 확장되면 산업 생태계 전반에 파급 효과가 커질 것으로 보인다.

<제조, 물류, 엔터테인먼트 분야에서 활약 중인 휴머노이드 로봇>

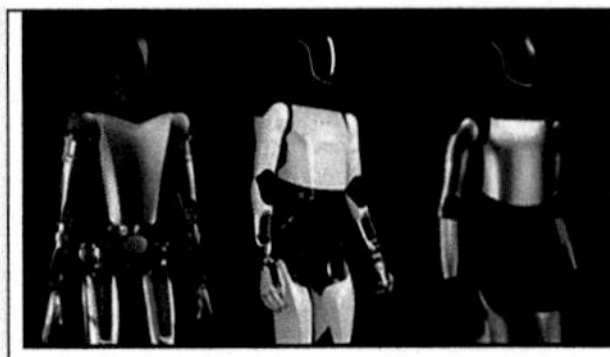	
Tesla - Optimus	Apptronik - Apollo

Agility Robotics - Digit	Boston Dynamics - Atlas

[자료: 공식 홈페이지]

이에 우리 기업들에게도 다양한 진출 기회가 열릴 것으로 보인다. 이미 경쟁력을 인정받고 있는 모터·감속기·배터리·센서와 같은 핵심 부품을 휴머노이드 생산 공급망에 정착시키거나 미국 내 생산거점 확보나 EMS(전자제조서비스) 기업과의 협업을 통한 OEM 공급망 참여도 가능하다. 자율보행 제어, HRI(인간-로봇 상호작용) 소프트웨어, 안전 규제 대응 솔루션 등 아직 수요 대비 공급이 부족하다고 꼽히는 분야도 우리 기업들에게 기회가 될 수 있을 것이다. 다만, 첨단기술 영역은 무엇보다 현지 기업들과의 파일럿 프로젝트 참여를 통해 레퍼런스를 확보하는 전략이 향후 미국 시장 접근 시 고려돼야 할 것이다.

—출처: Newyork Post, Grandview Research, USA Today, Built in, KOTRA 달라스 무역관 자료 종합, 2025년 9월 16일자

2. 빅데이터 활용

1) 물류 분야

아래 사진은 물류 분야에서 빅데이터(Big data)를 활용하는 것을 나타내고 있다.

물류 분야에서 빅데이터를 활용하는 경우에 아래와 같이 다양한 방식으로 적용되고 있다.

① 물류 핵심 분야의 최적화를 위해 활용되고 있다. 예를 들면 재고의 픽킹, 운반, 적재, 보관 등의 다양한 수단으로 사용된다. 이는 물류의 핵심 기능의 최적화를 가져온다.

② 빅데이터를 물류 분야에 활용하여 고객/제품에 대한 통찰력을 제공한다. 이는 고객 정보를 적절한 방식으로 사용하여 개별 고객에 적합한 광고 및 정보 제공 등으로 고객 만족을 이끌 수 있다. 또한 제품에 대한 적절한 재고 수준 및 수요 예측을 통해 비용 절감 및 효율화를 극대화 가능하다.

③ 빅데이터 활용으로 공급망 회복력을 높일 수 있다. 왜냐하면 실시간 및 기존 데이터를 이용하여 적합한 재고수준과 재고추이를 파악함으로써 가장 신속히 대응이 가능하기 때문이다. 또한 공급망붕괴(supply chain disruption) 상황이 발생하더라도 실시간 데이터를 경영진에서 빠르게 인식하고 적합한 대응을 할 수 있도록 돕는다. 이를 통해 회복탄력성(Resilience)를 높이고 기업들은 경쟁우위를 가지게 된다.

④ 빅데이터는 정보의 네트워크화를 가능하게 한다. 데이터를 인터넷 기반의 ERP를 협력사와 운영사가 정보를 공유함으로써 자연스럽게 네트워크화가 된다. 이를 통해 실시간 효율적인 정보를 상호 공유하여 전체 공급사슬의 비용 절감과 성과를 극대화한다.

⑤ 빅데이터는 기업에게 정보를 자신에게 필요한 방향으로 가공할 수 있게 한다. 이는 기업에게 상대적으로 유용한 통계 자료를 제공하기 때문에 큰 의미를 가진다.

2) 해운 분야

아래의 사진은 해운 분야에서 빅데이터를 활용하는 것을 보여주고 있다.

항만 운영(Port operation)에서 각 선박의 적재 컨테이너의 정보가 항만 운영센터에 실시간 공유되어 모니터링이 가능해지고, 선제적인 작업이 가능하게 만든다. 이를 통해서 운영 시간이 현저히 줄어들고 효율성을 극대화한다. 동시에 화주와 선사 등의 이해 관계자들이 실시간 적재정보 및 화물추적성을 가능하게 하여 수요 예측과 재고 수준 등의 적절한 대응을 용이하게 한다.

이를 더욱 세부적으로 정리하면 아래와 같다.

① 선박의 빅데이터를 통해 선박의 손실, 이상 징후 등을 감지하여 대응하도록 하여 필요한 정보를 제공하는 점에서 장점이 매우 많다.

② 빅데이터를 통해 선박설계를 하면서 더욱 정확성과 엔지니어로 하여금 현상

파악 및 진단을 가능하게 한다.

③ 선박의 최적 속도를 빅데이터를 활용하여 산출하는 것은 상대적으로 합리적이다. 이를 통해 선박별로 가장 적합한 속도와 운영을 도출할 수 있기 때문이다.

④ 실시간 빅데이터를 선사, 화주, 송하인 등에게 제공하여 ETA(예상도착일) 및 화물정보를 확인 가능하다.

⑤ 빅데이터는 용선자에게도 선박에 대한 필요한 정보를 제공하는 점에서 큰 장점을 가지고 있다.

물류, A.I가 문제를 해결하고 로봇이 작업하는 시대가 되었다

A.I가 물류 문제를 해결하고 물류로봇과 장비가 스스로 작업을 하는 시대가 되었다. 미래가치의 목표였던 '인공지능과 로봇 그리고 자율주행'은 희망사항이 아닌 현실이 되었다.

세상은 온통 AI 이야기뿐, 생성형 AI를 통한 물류 혁신은 '흐름과 축적 그리고 활용'으로 귀결될 수 있다. 인공지능은 이제 더 이상 사치품이 아니라 생활이며 필수품이다. 인공지능은 우리의 문제를 찾아주고 가능한 정답을 제시해주며, 작업자들에게는 기꺼이 조력하는 비서가 되어준다. 물류 기획자들의 어려운 과제를 해결해주고, 힘들게 수고하는 물류 작업자의 어깨에서 큰 짐을 덜어 줄 수도 있다.

AI시대의 물류 혁명은 앞으로 3~5년이 정점이 될 것이다. 물류시장에서의 AI(인공지능)는 2025년을 시작점으로 2028년까지 832억 6천만 미국 달러에 이르며 연평균 성장률(CAGR)은 47.5%에 이른다고 예측했다. 또한 생성형 AI로 산업 자체의 큰 변혁을 입을 분야에 서비스·물류 분야를 꼽고 있다.

AI 기술은 물류 시스템에서 실시간으로 확보한 데이터를 학습하여 인력을 대신해 상황에 따른 필요한 판단과 의사결정을 내릴 수 있어 활용도가 높은 기술로 평가받고 있다. 수송 분야에서는 자율주행, 무인배송 등으로, 보관·하역 분야에서는 자동파킹, AGV(무인운반시스템), AGV/AMR(자율주행 무인로봇) 등으로, 관리시스템에서는 RPA, 미래 수요 및 비용 예측, 배송경로 최적화, 관리 최적화 등으로 활용된다. 특히 업계는 미래에는 생성형 AI 기반의 물류센터 운영도 가능할 것으로 전망하고 있다.

물류 AI, 로봇 시장의 급속한 성장은 우리에게는 위기를 탈출할 수 있는 기회가 된다. ‘생성형 AI’는 대량의 물류데이터를 학습 축적하여 인간의 영역이라고 할 수 있는 창조적 영역(물류 솔루션)까지 수행하게 될 것이며 이는 물류 불확실성을 극복하고 목표 성과를 달성하기 위한 도구로 사용될 것이다. 이는 물류 최적화와 자동화, 로봇화에 의한 비용 절감, 인력부족 문제해결, 각종 효율 개선 등을 실현시킬 것이다.

일찍이 국제로봇연맹(IFR) 마리나 빌(Marina Bill) 회장은 “A.I기반에서의 로봇 기술 또한 물류산업 내 다양한 공정에 투입될 것이며, 인간과 함께 작업하는 서비스 로봇과 3D(Difficult Dirty Dangerous)작업장에 투입되는 산업용 로봇은 다양한 애플리케이션과 결합되어 보다 강력한 힘을 발휘하여 인력 격차를 해결하는 데 중요한 역할을 할 것이다”고 강조했다.

Q1. 그렇다면 앞으로 물류 산업에서 ‘인공지능(AI)이 만들어낼 역할’은 무엇일까?

첫째, ‘DX(디지털 전환, Digital Transformation)’ 가속화다. DX는 AI, 빅데이터, IoT(사물인터넷) 등 디지털 기술을 활용해 기업의 운영 방식과 서비스를 혁신하는 것을 말한다. 물류 분야에서는 AI 기반 최적 배송경로 도출, IoT 센서 활용 실시간 화물 추적, 로봇 자동창고 운영, 빅데이터 기반 수요 예측 등으로 디지털 기술과 AI를 활용해 글로벌 공급망의 변화에도 중단 없이 지속 가능한 물류서비스를 제공할 수 있게 된다는 것이다.

둘째, ‘변동성과 예측 불가능성에 대한 관리’다. 물류산업에 AI를 적용하는 중요한 목적은 변동성과 예측 불가능성을 잘 관리하는 데 있다. AI 기반의 스마트 플랫폼을 적용하면 물류 센터의 모든 로봇을 컨트롤하기 수월해지며, 정확한 수요 예측을 통한 재고 관리로 물류 회전율을 높일 수 있을 뿐만 아니라 입고 및 납품서 처리를 자동화하고 배송 예약, 리소스 할당, 재고 관리 등 다양한 부분에서 관리자를 지원해 줄 수 있다. 또한 머신러닝을 통해 빅데이터를 수집, 분석하여 모델링을 한 후 이를 기반으로 예측 데이터를 제공해 줄 수도 있다.

셋째, 물류에서의 중요한 역할인 ‘비용절감’이다. 물류 분야는 매순간 비용과의 싸움이므로 고도화된 AI를 적용해 알고리즘으로 해결할 수 있는 비용에 대한 문제들을 찾고 분석하고 해결하는 게 가장 중요하다. 생성형 AI를 활용한 물류 업무를 RPA, AI, 머신러닝 등 다양한 기술을 융합하여 기업의 업무 프로세스를 자동화하고 최적화하는 것을 목표로 하는 전략으로 다시말해 단순히 반복적인 작업을 자동화하는 것을 넘어, AI를 활용하여 의사결정 영역까지 해결하는 것을 목표로 할 것이다. '인공지능(AI) 기반의 배송 경로 설계, 공동 물류 시스템 도입, 실시간 모니터링 시스템으로 운영 효율 극대화' 등을 통해 운영을 간소화하고 정확성을 높여 비용을 줄이는 일은 인공지능(AI)의 몫이 될 것이다.

넷째, 물류업계의 '인력난 해소를 위한 AI 탑재 로봇'의 일상화다. 인력 부족으로 어려움을 겪고 있는 물류업계에 인공지능 로봇은 해법이 될 것이다. 자동화 하드웨어와 스마트 소프트웨어를 결합하여 창고 및 물류 산업의 특정 요건을 충족시키는 로봇은 '컨베이어나 랙'처럼 기본 요소가 될 것이다. 현장의 생산성을 높이고 인적 자원에 의존하지 않는 지속 가능한 물류 체제를 구축하는 것이 기업의 경쟁력과 직결되는 시대가 되었다는 것이다. 물류센터 내에서의 자동창고와 로보틱스 기술(AI × WMS/WCS), 그리고 AI를 통한 수요 예측 및 재고 최적화, 배송 루트 최적화(AI × TMS)는 인공지능(AI)의 핵심 경쟁력이다.

다섯째, AI와 자동화 기술은 '부분 도입'에서 '전체 최적화'로 완성될 것이다. 지금까지는 피킹이나 배차 등 개별 공정의 자동화가 중심이었지만, 앞으로는 복수의 공정을 하나로 최적화하는게 본격화될 것이다. TMS나 WMS/WCS, OMS, 로봇, AI를 제휴시킨 '통합형 물류 관리'의 중요성이 높아져, '점이 아닌 선·면'에서의 효율화가 요구될 것이다. 따라서 인공지능(AI)는 공급망 전체를 재설계할 것이다. 거점 배치의 재검토나 중계 거점의 정비, 수송 수단의 다양화 등, 서플라이체인 전체를 둘러보는 전략을 빠뜨리지 않을 것이다.

Q2. 우리가 만들어야할 생성형(Generative) AI는 '어떤 형태'여야 하는가?

첫째, 한글처럼 독창성과 과학성, 우수성을 지닌 생성형(Generative) AI여야 한다. 우리나라는 현재 후발주자다. 우리는 아무것도 없기에 제대로 시작해야 한다. 인공지능은 인터넷처럼 국경 없이 온라인으로 서비스를 제공하기 때문에 우리나라만 사용하는 형태여서는 안된다. Fast follower던 Fast Catchup이던 독창적이고 합리적인 과학성을 지닌 형태여야 한다. 우리는 기본적인 것과 파생적인 것이 유기적인 관계를 맺고 있다는 기계적 친화력이 가장 좋은, 정보통신시대에 가장 적합한 문자인 한글을 가지고 있는 나라다.

둘째, '오픈소스 인공지능(AI)'이어야 한다. 오픈소스 인공지능(AI)은 AI 시대의 핵심 개념이라 해도 과언이 아니다. 최근 중국 '딥시크'가 전 세계를 놀라게 한 것도 오픈소스 AI라는 점 때문이다. 오픈AI의 챗GPT나 구글의 제미나이와 달리,

페이스북을 운영하는 메타와 중국의 딥시크를 비롯한 AI 기업들은 오픈소스 AI 전략을 전면에 내세우고 있다. 누구나 자유롭게 코드를 보고, 쓰고, 고치고, 나눌 수 있도록 공개하는 것을 뜻한다. 예를 들어 누군가 더하기, 빼기만 가능한 계산기 프로그램 코드를 공개하면 다른 사람이 그 코드를 받아서 곱하기 기능을 추가한 코드를 다시 공개하는 식이다. 전 세계 사람들이 달려들어 개선하고 공개하니 오픈소스 프로젝트는 발전 속도가 빠르다.

셋째, '용어(언어)의 개발과 글로벌 표준화'다. 생성형 AI의 맥락에서 '생성'은 기존 데이터 또는 정보에서 새로운 데이터 또는 콘텐츠를 만드는 프로세스를 의미한다. 생성형 AI가 갑작스럽게 등장한 만큼 그에 따른 여러 새로운 용어도 등장하기 마련이다. AI 덕분에 미래의 업무 환경은 이미 우리 앞으로 다가왔다. 글로벌 업무 환경이 빠른 속도로 발전함에 따라 기업은 지금 미래의 변화로부터 스스로 보호할 수 있도록 올바른 의사결정을 내려야 한다. 그 시작은 용어와 환경이라고 생각한다. '인공지능·머신러닝·책임 있는 AI·딥러닝·자연어 처리·알고리즘·생성형 AI·거대 언어 모델·광학식 문자 판독·신경망' 같은 필수 AI 용어에 새로운 우리만의 용어를 세계 표준어로 사용될 수 있도록 해야 한다.

Q3. 우리는 생성형 AI를 어떻게 활용해야하며 준비해야 하는가?

생성형 AI이라는 새로운 기술을 빠르게 습득하고 물류 산업에서 활용하기 위해서는, 변화를 위기보다는 기회로 여기고 변화에 신속하고 적절하게 반응하는 것이 중요하다. 생산성과 지속성을 양립시키기 위해서는 기술을 현장에 어떻게 적응시키느냐가 관건이다.

첫째, '잘 질문하는 방법(inquiry)'을 익히는 것이다. 생성형 AI는 질문 방식에 따라 결과물이 천차만별로 나타날 수 있다. 따라서 적절한 프롬프트를 선택하고 질문하는 방법을 익히는 것이 중요하며, 이를 통해 원하는 결과물을 더욱 정확하고 빠르게 얻을 수 있다.

둘째, '생성형 AI의 생성 결과를 확인하는 과정(inspection)'이 필요하다. 생성형 AI는 언어모델 특성상 기존의 인간이 만든 데이터베이스를 가지고 그럴싸한 결과를 내기 때문에 그 결과에 대한 책임은 온전히 질문하는 사람이 가진다. 사용자는 반드시 생성형 AI가 만들어낸 결과가 질문 의도와 맞는지 그리고 사실인지 확인해야 한다.

셋째, 생성형 AI의 결과물에 자신의 전문성과 창의성을 더해야 한다(idea). 생성형 AI의 결과물에 자신의 전문 지식을 활용하여 새로운 아이디어를 추가하는 것이 중요하다. 결국 생성형 AI는 보조적인 역할을 수행할 뿐이다, 당신의 전문성이 더해졌을 때 궁극적인 경쟁 우위를 이끌어낼 수 있다.

—출처: 경쟁 우위를 갖기 위한 세 가지 방법, 3i(inquiry-inspectionidea), ChatGPT를 넘어 생성형(Generative) AI 시대로: 미디어·콘텐츠 생성형 AI 서비스 사례와 경쟁력 확보 방안
양지훈(한국문화관광연구원 연구원), 윤상혁(한국기술교육대학교 산업경영학부 교수)

생성형 AI를 통해 한걸음 더 내딛어야

물류인들은 다른 산업 종사자보다 더 바쁘다. 목표가 어디인지, 왜 물류를 해야하는지 조차 모른채 열심히 산다. 더 나은 미래를 향한 원대한 목표는 사라지고 '관리와 감독'에 길들여져 있다. 최근 물류 경영자와 실무자를 만나면 그들이 얼마나 '가치 있고 행복한 노동현장 그리고 바람직한 일터'에 목말라하는지 실감한다. 생성형 AI 기술의 활용성과 잠재력은 무궁무진하다. AI 기술의 방대한 데이터를 토대로 제시하는 지침과 해법은 절실한 조언이다. 이제는 물류산업과 물류업 현장에 생성형 AI 기술을 활용하는 것이 시대적 요구사항이다.

"자주 사용하게 해야한다."

"질문을 잘하는 법을 가르쳐라."

그리고 "조기교육이 중요하다."

지금 움직이는 자가 Game Changer가 될 것이다. 지금이야말로 물류의 미래를 개척하는 '한 걸음'을 내딛는 타이밍이다.

—출처: 물류신문(https://www.klnews.co.kr), 2025년 5월 2일자

3. 디지털 트윈 활용

디지털 트윈은 영어로 Digital Twin 이라고 하며, 물리적 물류 자산을 가상 공간에서 복제본으로 현출(現出)하여 실시간 데이터를 활용하도록 한다. 이를 통해 기업들은 재고자산을 모니터링, 예측 및 운영의 최적화를 이뤄내고 효율성을 극대화한다. 아래의 사진은 디지털 트윈스의 한 예로서 물류 현장을 가상현실로 보여주고 있다.

출처: baidu 홈페이지 참조

1) 물류 분야 활용

(1) 창고 운영의 효율성 증대

디지털 트윈을 활용하여 레이아웃(layout)의 최적화(optimization), 재고관리 효율성 제고, 물류 장비의 모니터링 강화 등을 통해 운영의 최적화를 성취할 수 있다.

(2) 가시성 증대

디지털 트윈을 통하여 기업들은 공급사슬 관리에 있어 실시간 가시성을 확보할 수 있다. 따라서 real-time 정보 공유를 기반으로 의사결정을 할 수 있다. 결국 공급사슬의 각 단계별 데이터를 접수하여 전체적인 효율적인 운영을 가능하게 한다.

(3) 예측력 강화 및 위험관리

디지털 트윈 기술을 이용하여 기업들은 예측 분석 기능을 갖게 되어 미래 비즈니스 추세를 읽게 된다. 또한 잠재적 위험 상황을 감지함으로써 위험 확대를 조기에 대응하여 더 큰 손실을 방지할 수 있다. 이는 공급사슬의 중단 시간을 디지털 트윈의 구현을 통해 현저히 낮출 수 있다.

(4) 운송 효율성 제고

디지털 트윈은 일반적으로 IoT, AI 등을 융합한다. 따라서 일기예보, 배송일정 및 교통 정체 상황 등을 실시간 고려하여 최적의 운송경로를 시뮬레이션 기법으로 운송의 최적화를 창출한다. 예를 들면, 세계적 물류 기업인 DHL은 연료비용, 기후, 교통 체증 등을 감안하여 최적의 운송 경로를 바탕으로 배송시간 및 운송비용을 절감하고 있다.

다음 사진은 글로벌 물류 기업으로서 DHL 기업이 디지털 기술을 활용하여 물류 창고의 최적화를 이뤄내고 있는 자료이다. DHL은 자신들의 기술 적용에 대한 세부사항을 공유하고 있으며, 해당 자료는 DHL 공식홈페이지에서 일반에게 공개하는 자료[1]이다.

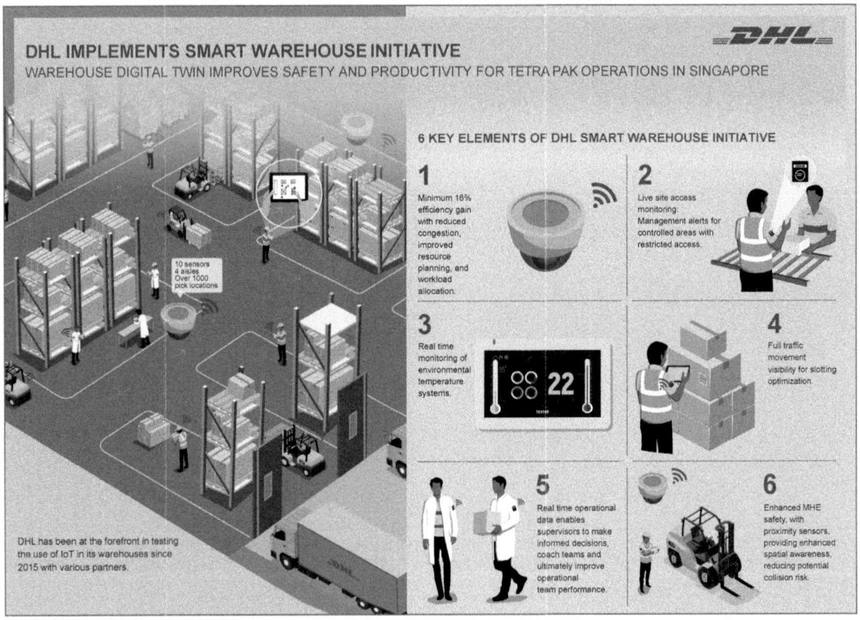

출처: DHL 홈페이지

---

1) http://logistics.dhl/digitaltwins 자료에서 무료로 다운받을 수 있음.

2) 해운 분야

디지털 트윈 기술의 활용 분야는 실로 다양하다. 다음 사진과 같이 디지털 트윈 기술은 항구를 가상현실로 만들고 모니터링을 통하여 항만 운영의 최적화를 가져올 수 있다.

따라서, 최근에 디지털 트윈 기술이 항만 산업과 해운 분야에 이용되는 것을 요약하면 다음과 같다.

① 디지털 트윈 기술은 항만 터미널의 최적화와 자동화에 크게 활용되고 있다. 구체적으로 보면 컨테이너 터미널 운영에서 크레인 스케쥴링 및 장비의 운영 상황을 실시간 모니터링함으로써 유지보수할 수 있는 최적의 일정을 창출 가능하다. 또한 스마트 항만을 구축하기 위해 디지털 트윈 기술은 선박의 세부 움직임, 기후, 항만 인프라 및 지리적/수문 정보 등을 추적이 가능하게 한다.

② 디지털 트윈 기술은 선박의 실시간 성능 모니터링을 통하여 선박 운영의 최적화를 창출한다. 즉, 해당 선박의 선체(船體), 연료 소모량, 엔진 작동상태 등을 실시간 모니터링하여 해운산업 운영자에게 각종 성능 체크 사항들을 상황판(대시보드) 형태로 제공된다. 따라서 연료 소모량을 최대한 절감 가능하고, 이산화탄소 배출을 최소화(最小化)한다.

③ 디지털 트윈 기술은 선박의 정비예측과 다운타임(downtime)[2]을 최소화할 수 있다. 선박 및 주요 핵심부품의 지속적인 점검으로 예상하지 못한 선박 장비의 고장을 감소시키고 선박의 수리 비용을 절감할 수 있다.

---

2) 선박의 정박 또는 非운항 시간을 의미함.

④ 디지털 트윈은 선박의 항로를 최적화하고 연료 효율성을 제고한다. 다시 말해서 디지털 트윈을 활용한 경로 최적화 시스템은 해상의 기상데이터, 해상의 조건, 선박의 성능 등을 전체적으로 고려하여 최고 적합한 항로를 알려 준다.

디지털 트윈기술을 적용하여 성공한 항만으로 네덜란드 로테르담 항만을 들 수 있다. 실제 항만의 디지털 가상현실을 창출하여 항만의 실시간 운영상황을 모니터링하고 크레인의 동작과 컨테이너 위치, 항만 내 교통 현황 등을 분석 가능하다. 더불어서 자동화 크레인 시스템과 자율주행 차량(AGV)[3]을 활용하여 항만 작업 안정성 및 효율성을 극대화하고 있다. 다음 사진은 네덜란드 로테르담 항만의 디지털 트윈 적용한 것을 보여주고 있다.

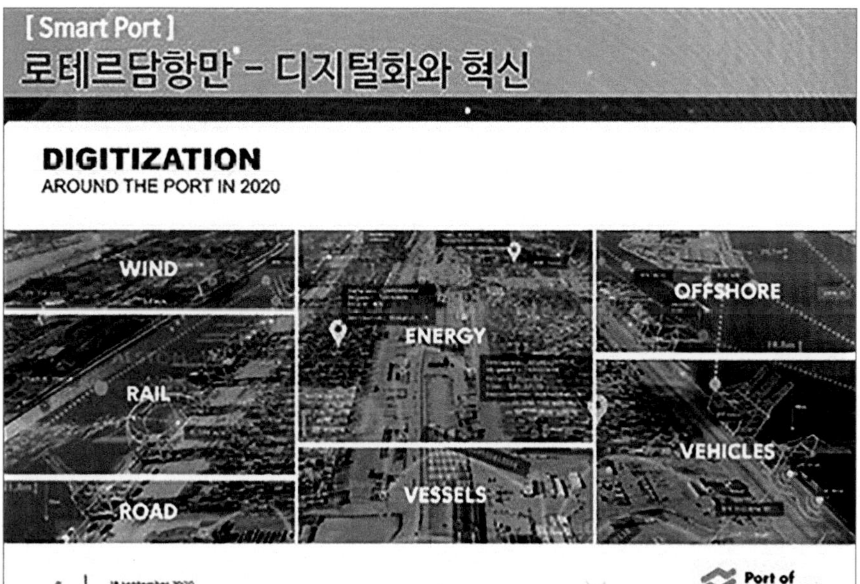

3) Autonomous Guided Vehicle의 줄임말.

[AWC 2020]

빈센트 캄펜스 "세계 최고 항구가 된 이유 '디지털 데이터' 활용한 AI 덕분"

네덜란드 로테르담 항구는 OECD가 평가한 자율운항선 및 디지털 경쟁력 1위 항구로 세계에서 가장 디지털화된 항구로 평가받고 있다. 네덜란드 로테르담 항구는 어떻게 세계에서 가장 '스마트'한 항구가 될 수 있었을까?

18일 'AWC 2020' 웨비나(웹 세미나)의 네덜란드 세션에서 로테르담항만청 디지털전략매니저 빈센트 캄펜스가 세계 최고의 항구가 된 로테르담 항구에 대한 소개와 어떻게 미래를 대비하고 있는 지에 대해 발표했다.

로테르담 항구는 12500 헥타르 규모로 80개의 터미널, 18만명의 근로자가 일하는 그야말로 초대형 항구다. 약 40년 전 항구가 디지털화 되기 전에는 항구에서 이루어지는 이해 당사자 간 서류 작업이 많았다. 로테르담 항구는 문서를 바탕으로 하는 모든 커뮤니케이션을 디지털로 변경하고 프로세스를 자동화 해 항구를 통한 비지니스를 효율적으로 만들었다.

빈센트 캄펜스는 AI를 활용해 엄청난 규모의 로테르담 항만을 유지보수 하고 있는 사례를 소개했다. 그는 "AI를 활용한 기술로 선박들이 안전하고 안정적으로 입항할 수 있게 됐다"고 말하며 "앞으로 항만은 디지털 데이터가 보다 정확하고 신뢰할 수 있는 데이터를 만들어 현장에서 제대로된 기능을 발휘할 수 있도록 노력을 기울여야 한다"라고 강조했다.

빈센트 캄펜스는 2015년 로테르담 항만청 디지털팀에 합류해 항만지역의 운영 IT에 주력했다. 그는 기업이 지속 가능한 솔루션을 성장시키고 개발할 수 있도록 비즈니스, IT 및 기술 판매 기술을 결합한 입증된 실적을 가지고 있다. 애플리케이션 성능 관리를 위한 네덜란드 회사 Ymor에서 그는 최고의 유저 경험을 달성하며 100개의 기업 몇몇을 지원했다.

그는 로테르담 항구의 효율성, 안전, 지속가능성을 향상시키기 위해 스마트 기술의 사용을 추진했다. 그는 사물인터넷, 디지털 트윈, 항만 디지털화에 관한 다수의 출판물을 가지고 있다. 디지털전략매니저로서 그는 새로운 아이디어와 이니셔티브를 중시하여 항만청의 장기적인 목표에 부합하도록 한다. 아키텍드, 디지털전략팀과 함께 그는 미래의 데이터 주도 사업에 방향을 제시하고 있다.

한편, 'AWC 2020(AI World Congress 2020)'은 세계 9개국 35명의 연사가 참여해 AI의 미래를 전망하는 AI 대표 콘퍼런스로 디지틀조선일보가 부산광역시와 함께 9월 17일과 18일 양일간 웨비나로 개최한다.

이번 콘퍼런스는 'Future of AI'라는 대주제를 바탕으로 스마트 제조(Smart Manufacturing), 딥 러닝(Deep Learning), 스마트 시티(Smart City), 디지털 헬스(Digital Health), 모빌리티(Mobility), 스마트 항만(Smart Port) 등 총 6개의 세션으로 구성해 포스트 코로나 시대의 AI 대표 글로벌 석학들의 강연을 제공한다.

—출처: THE AI(https://www.newstheai.com), 2020년 9월 18일자

4. 인공지능 도입

인공지능을 활용하여 물류 분야와 해운 분야에 전략적으로 도입한다면 기능별, 단계별로 기업의 성과를 높일 수 있다. 따라서 인공지능의 활용 측면에서 물류 분야와 해운 분야로 구분하여 설명하고자 한다.

1) 물류 분야

① 기업들은 AI 기술을 활용하여 수요 예측이 가능하고, 최적의 재고수준을 확립할 수 있다. 왜냐하면 AI 기반의 시계열 예측 모델을 이용하여 과거의 판매정보, 외부변수, 계절성 수요, 프로모션을 통한 판매데이터 등을 종합적으로 분석하여 수요 예측을 세밀하게 분석할 수 있다. 이를 통해 기업들은 안전 재고(safety stock) 수준을 최대한 낮추고, 재고 과부족 등을 동시에 예방 가능하다.

② AI 기술과 IoT/5G 기반 플랫폼의 통합 데이터를 활용하여 운송 환경에 대한 이상징후 감지 및 통보, 실시간 성과 지표 및 자동 보고 방식으로 여러 가지 지표를 제공한다. 특히 챗봇 및 가상 비서 등이 시스템 운영자들에 대해 신속한 대응으로 의사결정 속도를 높여준다.

③ AI 기술은 물류의 최적 경로와 스케쥴링을 지원한다. 왜냐하면 실시간 물류

허브 상황, 기후 정보 및 교통체증 등의 데이터를 종합적으로 검토하여 AI는 최적 배송 경로와 스케쥴을 도출하기 때문이다. 따라서 기업들은 연료소모량을 줄이고 차량 유휴 시간을 최소화하여 배송 신뢰도와 원가 절감을 동시에 달성하게 된다.

④ AI 기술을 활용하여 기업들은 스마트 공장과 물류 자동화 설비를 갖추고 운영하게 된다. 예를 들면, 기업들은 AMR(Autonomous Moving Robot) 및 AGV(Autonomous Guided Vehicle)를 이용하여 피킹(picking), 이송(移送) 작업을 자동화한다. 또한 인공지능 컴퓨터 기반으로 제품의 식별, 검수 작업을 시스템화하여 오작업률(誤作業率)을 현저하게 낮출 수 있다.

⑤ AI 기술 기반의 설비 센서(온도, 이상징후, 압력 등) 데이터를 통해 머신러닝(machine learning)으로 분석하여 고장 징후를 사전적으로 분석해 낸다. AI

출처: Baidu 자료 참조

기반의 예측 유지보수는 계획하지 않은 가동 중단 시간을 예방하고 유지보수 비용을 현저하게 줄인다.

"물류에 AI 도입효과 매우 커…자율진화형 에이전틱 AI가 핵심"

대한상공회의소는 30일 서울 소공동 롯데호텔에서 국내 물류기업 대표 40여명이 참석한 가운데 'AI 전환과 물류산업 발전 방향'을 주제로 제53차 물류위원회를 열었다.

김승환 LG AI연구원 어플라이드 AI 연구그룹장은 "물류산업은 수요 예측, 재고관리, 배송 경로 최적화 등 복잡한 변수가 얽혀 있어 AI의 도입 효과가 매우 큰 분야"라고 말했다.

그러면서 "차세대 AI의 핵심은 스스로 문제를 정의하고 계획과 실행까지 이어가는 자율진화형 에이전틱(Agentic) AI"라며 "제조·유통 현장에서 성과가 입증된 만큼, 물류에서도 에이전틱 AI가 단순 효율화를 넘어 실시간 의사 결정과 운영 혁신을 이끌 수 있다"고 강조했다.

박민영 인하대 교수(한국로지스틱스학회장)는 "AI는 단순한 효율성 도구를 넘어 물류 운영 방식 자체를 바꾸고 있다"면서 "AI 기반 실시간 모니터링, 자동 상하역 시스템, 차량 기반 공유 물류망 같은 기술들은 비용 절감과 생산성 향상뿐 아니라, 신선물류·O2O(Online to offline)·라스트마일 배송처럼 새로운 수요에 대응하는 핵심 인프라가 되고 있다"고 말했다.

다만, 박 교수는 "사회적 차원에서는 AI 확산이 수도권과 지방, 대기업과 중소기업, 정규직과 비정규직 등의 격차를 키울 수 있다"며 "공공 부문이 선도적으로 AI 물류 실증과 확산에 투자하고, 소상공인이 저비용으로 이용할 수 있는 공동물류센터 등 포용적 물류 인프라를 확산해야 한다"고 짚었다.자율주행, 데이터 활용, 노동환경 변화에 따른 안전·책임·보안 문제에 대응할 수 있는 법제도적 로드맵도 조속히 마련돼야 한다고 덧붙였다.

이날 회의를 주재한 신영수 대한상의 물류위원장(CJ대한통운 대표)은 "CJ대한통운 역시 자체 개발한 에이전틱 AI를 기반으로 한 물류 혁신을 추진 중"이라며 "물류 기업들도 AI 대전환에 수동적으로 대처할 것이 아니라 선제적으로 전략을 세우고 대응해야 한다"고 말했다.

> 박일준 대한상의 상근부회장은 "AI 전환은 물류 기업을 포함한 모든 기업의 생존과 성장의 필수 전략"이라며 "정부와 업계가 협력해 AI 기반 물류 인프라, 법제도 정비, 연구개발(R&D) 등을 통해 물류 업계에 AI를 빠르고 폭넓게 확산하는 것이 중요하다"고 강조했다.
>
> —출처: 한국무역협회, 무역뉴스, 2025년 9월 30일자

2) 해운 분야

① AI 기술을 융합한 국가들은 항만 운영 관리를 도입함과 동시에 컨테이너 터미널의 완전 자동화를 활용하기도 한다. 이는 AI 기술 기반으로 터미널의 혼잡도를 예측하여 해당 선박의 입항 및 출항 일정을 최대한 적합하도록 조정한다. 또한 무인 크레인, 자동 게이트 등을 도입하여 컨테이너 자체의 하역 속도와 정확도를 향상하고 있다. AI 기술은 컴퓨터 비전으로 인해 컨테이너 화물의 상태를 실시간 확인하고 검수하는 작업을 하고 있다.

② AI 기술을 응용하여 AIS(Automated Identification System)으로 선박의 위치를 실시간 확인 가능하다. 또한 풍향 및 해류 예측 데이터를 AI model에 융합 및 적용하여 최적 항로를 도출한다. 이것을 통하여 기업들은 시간을 단축할 뿐만 아니라 연료 사용량을 최대한 낮출 수 있다.

③ AI를 이용하여 선박의 핵심 부품(선박엔진 및 프로펠러 등)의 센서 데이터를 분석하여 이상 징후 및 패턴을 조기에 파악 가능하다. 더욱이 비파괴 검사 영상(초음파, 적외선 등) 방식의 분석으로 선체 균열, 부식을 신속하게 식별 가능하다.

④ 현재 클라우드 기반의 통합 플랫폼에서 AIS, 항만 상황, 기상 상태, 연료 소진상태 등의 중요한 데이터를 AI가 실시간 분석하고, 시각화하여 항만 운영자에게 알려준다. 또한 도발 상황 또는 위기 상황 발생 시에 자동 대응과 대응 시나리오를 신속하게 제공한다.

다음 그림은 인공지능을 활용하여 해운 분야에서 자동화 및 스마트화 시키는 항만 운영을 도식화(圖式化)한 것이다. 선진 해운 강국으로 도약하기 위해서는 인공지능을 다양한 방식으로 효과적으로 도입하는 것은 이제 필수가 되었다. 다음 그림은 한국형 스마트 항만을 구축하기 위한 한국 기업(LG U+)와의 협업 내용을 정리한 것이다.

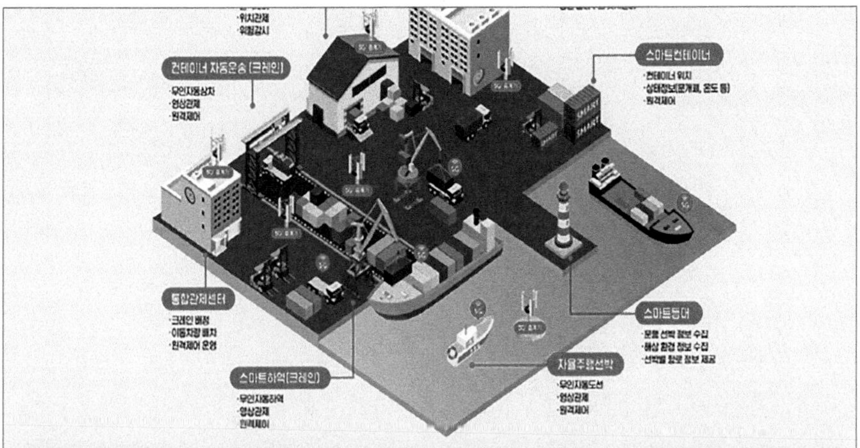

LG U+ 5G 스마트항만(※출처: LG U+ 공식 홈페이지)

다음 사례는 인공지능을 활용한 사례를 보여주는 신문 기사로서 사례를 분석하는 데 도움이 될 것이다.

항만의 새로운 혁신, AI 메타버스 기반의 지능형 항만 플랫폼 개발

시뮬레이션 및 디지털 트윈 전문 기업인 심스리얼리티(대표 김명환)는 15일 부산 벡스코에서 열린 'K-ICT WEEK in PUSAN 2025' 행사에 참여해 'Meta K-Port 지능화 물류 플랫폼' 결과물을 전시하면서, 사업화하기 위한 추진전략과 실행계획을 마련해 항만물류 및 관련분야에 활용하고 국내외 새로운 시장을 창출하겠다고 밝혔다.

'Meta K-Port 지능화 물류 플랫폼'은 과학기술정보통신부 '산업 메타버스 플래그십 프로젝트' 중 하나이며, 정보통신산업진흥원(NIPA)에서 수행 관리하고 있다.

'Meta K-Port 지능화 물류 플랫폼'은 기존 항만 컨테이너터미널의 생산성 및 효율성 향상을 위한 AI 및 메타버스 기반의 플랫폼으로 거대 플랜트/시스템의 운영관리가 디지털 트윈 시뮬레이션을 넘어 KPI 최적화를 구현하고 통제·관제까지 가능한 종합 상황판을 갖추고 있다.

부산 신항 3부두(HJNC)에 적용된 'Meta K-Port 지능화 물류 플랫폼'은 기존 평면적, 시각화, 자동의 중심의 솔루션을 입체적, 가시화, 최적화 중심의 플랫폼으로 전환하는 것이다.

'Meta K-Port 지능화 물류 플랫폼'을 구축·운영하면 AI 예측, 메타버스 시뮬레이션, 최적화 등을 통해 프로세스를 개선하여 선박 대기시간 10% 감축, 야드 혼잡도 5% 감소, 항만 운영비 10% 절감되고, 그 결과 업무 효율성이 20% 향상될 것으로 기대한다.

행사장에서 시연을 살펴본 항만업 관계자는 "고화질의 3D 컨테이너 야적장과 STS(안벽크레인 일종), ARMGC(야드크레인 일종), 그리고 수만 개의 컨테이너가 TOS(터미널운영시스템)와 실시간으로 연동되어 상호작용되는 것이 신기했다"라며 "AI 예측과 최적화 데이터를 플래너가 직접 시뮬레이션 기능을 통해 상황판 화면에서 확인할 수 있어 매우 유용할 것이다"라고 말했다.

글로벌 항만 컨테이너터미널들은 수출입 물동량 증가에 따른 컨테이너 장치장의 생산성 증대와 장치 및 인력 운영의 효율성 향상을 위해 IoT 연계, 빅데이터 분석, 디지털트윈 항만, AI 예측 등을 부분적으로 도입하는 등 스마트 항만을 가속화하고 있다.

미국 롱비치항 컨테이너터미널(LBCT)은 컨테이너크레인, 운송 트럭 등을 완전자동화환 스마트 항만을 구축하여 운영하는 등 경쟁력 향상을 위한 신기술 투자를 확대하고 있으며, 중국 칭다오항 컨테이너터미널(QQCTN)은 컨테이너 하역 생산성을 높이 위해 소프트웨어 시스템, 자동화 장비, 프로세스 최적화 등 지능형 제어 시스템을 도입하여 운영하고 있다.

우리나라도 부산항과 광양항을 중심으로 스마트 항만을 위한 기술 개발과 자동화 설비/장치 도입을 추진하고 있으며, 2024년 4월 5일 국내 최초로 부산 신항 7부두(DGT)는 무인 이송 장비(AGV), IoT, AI 등을 도입해 완전자동화 컨테이너

터미널을 운영하기 시작했다.

그러나 대부분의 항만 컨테이너터미널이 스마트 항만으로 전환하기에는 현재의 시설과 장비 등이 적절하지 않고 또한, 비용도 천문학적인 금액이 소요되므로, 현실적인 대안으로 기존 항만 시설에 소트트웨어 솔루션을 도입해 생산성과 효율성을 높이는 전략이 필요하다.

부산 신항의 경우에도 1~4부두는 약 15년 된 시설이므로 일부 장비를 자동화하고 운영 솔루션에 AI를 적용해, '운영자-작업자-관리자' 간에 상호작용이 원활한 3D 메타버스 플랫폼 등을 도입하면 오히려 스마트 항만보다 경쟁력이 향상된다.

본 과제는 이러한 글로벌 스마트 항만 추세와 기존 항만의 경쟁력 강화를 위해 추진된 것으로, 부산 신항 3부두(HJNC) 실증을 통해 활용과 성능을 검증했다.

사업화 대상은 'Meta K-Port 지능화 물류 플랫폼'이지만, 기존 항만 컨테이너 터미널의 구조, 시설, 장비, 솔루션 등의 조건에 따라 4가지 형태(① 메타버스 기반의 가상항만 컨테이너터미널 운영 관제 플랫폼-심스리얼리티, ② 선박(ETA) AI 예측 및 야드 AI 운영 예측 시스템-부산대학교 산학협력단, ③ AI 예측 검증 시뮬레이션 및 항만 물류관리 통합정보 시스템-티투엘, ④ 하역 장비 작업수행 요구시간 예측 시스템-토탈소프트뱅크)를 중복·선택해 구축할 수 있다.

'Meta K-Port 지능화 물류 플랫폼 구축' 총괄기관은 심스리얼리티이다. 실시간 컨테이너 하역, 야드 배치, 크레인 할당 등의 솔루션(TOS)은 토탈소프트뱅크가 담당한다.

본 과제 총괄 PM으로서 사업화를 기획하고 있는 임명환 연구위원은 "올해 밀까지 개발 목표를 달성하고 실증을 완료해 실제 항만 컨테이너터미널에 적용하면, 세계 최초의 AI 메타버스 항만이 탄생할 것으로 전망한다"라고 말했다.

일반 항만 → 스마트 항만 → 메타버스 항만으로 이어지는 혁신 트렌드에 발맞추어 토종 플랫폼 'Meta K-Port™'를 브랜드화해 전 세계에 도입·확산할 수 있도록 노력하고, 실제 운영되고 있는 국내외 컨테이너터미널의 시설, 장비, 솔루션 등의 특성을 반영해 'Meta K-Port™'를 맞춤형 플랫폼으로 고도화하는 추가적인 사업화 전략도 필요하다.

디지털 트윈은 현실 세계의 환경 또는 물리적 대상을 디지털의 가상 세계로 똑같이 구현하여 동기화(synchronization)를 통해 시뮬레이션과 최적화가 가능하고, 메타버스는 디지털 트윈의 가상 세계뿐만아니라 거울 세계까지 포함하여 상호작용(interaction)하기 때문에 실물에서 대상까지 3D로 시각화 및 가시화를 제공할 수 있으므로 컨테이너 장치장을 효율적으로 구현할 수 있다.(현실 장치장에 없는 가상 야적장을 3D 공간에 구현). 또한 항만 종사자 간 협업(RCS)은 물론 이해 관계자 간 소통을 제공할 수 있으며, 향후 다양한 XR 기기(스마트 글라스 등), AR 시각화 등도 가능하다.

운영 최적화 및 실시간 대응 측면에서 스마트 항만 시스템은 자동화와 센서 기반으로 평상시 효율적이지만, 예상치 못한 변수나 비상 상황이 발생하면 센서 오류 및 데이터의 연계/연동이 취약할 수 있어 실시간 대응이 미흡하지만, 메타버스 항만 플랫폼에서는 혼합현실이기 때문에 최적화 방안을 상시 모색할 수 있고, 예상되는 돌발 상황에 대비하여 시나리오 및 시뮬레이션을 통해 다양한 의사결정 대안을 제시한다.

종합적으로 평가하면, 스마트 항만 시스템은 스마트 설비/장치, 센서로 현실 반영과 실시간 제어에 강점이 있지만, 자동화 설비의 공간적/기능적 제약, 센서 데이터의 신뢰성, 시스템의 유연성 등에 부분적으로 한계, 메타버스 항만 플랫폼은 AI 예측, 시뮬레이션과 최적화, 가시화, 지능화로 게이트, 선석, 야드 계획 및 운영에 강점이 있으며, 이를 통해 항만 생산성과 운영 효율성을 향상시킬 수 있다.

기존 항만 컨테이너터미널은 저마다 구조(수평형/수직형/복합형), 시설(야적장 배치, 건물 등), 장비(다양한 크레인, 야드트럭, AGV 등), 센서(GPS, RFID, CCTV, IoT 등)솔루션(TOS, AI 등) 등에 차이가 있으므로 요구사항 최적화를 위해 약간의 추가 개발이 필요하며, 실증으로 구현한 HJNC 항만과 유사한 방식이면 곧바로 적용할 수 있다.

—전자신문, 2025년 7월 15일자

5. 블록체인 기술

블록체인(Block chain)은 분산 데이터베이스 기술이라고 할 수 있다. 이는 데이터(data)를 여러 다양한 컴퓨터 노드(computer node)에 분산하여 저장하는 방식의 시스템을 의미한다. 특히 각 블록은 일련의 정보를 가지고 있고, 한번 체인으로 연결된 블록은 모든 후속 블록이 변경되지 않는 한 수정할 수가 없다. 따라서 이 방식으로 인해 데이터의 보안성이 확보되고 투명성 및 위조가 불가한 시스템이 된다. 다음 사진에서 나타난 블록체인 기반의 정보는 물류 시스템에 적용되어 보안성 및 효율성을 동시에 갖추게 된다.

따라서 블록체인 기술이 물류 분야 및 해운 분야에서 활용도가 매우 높다고 할 것이다. 아래와 같이 물류 분야와 해운 분야로 구분하여 설명하고자 한다.

1) 물류 분야

① 블록체인 기술을 융합하여 창고관리와 재고관리에 대한 보안의 안정성을 확보할 수 있다. 국제 물류 부분에서 각 공급망 참여자가 사용하는 다양한 시스템(CRM, BPM, ERP 등) 간 상호 소통 문제를 블록체인을 통하여 수행이 가능해진다. 이는 블록체인이 가지고 있는 변조 방지 벡엔드 모듈을 사용하여 클라우드 API를 통한 디지털 문서 검증이 가능하다. 따라서 자연스레 공급사슬 참여자들은 제품, 창고, 화물차 등의 위치를 실시간 추적이 가능하고 동기화할 수 있다.

② 블록체인 기술을 활용하여 기업들은 공급사슬 전체 시스템의 추적성과 투명성을 근본적으로 혁신하고 있다. 블록체인을 통하여 공급사슬 참여자들은 실시간 데이터에 접근이 가능하여 재고의 불일치 또는 데이터 불일치를 해소하고 정보 격차를 현저하게 줄일 수 있다.

③ 블록체인은 기업들이 보안을 강화함과 동시에 사기를 방지하는 역할을 한다. 블록체인의 장점인 불변성은 기록된 데이터가 조작 또는 변경이 불가능하게 만든다. 따라서 배송 시간의 조작 또는 화물 정보의 수정 등이 불가능하여 기본적으로 사기 행위를 줄인다.

④ 기업들은 최근에 블록체인 기반 스마트 계약(smart contract)을 작성하여 물류 프로세스의 자동화를 시도하고 있다. 스마트 계약은 원칙적으로 사전에 정의된

조건이 충족되면 계약이 자동적으로 실행되는 것이 특징이다. 인적인 개입이나 검토없이 스마트 계약이 자동적으로 체결되면 배송, 결제, 세관 통과 등의 승인이 다음 단계로 진행된다. 예를 들면 네덜란드 로테르담 등의 스마트 항만에서는 최근 복잡한 서류 작업의 프로세스를 블록체인으로 간소화하는 데 성공하였다.

블록체인 기술의 의약품 정온물류 체계 적용과 과제

블록체인은 네트워크 내의 참여 개체가 공동으로 정보 및 가치의 이동을 기록·검증·보관·실행함으로써 중개자 없이도 데이터의 신뢰성 확보를 가능하게 하는 기술이다. 블록체인은 참여 개체 모두 거래 내역을 볼 수 있는 투명성, 한 번 연결된 블록은 수정하거나 삭제하기 어려운 불변성 등의 기술적 특성을 보유하고 있다.

한국인터넷진흥원의 기술적 정의에 따르면 블록체인은 네트워크에 분산된 개체들이 합의 프로토콜을 통해 합의된 블록을 암호학적 해시 함수를 이용하여 덧붙이기만 가능하도록 차례로 연결한 분산 원장이다. 일반적으로 블록체인은 암호학적 해시 함수와 전자 서명 등의 암호기술을 이용하여 구현된다.

쉽게 말해서 다양한 이해 관계자들로부터 생산되는 데이터를 한 곳에 십숭하여 관리하지 않고 누구에게나 투명하게 공개하는 대신, 그 정보를 임의로 수정하는 것을 불가능하게 만드는 것이 특징이다.

블록체인 기술의 공급망 관리 할용은 크게 세 분야로 나눌 수 있다. 첫째는 제품 생산물 자체를 블록체인으로 보증하는 것이고, 둘째는 B2B 또는 B2C 거래 등 유통·물류 과정에 블록체인을 적용하는 것이다. 마지막으로는 판매 이후 유지보수 또는 중고품 이력 추적 서비스와 같이 제품관리 차원에서 블록체인을 활용하는 것이다.

월마트는 IBM과 협력하여 중국에서 유통되는 돼지고기의 유통 전 과정을 블록체인 기술을 활용하여 추적하는 과제를 수행하였으며, UPS는 2017년 11월 블록체인트럭운송협의체에 합류하여 표준화에 주력하고 있다. 머스크는 IBM과 함께와 물류 플랫폼인 '트레이드렌즈(TradeLens)'를 개발하여 실시간 화물 운송 정보 공유, 종이문서 없는 무역거래, IoT 기술과의 결합을 통한 원격 컨테이너 관리 등을 구현하고자 한다. 즉, 물류 이동과 관련된 정보를 블록체인 플랫폼을 통해 실시간으로 공유하여 위·변조 리스크를 없애고, 국제 물류거래 과정에 필요한 승인절차에 소요되는 시간과 비용을 최대한 줄이는 것이 목적이다.

루이비통을 포함해 수많은 명품 브랜드를 보유하고 있는 루이비통 모에 헤네시(LVMH)는 블록체인 개발사 콘센시스(ConsenSys), 그리고 마이크로소프트 애저(Azure)와 함께 '아우라(AURA)'라는 블록체인 플랫폼을 통해 명품진위를 인증하고 소비자가 제품 특성, 원재료, 판매 이력 등을 확인할 수 있도록 하는 서비스를 제공할 계획이다.

■ 의약품 정온물류

의약품은 수익창출을 위하여 민간 제약사가 개발·생산하여 유통시키는 사적재화이면서 국민의 건강에 직접적인 영향을 미칠 뿐만 아니라 공적자금인 국민건강보험재정으로 그 비용이 지급이 된다는 점에서 공적재화이기도 하다. 따라서 개발 및 생산, 유통, 판매, 소비에 이르는 전 단계에서 정부의 엄격한 관리와 규제의 적용을 받는다. 또한 의약품은 제품의 변질여부를 쉽게 확인하기가 어려운 제품특성으로 온도·습도 등 제품의 효과 및 효능을 유지하기 위한 유통체계 구축이 필수이다.

식품, 농축산물, 의약품 등 전 유통과정에서 적정 온도를 관리하는 물류시스템을 콜드체인(Coldchain)이라고 한다. '콜드체인'이라는 용어는 저온에서 관리하는 시스템으로 인식되기 쉬우나 실제로는 제품별 관리온도에 대한 규정이 달라 제품에 적합한 온도를 유지시키는 '정온물류(Temperature Controlled Supply Chain)'라는 용어가 적합할 것이다.

1950년 이후 국내에 허가된 의약품을 온도관련 하여 분석한 결과 의약품 관리온도가 2도~8도의 의약품 비중이 전체의 3.3%에 불과하며, 15도~25도 관리온도 제품이 전체의 89.7%를 차지하여 상온제품의 비중이 훨씬 큰 것으로 나타났다. 계절변화가 뚜렷한 우리나라는 기후 특성상 상온제품의 온도관리가 2도~8도의 저온제품 관리보다 훨씬 까다롭고 어렵다고 할 수 있다.

의약품 정온물류 관리는 의약품 유통을 담당하는 도매상과 의약품 물류를 전문적으로 수행하는 물류기업이 주된 관리의 대상이 되고 연구가 이루어졌으나, 최근 의약품 유통 과정에서 온도 이탈 사례들은 제조, 도매, 요양기관(병·의원, 약국), 소비자 모두가 관리 주체로, 제조에서 소비자에게 투약될 때까지 전 과정에서 정온물류 관리 체계가 구축되고 유통과정에 대한 정보를 투명하게 모니터링할 필요가 있음을 시사한다.

■ 바이오의약품 전용 스마트 콜드체인 플랫폼 구축 및 적용사업

과학기술정보통신부(전담기관: 한국인터넷진흥원)은 '디지털 뉴딜 종합계획'과 '블록체인 기술 확산 전략'의 일환으로 '2021년 블록체인 시범사업'의 15개 과제를 선도 시범사업(9개), 분산신원증명 집중사업(2개), 특구연계사업(4개)의 3개 분야로 나누어 추진하고 있다.

이 가운데 '블록체인 특구연계사업'에는 한진, 비피앤솔루션이 수행기관으로 선정되어 블록체인 기술을 활용한 「바이오의약품(백신) 전용 스마트 콜드체인 플랫폼 구축 및 적용 사업」을 수행 중에 있다. 본 사업은 백신의 유통·물류정보와 수급·입고·분배·재고 상황을 블록체인으로 실시간 추적·관제·분석함으로써 백신의 전 유통과정의 투명성과 신뢰성을 향상시키는 것과 함께 제약사·의약품 도매상·의료기관들과의 협업을 통한 의약품 정온관리 유통 실증을 목표로 하고 있다.

블록체인 기술은 공급망 관리에서 IoT 기술과 결합 될 경우 그 기술적 특성의 장점을 잘 활용할 수가 있다. IoT 센서를 이용하여 의약품의 생산지(제약 공장)에서부터 최종 소비자(환자)에게 전달되기까지의 모든 과정에서 온도, 습도, 충격 등 제품의 성질에 영향을 미칠 수 있는 요소들을 실시간 모니터링하고, 이 정보들은 IoT 장비에 저장되고 모바일 네트워크에 연결되어 위치정보와 함께 데이터가 블록에 저장된다. 이러한 정보들을 블록체인 네트워크 참여자들에게 모두 공개함으로써 데이터의 신뢰성을 보장하고 위변조를 예방하는 것이 가능하게 된다. 뿐만 아니라 전 과정의 투명한 모니터링을 통해 유통 과정상에서 발생된 문제에 대해 책임소재를 명확히 밝힐 수 있으며, 나아가 즉각적인 대응이 가능하다. 또한, 일정 요건이 되면 자동으로 계약이 체결되는 스마트 계약을 통해 업무가 보다 단순화·자동화됨으로써 시간 및 비용을 획기적으로 단축시킬 수 있다.

아직까지 블록체인 기술이 적극적으로 활용되기에는 처리속도, 확장성, 비용문제, 보안성, 법제도 등 여러 가지 기술적, 제도적 문제점과 제약요소들이 존재한다. 블록체인 기술을 활용하여 의약품 공급망 전체의 투명성과 신뢰성을 향상시키기 위해서는 의약품 공급망 내에 있는 제약 생산업체, 도매업체, 요양기관(병·의원, 약국)까지 모든 이해 관계자들을 블록체인 네트워크에 참여시키는 것이 선결되어야 한다. 그러나 현재와 같은 복잡한 의약품 유통구조에 따른 많은 이해 관계자 간의 관계, 기술도입을 위한 기업 간 역량의 차이 및 기술수용 의지 등의 요인들을 고려할 때 블록체인 네트워크 참여 합의를 도출하는 것이 가장 어려운 과제가 될 것이다.

—출처: 콜드체인비즈, 2021년 11월 25일자

2) 해운 분야

블록체인 기술을 해운물류 산업에 활용하는 사례는 매우 넓다. 블록체인 기술의 장점을 이용하여 아래와 같이 해운 분야에서 적용되고 있다.

① 항만 운영 최적화를 위해 블록체인 기반으로 해운 항만 물류 부문의 실시간 정보 공유를 위한 플랫폼이 2024년에 생겨났다(부산항만공사). 이 프로젝트는 대략 200억원이 투자되었다. 이를 통해 선박회사의 선석 생산성 향상, 정박 시간의 최적화 및 터미널의 환적 모니터링 등을 향상시키고 있다. 블록체인 기술은 기본적으로 분산 데이터 저장, 정보의 투명성 제고 및 데이터 보안 강화 등이 장점이다. 이를 활용하여 내부 핵심 정보를 외부로 노출시키지 않고 효율적으로 관리할 수 있는 다른 기업들과 안전한 협업 환경을 조성하였다.

② 블록체인 기술을 융합하여 디지털 선하증권(Digital Bill of Lading) 발행하여 안전한 해운 물류의 운영이 가능해 졌다. 디지털 선하증권은 토큰 모델을 이용하여 화물 운송에 대한 독점적 통제권을 부여하고, 선주는 개인키로 디지털 서명을 함으로써 화물을 수취인에게 전송 가능하다. 블록체인을 이용하여 데이터가 전송되면 통제권이 선주에서 양수인 또는 수취인으로 이동하게 된다. 여기에서 수취인만이 해당 데이터를 통제할 수 있다.

③ 해운업계는 다양한 블록체인 기술의 플랫폼(Hyperledger Fabric, Ethereum, Ripple's Codius 등)을 하고 있다. 이는 선박 운영을 위한 스마트 계약 체결을 할 수 있어서 물류 운영을 혁신적으로 수행하도록 한다.

④ 블록체인은 특별히 해운 보험 및 금융 자동화 가능하게 하여, 해운 보험의 청구 처리 과정을 최소화하고 있다. 예를 들면, Corda라는 블록체인 기술을 활용하는 보험사 컨소시엄은 사전에 정의된 기준에 맞춰 보험금 지급을 자동화하는 스마트 계약을 체결하고 있다. 이는 보험사와 피보험사 모두에게 더욱 신뢰성이 있고 효율적인 청구 처리 프로세스를 보장한다.

⑤ 블록체인 기술과 사물인터넷의 결합으로 실시간 컨테이너 추적 가능해졌다. 예를 들어, Tradelink는 B/L 번호가 없이도 컨테이너 번호만 있으면 대략 99.5%의 정확도로 컨테이너를 추적하고 있다. 이 시스템은 기본적으로 환적

해외 물류 · 유통 분야의 블록체인 기술 활용사례(기타)

주체	내용	비고
아랍에미리트	•두바이 정부주도로 중동 교역에서 수출입 물품의 추적 효율성을 향상 위해 협업 추진 – 두바이 세관, 두바이 무역(Trade) 등 두바이 정부는 IBM과 IT 업체 DUTECH와 협력하여 하이퍼레저 패브릭과 IBM 클라우드를 활용하여 수출입 프로세스를 위한 무역 금융 및 물류 솔루션 개발(2017.02.) – 주요 이해 관계자가 제품/배송 상태에 대한 실시간 정보를 수신할 수 있도록 출하 데이터를 전송, 종이 기반 계약을 스마트계약으로 변경	투명한 공급망 추적과 관리를 위해 하이퍼레저 기반으로 과제 수행
Everledger (블록체인 스타트업)	•보석이나 고급 와인의 출처에 관련한 기록을 하이퍼레저 기반 블록체인으로 관리하여 제품의 출처를 인증하고 추적하여 사기문제를 해결 – 종이 인증서의 위조 문제나 출처에 대한 사기를 해결하고 전쟁지역에서 채굴된 다이아몬드와 같이 갈등문제를 유발할 수 있는 보석의 모니터링 가능 – 다이아몬드의 거래 내역을 관계자(판매자, 은행, 보험사 등)와 분산 저장하고, 개별 다이아몬드의 메타데이터(레이저 기록 및 색, 크기 등)를 유일한 식별자로 만들어 거래 내용과 함께 저장하여 감정서의 위조를 방지 – 보험사기를 위한 장부 조작이나 허위보고서, 증명서 작성을 원천적으로 봉쇄 가능 ※사기 방지를 위해 블록체인으로 인증서를 관리하면 보험 회사는 매년 50억 달러 절약가능	
인텔	•해산물을 추적하기 위해 하이퍼레저 쏘투스 레이크(Sawtooth Lake) 기술을 적용한 데모 공개 – 해산물은 IoT 센서를 통해 물리적으로 태그 → 센서는 블록체인에 시간과 위치 관련 데이터를 지속적으로 전송 → Sawtooth는 유통 경로를 통해 변경 내용을 추적·기록 → 구매자는 물고기의 출처에 대한 포괄적 기록에 접근 가능	
Provenance	•제품의 원산지부터 소비자까지 공급망을 추적하기 위해 이더리움 기반의 블록체인을 활용하고 있음 – 인도네시아에서 잡은 2가지 종류의 참치를 공장, 소비자에 이르기까지 블록체인을 활용하여 추적하여 공급망의 투명성 제고(2016.05.)	이더리움 기반으로 제품의 이동경로 추적을 위한 실시간 데이터 수집 및 추적 시험
BHP Billiton	•세계 최대의 광산 회사로 암석 및 유체(fluid) 샘플의 이동경로를 기록하고, 출하 중에 생성되는 실시간 데이터를 수집 관리하기 위해 이더리움 활용	

출처: 물류신문(2018년) 참조

구간까지도 정확성을 크게 높이고 있다.

⑥ 블록체인을 사용하여 해운업계에서는 연료 품질 보장과 추적성 확보가 가능해졌다. 연료의 원산지 정보를 획득할 뿐만 아니라 최종 사용에 이르기까지 전 과정을 추적이 가능하다. 이는 품질 기준 준수를 확보하고 연료 품질 관련하여 분쟁을 낮출 수 있다.

대한민국, 블록체인 대표산업으로 육성 세계적인 강국돼야…

블록체인(Block Chain)을 애기할 때, 가장 많이 나오는 질문이 블록체인과 비트코인이 같냐, 다르냐 하는 것이다. 그에 대한 대답은 인식의 차이라고 할 수 있다. 블록체인과 비트코인을 동일한 시각으로 봐야 한다는 주장도 있고 분리해서 봐야 한다는 주장도 있다.

전문가들은 “가상화폐 시장이 나무라면 블록체인 기술은 이를 뒷받침하는 뿌리와 같다”, “블록체인이 자동차라면 가상화폐는 엔진과 같다”, 또는 “블록체인이 고속도로라면 가상화폐는 그 고속도로를 달리는 자동차다” 등등으로 차이를 비교한다.

대략 짐작이 갈 것이다. 그야말로 인식의 차이일 수 있다. 블록체인 기술과 방식을 구현하는 방식의 하나가 가상화폐이며, 블록체인과 관련된 일종의 결과물이 가상화폐라고 볼 수 있다.

하지만 가장 중요한 것은 블록체인과 가상화폐는 결코 서로 떼어놓고 생각할 수 없다는 것이다. 또한 블록체인과 가상화폐도 디지털 금융과 떼어놓고 생각할 수 없다. 블록체인이 금융데이터 처리에서 비롯된 새로운 기술이기 때문이다.

블록체인은 금융데이터를 안전하게 저장하기 위해 고안된 기술로 ‘공공거래장부, 디지털 장부’로 불리기도 한다. 금융데이터를 중앙 서버에 저장하지 않고 거래에 참여한 당사자들, 개인끼리 나누어 저장하기 때문에 해킹이 불가능한 P2P 시스템이다.

이해를 돕기 위해 조금 더 쉽게 설명하겠다. 예를 들어 A와 B가 어떤 제품을 서로 거래한다고 가정할 때, B는 A뿐 아니라 C, D와도 같은 제품을 거래할 수 있다. 또한 A도 B뿐 아니라 같은 제품을 C, D와도 거래할 수 있고, C와 D도 서로 같은 제품을 거래할 수 있다.

이러한 과정을 개인들 각자가 갖고 있는 거래장부에 P2P 분산 네트워크를 통해 자동으로 기입되는 시스템이 블록체인이다. 블록(Block)은 개인의 거래장부를 뜻하고 체인(Chain)은 연결을 뜻하는 합성어다.

얼핏 어떤 특정한 정보를 개인끼리 나누어 갖고 개인끼리 공유한다는 것이 뭐 그렇게 대단한 거냐 하며 블록체인을 대수롭지 않게 생각할 수 있겠지만 그렇지 않다. 블록체인은 '인터넷 혁명의 완성'이라고 말할 만큼 기술적 가치가 크고, 그 활용도도 무궁무진하다.

우리는 지금 인터넷 시대에 살고 있다고 해도 과언이 아니다. 1900년대 중반을 넘어서며 시작돼 2000년대에 들어서 우리 사회에 본격적으로 도입된 인터넷은 거의 모든 부분에서 우리의 생활을 지배하고 있다. 인터넷을 활용하지 못하면 아무 것도 하지 못하고, 자신에게 필요한 정보를 손쉽게 얻지도 못한다.

이를테면 인터넷이 없던 시대에는 어떤 낯선 단어의 뜻을 알아보려면 사전이 있어야 했고, 지식정보가 필요하면 백과사전을 들춰야 했다. 일반적인 뉴스나 정보도 신문, TV, 라디오 등의 매스컴에 의지했다. 그만큼 많은 시간이 소요됐다. 하지만 인터넷 시대를 맞아 컴퓨터의 자판 버튼 몇 개만 누르면 아주 짧은 시간에 원하는 것을 손쉽게 얻을 수 있게 된 것이다.

그러나 인터넷에 문제가 없는 것은 아니다. 모든 지식과 정보의 기록이 '서버(Server)'에 집중돼 있다. 쉽게 말해서 권력이 한 곳에 집중돼 있는 것이다. 서버가 왕이다. 마치 옛날에 모든 권력을 중앙집권적인 황제나 임금이 틀어쥐고 자기 마음대로 행사하는 것과 같다.

중앙화되고 집중화된 서버를 관리하려면 사회석 비용이 엄청나게 들어가고 인터넷 발전에 따라 용량을 늘리려면 그때마다 또 상당한 비용이 들어간다. 더욱이 해커들에게 공격목표가 한 곳이어서 쉽게 해킹을 당하고, 순식간에 이용자가 몰리면 서버가 마비돼 멈춰버리기도 한다.

이러한 인터넷의 단점을 극복하기 위해 부단한 노력 끝에 탄생한 것이 바로 블록체인이다. 그래서 블록체인을 '인터넷의 완성'이라고 말하는 것이다. 중앙집중적 서버가 용량을 늘려가고 발전하는 것은 그 자체적인 지식의 누적에 의한 것이다.

하지만 블록체인은 중앙의 서버 없이 개인끼리 자신들에게 필요한 정보를 공유하는 혁명적인 기술의 완성이다. 수많은 개인들이 나눠 가진 정보의 분산으로 해킹도 거의 불가능하다. 말하자면 블록체인의 등장은 전문가 시대에서 보통사람들의 시대로 전환됐다는 것을 의미한다. 그 때문에 가상화폐가 문제가 돼도, 그 기반이 되는 블록체인은 결코 없애서는 안 될 뿐 아니라 서둘러 보호 육성해야 한다는 것이다.

어느 전문가는 가상화폐와 블록체인에 대해 "가상화폐가 자동차라면 블록체인은 엔진과 같다. 가상화폐를 없애겠다는 것은 자동차 산업을 육성한다며 엔진을 못 만들게 하는 것과 같다."고 했다.

또 다른 전문가도 블록체인은 고속도로와 같은 인프라이며 가상화폐는 고속도로를 달리는 자동차 한 대에 불과하다며 자동차 한대가 과속한다고 그것을 잡기 위해 고속도로를 폐쇄한다면 큰 문제가 아닐 수 없다고 했다.

그 좋은 역사적인 사례가 19세기 영국의'적기조례(赤旗條例, Red Flag Act)'다. 그 당시 아직 마차(馬車)가 중요 이동수단이었는데 기계혁명으로 증기자동차가 등장하자 생계에 위협을 느낀 마차꾼들이 자동차산업을 견제해야 한다고 집단으로 반발했다.

그에 따라 영국정부가 '기관차량 조례'를 만들어 공도(公道)에서의 자동차 운용 방법을 법률로 규정했는데, 자동차에는 반드시 50여 미터 앞에서 붉은 기를 들고 운행을 선도하는 자, 운전수, 기관원(또는 마차꾼) 등 3명이 의무적으로 탑승해야 하며, 속도는 교외에서는 시속 약 16킬로, 시가지에서는 약 8킬로로 제한하는 것이 골자였다. 그 뒤 몇 차례 조례가 수정됐지만 기본 골격은 크게 달라지지 않았다.

이 '적기조례' 때문에 영국의 자동차 산업이 위축되어 독일, 프랑스 등 다른 국가에 크게 뒤떨어지는 결과를 가져왔다. 20세기 후반, 대처 수상이 집권할 때, 토요타를 비롯한 일본차들의 영국진출이 크게 늘어나자, 자동차 생산업체들이 대처를 찾아와 일본차의 진출을 막아달라고 청원했다.

그러자 대처 수상이 그들에게 쏘아부쳤다. "그렇게 먼 나라에서 달려오는 일본차에 뒤떨어진다면 아예 자동차를 만들지 마시오!" 대처 수상의 이 한 마디에 영국 자동차 생산업체 대표들은 입을 다물고 말았다. 하지만 영국 자동차산업은 아직까지도 다른 생산국들에 비해 뒤떨어져 있다. 그처럼 가상화폐를 잘못 규제하면 블록체인도 위축돼 우리나라가 세계금융의 후진국으로 전락할 수 있다. 블록체인에는 일반적으로 두 종류가 있다. 하나는 누구에게나 공개된 '퍼블릭Public) 블록체인'이고 또 하나는 기업 등에서 정해진 특정한 참여자들만 들어올 수 있는 '프라이빗(Private) 블록체인'이 그것이며, 기술의 혁신은 누구나 참여할 수 있는 퍼블릭 블록체인에서 일어난다는 것이다. 가상화폐는 퍼블릭 블록체인이다. 지나치게 규제하면 당연히 블록체인도 위축될 수밖에 없다.

더욱이 블록체인은 거의 모든 분야에서 활용이 가능한 새로운 기술이다. 앞서 설명했듯이, 특정한 데이터를 네트워크에 연결된 사용자들에게 P2P 방식으로 분산 저장함으로써 사실상 해킹이 불가능한 구조다. 따라서 분산형 네트워크에 참여한 사람들끼리만 데이터를 안전하게 공유할 수 있다. 최근 어느 일간지에 소개된 미국 '월마트(Walmart)'의 경우가 좋은 사례가 될 것이다. 잘 알려진 바와 같이 월마트는 세계적인 유통업체로 세계의 많은 나라들에 5천 개가 넘는 유통망을 형성하고 150만 명이 일하는 매출기준 세계최대 기업의 하나다.

이 월마트가 중국에 진출한 뒤, 불량식품 유통으로 큰 진통을 겪었다. 중국업체들의 위생상태가 열악하고 가짜식품, 불량식품의 유통이 보편화돼 있어 그것을 가려내기가 어려웠기 때문이다. 특히 중국에서 주식이나 다름없는 돼지고기의 위생문제가 가장 심각했다. 더 이상 방치할 수 없었던 월마트는 IBM과 함께 이러한 문제의 근본적 해결을 위해, 식재료의 생산환경, 유통과정, 매장에 입고되기까지의 모든 과정을 실시간으로 파악할 수 있는 새로운 데이터 저장방식을 도입해서 완전히 문제를 해결했다. 바로 블록체인이 그것을 가능하게 한 것이다.

신선한 식품의 운송과정도 마찬가지다. 거리가 아무리 멀어도 식품이 운송되는 동안 식품이 이동되는 위치, 온도, 습도 등의 정보가 10분마다 화주와 운송사를 비롯한 관계자들에게 전송돼 수많은 검수절차와 번거로운 서류작업이 사라지게 할 수 있다. 역시 블록체인의 놀라운 혁신기술 덕분이다.

이처럼 블록체인이 금융 분야는 물론이고, 물류, 보안, 유통, 나아가서 예술품의 진품감정과 저작권보호, 고가의 보석감정, 위조화폐 방시, 전자투표에 이르기까지 다양한 분야에서 활용되자 선진국의 대기업들이 블록체인 개발과 활용에 앞 다투어 뛰어들고 있다.

우리나라의 대기업들도 예외가 아니다. '삼성SNS'는 이미 2015년 전담조직을 구성해서 블록체인 플랫폼 개발에 들어가, 전자문서 원본확인, 생체인증 서비스, 제휴사 자동 로그인 서비스 등에 활용하고, 서류 위·변조 차단, 서류발급 간소화 등에 활용을 추진하고 있다. 아울러 무역, 해운, 금융, 보험 등의 분야에서 사물인터넷(IoT)과 결합한 블록체인 기술을 활용할 계획이다. 'LG CNS'는 국내외 은행 22곳이 공동으로 추진하는 '국제 자금이체 파이럿 프로젝트'에 참여해서, 세계최대의 금융특화 블록체인 컨설시엄인 'R3'와 파트너십을 맺는가 하면, 'LG CNS 블록체인 플랫폼'을 내놓았다. 또한 보험금 청구 블록체인 기술의 검증을 끝내고 실용화를 서두르고 있다.

'SK C&C'도 '블록체인 모바일 디지털 ID인증 서비스'를 개발했다. 디지털 ID를 갖고 있는 고객이 해당 통신사와 제휴한 금융기관, 쇼핑몰, 영화관 등, 모든 곳에서 간단한 식별코트만 넣고 서비스를 이용하는 시스템이다. 그와 함께 금융, 통신, 물류, 서비스 등 다양한 산업에도 블록체인 기술을 활용하고 있다. 그밖에도 '롯데정보통신' '포스코 CT'등도 블록체인 서비스 개발에 나서고 있다. 특히 우리 대기업들은 은행, 보험 등 금융권 블록체인 시장 선점에 사활을 걸고 있는 것이 특징이다. 블록체인 기술은 현재 금융권에서 인증분야에서 주로 사용되고 있다. 반가운 것은 우리 벤처기업, 스타트업 업체들이 블록체인 기술개발에 적극적으로 뛰어들고 있다는 사실이다. 이들은 가상화폐 열풍이 불기 전부터 블록체인 기술의 성장가능성에 큰 관심을 갖고 도전했지만 아직 구체적인 성과는 미미한 수준이다. 하지만 블록체인이 신기술로 더욱 부각되면서 기술개발에 속도를 내고 있다.

'씨트온'과 '메디블록'은 블록체인 기술을 의료분야에 접목을 하고 있다. '메디블록'은 병원과 정부 등이 환자들의 의료정보를 독점해서 관리해 온 관행을 깰 수 있는'앱'을 개발하고 있다. 병원으로부터 받은 환자의 정보를 암호화한 상태로 저장해서 다른 병원들이 활용할 수 있게 하려는 것이다.'씨트온'도 매달 100만건 이상 발급되는 진단서와 의료명세서 등의 발급받는 절차를 간소화하는 블록체인 기술을 개발하고 있다. 우리나라에서 일하는 동남아 근로자들의 송금 수요가 많다는 점에서 착안했다.

또 블록체인 스타트업 업체 '체인파트너스'는 금년 초, 암호화폐를 오프라인 매장에서도 쓸 수 있는 결제서비스 '코인덕'을 출시했다. 이 밖에도 많은 벤처, 스타트업 업체들이 실용성이 큰 블록체인 기술을 개발하고 있어서 사뭇 기대된다. 어떤 새로운 기술이 개발되든, 한 가지 분명한 것은 부동산 중개소처럼 쌍방 간에 계약이 필요해서 중개사가 개입되는 분야에는 블록체인 기술의 적용이 가능해서 큰 변화가 일어날 것이라는 판단이다. 특히 기업들의 회계처리는 지금까지 기업경영자 입장에서 재무제표가 작성돼 분식회계의 고질적인 문제가 있었다. 하지만 블록체인 기술을 활용하면 관계자들이 실시간으로 디지털 장부를 공유할 수 있어서 기업경영자들이 자신에게 유리한 정보만 제공함으로써 투자자들을 속이기 어렵다. 따라서 기업들의 세무회계 신뢰성이 크게 향상될 전망이다.

그러나 중개자였던 세무사, 회계사, 부동산 중개사, 농수산물 중개사 등의 역할과 기능이 크게 축소돼 자칫하면 사라질지도 모른다는 것이다. 그렇기는 하지만,

블록체인 시스템이 제도권에 편입되려면 상당한 시간이 걸려 아직 필요 없는 걱정이라는 주장도 있다.

한편으로는 블록체인 활성화에 부정적인 시각도 없지 않다. 어느 전문가는 블록체인이 새로운 기술이 아니라 이미 30년 전에 나온 기술이라며 4차 산업혁명의 핵심기술이라는 주장은 과장된 것 이라고 했다. 그러면서 이제야 금융거래 분야에서 효율적인 응용방안을 찾은 것으로, 여기까지 오는 데 30년 이상이 걸렸으며 블록체인도 해킹이 가능하다고 하면서 블록체인에 대한 지나친 환상은 버려야 한다고 했다. 물론 터무니없는 주장이라고 할 수는 없지만 내 생각은 다르다. 이미 30년 이상 전에 블록체인의 매커니즘에 대한 이해는 있었을 수 있지만 실용화되지는 못했다. 이제 와서야 가상화폐 비트코인의 탄생과 함께 본격적인 실용화 단계에 들어선 것이다.

자동차 운전도 그렇지 않은가. 자동차가 어떤 원리로 움직이고 각종 계기조작은 어떻게 해야 하는지 운전자가 다 알지만 시동을 걸어야 움직인다. 시동이 잘 안 걸려 애를 먹는 경우도 있다. 하지만 시동이 걸리고 움직이기 시작하면 운전자가 얼마든지 속도를 낼 수 있다. 해킹도 그렇다. 기술적인 것보다 내부자의 해킹이 가능하다는 주장도 일리가 있다. 그렇지만 아직까지 블록체인 보다 안전한 온라인 네트워크 시스템은 없다. 또한 블록체인 기술이 앞으로 유망한 기술이라는 데는 이의가 없지만, 우리나라의 수준은 걸음마 단계여서 아직 산업에서의 적용은 이르다며, 기업들이 본격적으로 퍼블릭 블록체인을 업무에 활용하려면 적어도 시간이 더 걸릴 것이라는 의견들도 있다.

하지만 우리가 불을 땔 때 나무에 불을 붙이기가 어렵지, 일단 불이 붙으면 금세 활활 타오른다. 우리 블록체인도 이미 불이 붙었다. 세계적인 수준에서 뒤떨어졌지만 우리의 인프라는 잘 구축돼 있다고 생각한다. 발전방향만 잘 설정하고 정부의 적극적인 지원이 뒤따르면 얼마든지 선진국을 따라잡고 오히려 앞질러 갈 수 있다.

벤처기업가로 우리나라 인터넷 발전을 이끌었고, 정보통신부 장관을 역임한 진대제 전 장관이 초대 회장을 맡은 한국블록체인협회에는 빗썸, 코빗, 코인원, 코인플러그 등, 세계 80여 개 국가와 가상화폐를 거래하는 가상화폐 거래소와 블록체인 기술 보안업체 50여 개 기업이 가입돼 있다. 앞으로 가상화폐 거래의 안정화와 블록체인 기술발전에 크게 기여할 것으로 기대된다. 블록체인을 전문으로 연구하는 한국블록체인학회도 있다.

이제 블록체인은 결코 외면할 수 없는 글로벌 트렌드다. 어느 벤처기업가가 “블록체인 기술이야말로 블루오션이다. 안타깝게 국내에는 아직 선진국만큼 블록체인 개발이 활발하지 못하다.”고 했다. 현재 전통적인 제도권 금융시장은 미국, 영국 등의 선진국들이 장악하고 있다. 그런데 원인이야 어디 있든, 새롭게 등장한 가상화폐 거래시장은 일본과 함께 우리나라가 주도권을 쥐고 있다. 이런 절호의 기회가 또 있겠는가. 기회를 놓쳐서는 안 된다. 지금 우리의 가상화폐 시장에 투기 세력이 끼어들고 불법행위들이 횡행하는 것은 부인할 수 없다. 그렇다고 옛말에 ‘빈대 잡으려다 초가삼간 태운다’는 속담이 있듯이, 무모하게 강압적으로 가상화폐 시장을 고사(枯死)시켜서는 안 된다.

비이성적 투기와 불법행위에 대해서는 합리적으로 규제하고, 가상화폐 거래를 양성화시키는 방안을 진지하게 검토해야 한다. 왜냐하면 가상화폐는 블록체인이 절대적인 기반이기 때문이다. 어느 전문가의 비교처럼 가상화폐가 나무라면 블록체인은 뿌리다. 블록 체인과 가상화폐는 서로 뗄 수 없는 관계다. 블록체인과 가상화폐가 함께 공존해야 한다.

그리하여 세계 가상화폐 시장의 주도권을 기술선진국들에 빼앗기지 말고, 블록체인 플랫폼의 주도권까지 잡아야 한다. 그러자면 블록체인을 우리나라의 대표산업으로 적극적으로 육성함으로써 블록체인의 세계적인 강국이 돼야 한다. 그것은 내가 주장하는 디지털 금융의 세계시장 패권을 우리가 차지할 수 있는 지름길이기도 하다.

—출처: Break News, 2023년 07월 31일자

학습 문제

1. 물류자동화와 휴먼노이드 로봇 출현으로 물류 분야 및 해운 분야에 각각 어떻게 영향을 줄 수 있을까요?

2. 빅데이터 기술을 활용하여 해운 분야 및 물류 분야에서 어떤 영향을 주게 되는지 서술해 보라.

3. 디지털 트윈의 개념과 물류 및 해운 분야에 대한 영향을 설명해 보라.

4. 인공지능의 도입에 따라, 어떻게 물류와 해운 분야에 영향을 미치는지를 자세하게 적어보세요.

제2부
국제경영전략과 국제물류

제1장

국제통상환경

글로벌통상환경은 매우 다변화되고 있으며 심각한 대립으로 날로 어려운 상황으로 치닫고 있다. 현재 세계 경제는 서로 긴밀하게 연관되어 있고 상호 영향을 미치기에 각 국가 경제는 세계의 경제 주체와 상황에 의해 영향을 더 크게 받는다. 다시 말해서, 글로벌시장에 수출을 많이 하는 국가인 경우에는 글로벌경기침체, 자연재해 및 세계적 오염의 대유행과 같은 상황에 더 취약하고 심각한 경제상황에 직면하게 된다.

그러므로, 해외 진출 국가를 선정하고 비즈니스를 진행하기 위해서는 글로벌경제환경을 이해하는 것이 필요하다. 이러한 세계 공통의 경제 여건을 우선 파악하는 것은 큰 의미가 있고, 세계 경제는 곧 특정 국가의 경제에 직, 간접적으로 영향을 주기 때문이다.

1. 세계 지역 블록화

세계 경제 주체들은 이해 관계에 의해 경제적 통합을 통해 이익을 극대화하거나 경쟁 우위를 확보하기 위해 노력한다. 경제통합의 형태는 그 상태와 정도에 따라 자유무역지역협정, 관세동맹, 공동시장, 경제연합 등으로 구분된다. 자유무역지역협정(Free Trade Agreement)은 상호 합의로 역내 국가 간 무관세협정 체결하거나 쿼터제(quota) 철폐 등을 하게 되는 것에 불과하기에 경제통합 단계에서 가장 낮은 단계이다. 관세동맹(customs union)은 자유무역지역협정에 더하여 공동의 대외관세시스템을 구축하는 것으로 협정을 맺는 것이다. 반면에 공동시장(common market)은 노동, 자본, 원재료 등의 생산요소의 이동에 대한 제한과 규제를 철폐한다. 최종적으로 경제연합(economic union)은 상호 간 경제정책의 통합과 조정까지도 합의하는 단계를 일반적으로 일컫는다.

현재 많은 국가는 경제연합까지 체결하기에 이르렀다. 대표적인 경제연합은 EU(European Union), NAFTA(North American Free Trade Agreement) 등이 있다. 이러한 경제통합의 목적은 자국 산업의 이익 극대화와 타국에 대비하여 상대적인 경쟁 우위를 확보하기 위해서이다. 사실상 지역 경제의 통합(regional bloc)은 현재 더욱 가속화될 것으로 전망된다. 진출국의 분석에 있어 어떤 지역적 통합에 속한 것인지를 파악하는 것이 필수적이다.

WTO 체제에서의 각 국가는 원칙적으로는 자유무역을 지향하고 있다. 하지만 각국의 이해 관계가 다르므로 각 주체는 자신이 유리한 방식으로 국제통상환경을 만들고 있다. 따라서 각국의 이해 관계가 일치하는 국가들 간 블록을 만들고 무역협정을 성사시킨다. 이러한 사실은 지역 블록에 해당하지 않는 국가들은 상대적으로 불이익을 당하게 된다. 다음 사진은 전 세계의 자유무역과 경제발전을 위해 창설된 WTO를 보여주고 있다.

2. 글로벌가치사슬의 붕괴와 회복탄력성

글로벌가치사슬(Global Value Chain)의 개념은 맥킨지컨설팅(McKinsey consulting)에서 최초로 제안하였으며, 마이클 포터 교수(하버드 대학교)가 발전시킨 개념으로서 대중에게 널리 알려졌다. 최근의 기업 운영에 있어서 독자적으로 운영하는 것은 불가능하고 기업의 전반적인 활동인 상품과 제품의 설계, 구매, 생산, 유통, 판매 및 폐기의 전 과정이 통신과 운송의 발전으로 긴밀하게 연결된 것으로 본다.

세계 경제 운영에 있어 각 기업은 더 나은 부가가치 창출을 위해 비교우위를 가지고 있는 공급업체를 전 세계적인 범위에서 찾으려고 노력하며, 좋은 제품과 서비스를 제공하는 기업들과 상호 연계되어 비즈니스를 영위하는 것이다. 이러한 관점에서 볼 때, 하나의 기업 활동이 붕괴 또는 지연현상을 보인다면 다른 공급받는 기업들도 직접적으로 영향을 받는 것이 일반적이다. 따라서 세계 경제는 상당히 연계되어 있고 독자적으로 비즈니스 운영을 하기에는 불가능하며, 크고 작은 문제로 상호 영향을 주는 것을 이해할 필요가 있다.

최근의 자연재해나 세계적 질병의 대유행으로 글로벌공급사슬은 심각하게 파괴되는 현상이 어렵지 않게 나타나고 있다. 이에 따라 기업들은 고객의 납기를 맞출 수 없게 되고, 연쇄적으로 관련 산업들이 공급에 차질을 빚게 된다. 왜냐하면 공급사슬의 효율성만을 강조하다 보니까 재고를 적정수준까지만 갖고 있기 때문이다. 이러한 구조는 현재의 글로벌공급사슬의 붕괴에 매우 취약하다.

따라서 기업은 공급사슬의 붕괴에 따른 회복탄력성(resilience)이 우선적으로 중요시되는 상황이다. 일반적으로 기업의 붕괴에 따른 예방 시스템을 갖추고 디지털 기술을 활용하여 공급사슬 내의 업체 간 긴밀한 정보공유와 대안의 마련을 통해 위기의 상황을 빠르게 회복하게 된다. 이러한 연구는 이론적으로 또는 실증적으로 증명이 되는 것이 사실이다(Kang & Stephens, 2022).

실제로 회복탄력성을 이끄는 절대적인 변수는 없다고 보는 것이 타당하다. 기업에 따라서 그 회복탄력성을 높이는 변수는 따로 있는 것이다. 이러한 사실은 기업들이 자신들의 역량과 상황에 맞도록 회복탄력성을 향상하기 위해 대비해야 하는 것을 의미한다. 예컨대 기업의 인적자원에 대한 교육훈련, 공급사슬 내 협력업체와의 관계향상이 필요할 때도 있다. 또한 그 기업 상황에 맞도록 최신의 디지털 기술인 인공지능(Artificial Intelligence, AI)과 사물인터넷(the Internet of Things) 등을 이용한 공급사슬관리의 효과성 및 효율성 극대화를 시켜야 한다.

3. 무역협정의 증가

글로벌경제에서 다수의 국가가 참여하고 정부의 경제정책에 중대한 영향을 미치는 국제기구 및 협정 내용을 제대로 이해하는 것이 상당히 중요하다. 왜냐하면 진출하고자 하는 국가와 비즈니스 운영에 있어 절대적인 영향을 주기 때문이다.

대표적인 세계 경제 질서에 영향을 주는 기구는 세계무역기구(World Trade Organization)이다. WTO는 1995년에 최종적으로 오랜 협상 끝에 협상이 완료되었는데, 그 전에 GATT(General Agreement on Tariffs and Trade; 관세 및 무역에 관한 일반협정)를 대체하면서 세계적으로 자유무역을 지향하면서 시장개방과 무역장벽 해소를 목표로 하는 기구이다. 이는 세계 무역 질서를 만들고 운영하는 세계적 기구로서 권위가 있는 기구이며, 세계 무역 분쟁 등의 해결을 위한 기준점이 되는 다자간 협정을 이뤄낸 세계적인 기관인 것이다.

또한 현재 글로벌경제에 있어 탄소를 줄이고 세계온난화를 방지하기 위한 환경협정인 Green round, 파리협약(2021년 1월부터 적용) 등과 같이 세계적인 환경협정은 제품 생산, 포장과 판매 전반에 영향을 줄 수 있으므로 해외 진출 시 반드시 고려해야 할 경제적 환경이 되는 것이다.

학습 문제

1. 국제통상환경으로서 세계 지역 블록화는 어떻게 진행되고 있는가?

2. 글로벌 공급사슬관리에서 글로벌 가치사슬 붕괴는 왜 발생하는가?

3. SCM에서 글로벌 가치사슬 붕괴를 회복하기 위한 회복탄력성은 왜 중요한가?

4. 최근 국제통상환경에서 무역협정의 증가는 어떤 방식으로 전개되는가?

제2장

ESG 경영 및 통상 확대

1. 개념

ESG는 환경보호(Environment), 사회공헌(Social), 윤리경영(Governance)의 첫 글자를 의미한다. 여기에서 ESG 경영은 기업은 우선적으로 환경을 보호해야 하고, 사회적 약자를 배려하여 사회에 공헌해야 하고 윤리적인 경영을 통해 사회적으로 통용되는 법과 윤리를 준수하는 것을 말한다.

최근의 ESG 경영은 비재무적인 요소로써 기업을 평가하는 측도가 되고 있다. 재무적인 부분만이 아니라 비재무적 요소인 ESG 경영을 시행하는지에 대한 관심이 선진국들을 중심으로 확산하고 있다. 따라서 기업들은 자신들의 경영이 ESG 경영에 어긋나는 것은 없는지 객관적으로 살펴볼 필요가 있다.

2. 환경보호 협약

기업의 제조 활동하는 가운데 발생하는 탄소 배출량을 최대한 줄이는 노력은 전 세계적인 관심거리가 된 지 오래다. 교토의정서 가입국가들은 이산화탄소(CO_2) 배출을 최대한 규제하기 위해 1990년 대비 2012년까지 평균 5% 정도를 낮추기로 합의했다. 만약 이 수준을 맞추지 못하는 국가나 기업은 탄소배출권(CER) 외부에서 구매하도록 하였다. 세계 각국은 유엔 산하 기후변화협약사무국(UNFCCC)에서 탄소배출권을 발급 가능하며, 시장에서 자유롭게 거래도 할 수 있다. 여기에서 탄소배출권은 지구온난화의 주요 유발물질인 온실가스를 배출할 수 있는 권리를 말하는데, 배출권을 할당받은 기업들은 허용된 할당 범위 내에서 온실가스를 배출해야 한다. 만약 남거나 부족한 탄소배출권은 시장에서 거래 가능하다.

급변하는 기후변화에 대응하기 위해 환경규제에 대해 기업들은 환경보호를 위한 포장재의 개발, 탄소배출량을 줄일 수 있는 제품 또는 공정의 개발을 서둘러야 한다. 또한 신재생에너지의 개발을 각국 정부와 기업들은 최선의 노력을 다해야 한다. 그렇지 않으면 경쟁기업 더 미래의 경쟁 우위를 현저하게 잃을 수도 있다.

3. 사회공헌 활동

기업은 사회 속에서 성장하고 생존하게 된다. 이는 기업의 독자적인 노력만으로 이뤄지기는 어렵다는 것을 의미한다. 사회구성원으로서 소비자가 기업의 제품을 구매함으로써 기업은 이익을 얻게 되어 사업을 지속한다.

이러한 관점에서 기업이 사회적 책임을 다하는 것은 어쩌면 당연하다. 앞장서서 사회의 구성원으로서 사회를 발전시키기 위해 노력하는 것은 의무에 해당한다. 특히 사회적 약자들을 위해 노력하고 적극적으로 돕는 것은 매우 중요하다. 왜냐하면 사회적인 존재로서 법인체는 상대적으로 큰 자본을 소유하고 있으며, 활용할 수 있는 인적자원 및 조직시스템을 가지고 있기 때문이다.

4. 윤리경영 확대

기업은 사회를 구성하고 있는 법인격으로 사회의 질서를 철저하게 준수하는 것은 너무나 당연하다. 또한 법적인 테두리에 거치는 것이 아니라 윤리적으로 어긋나지 않도록 기업 활동을 영위하는 것이 필요하다. 예컨대 기업이 공무원 또는 정치인과 결탁하여 사업의 특혜를 누리는 것은 법적 부분과 윤리적인 부분에 모두 어긋나는 행위이다.

따라서 기업의 경영에 있어 시스템적으로 이를 감시하거나 예방하기 위한 교육훈련을 주기적으로 실시하여 직원들이 이러한 불법적인 행위를 하지 않도록 하는 것이 필수적이다. 이러한 비재무적 요소까지도 선진국들과 각 국가는 기업을 평가하는 중요한 잣대가 되고 있다. 글로벌가치사슬과 국제통상을 활발하게 진행하고 있는 기업들은 더욱 집중하여 고려해야 하는 요소이다.

학습 문제

1. 최근 중요성이 증가하고 있는 ESG 경영의 개념을 설명하라.

2. ESG 경영과 연관된 환경보호 협약을 간단히 소개해 보라.

3. 기업의 사회공헌의 방식을 자세하게 설명해 보라.

4. ESG 경영과 관련하여 기업은 어떻게 윤리경영을 확대하고 있는가?

제3장

디지털 경영혁신의 확대

1. 개념

4차 산업혁명의 시작에 따른 경영혁신은 더욱 필요성이 증가하고 있다. 기업들은 정보통신 기술과 기존 경영혁신의 방식과 결합하여 현재까지 존재하지 않았던 디지털 경영혁신을 창출해 내고 있다.

디지털 경영혁신은 두 가지 측면에서 기존의 경영혁신과 차이를 확연히 드러낸다. 첫째, 전략과 사업 모델 관점에서 차이가 상당히 크다. 왜냐하면 새로운 디지털 경영혁신은 모바일, 인공지능, IoT 기술 등을 활용하여 완전히 새로운 전략으로 신사업 모델을 만들기 때문이다. 둘째, 디지털 경영혁신은 디지털 기술을 이용하여 혁신의 효율성을 현저하게 올리고 있다.

2. 디지털 경영혁신 핵심 내용

1) 디지털 기술의 혁신

최근 물류 분야의 디지털 기술은 폭발적으로 성장하고 있다. 컴퓨터 성능은 높은 수준으로 발전하고 있다. 반면에, 컴퓨터 성능은 급속도로 발전하고 있지만 컴퓨터의 구매 가격은 상대적으로 떨어지고 있다. 이러한 낮은 가격을 바탕으로 발전된 기술을 이용하여 많은 물류 기업들이 디지털 기술을 접목하고 있다. 예컨대 빅데이터(big data), 클라우드(cloud), 인공지능(AI), 가상현실(virtual reality) 등의 다양한 기술로 디지털 경영혁신을 끌어내고 있다. 더욱이 기존 방식과 전혀 다른 비즈니스 모델과 플랫폼 등을 활발하게 전환 및 발전시키고 있다.

기업들은 소비자들이 보여주는 폭발적인 볼륨(volume)의 빅데이터를 적극적으로 마케팅에 활용하고 있다. 예컨대 소비자들이 출근할 때 이용하는 버스, 지하철 등의 이용하는 시간, 이동거리 및 이용하는 역(station) 등의 다양한 데이터를 활용하여 마케팅에 이용하게 된다. 또한 점심시간에 이용하는 메뉴와 커피 등의 음료의 가격과 시간 등의 엄청난 양의 데이터를 접수하고 빅데이터를 가공하여 자신만의 마케팅으로 활용이 가능하다. 최신의 빅데이터 분석 기술은 이러한 실시간 변화되는 정보를 활용할 수 있게 한다. 기업은 이렇게 엄청난 변화의 길목에 직면해 있다.

2) 초연결의 확산

물류 산업의 디지털 경영혁신에서 가장 주목해야 하는 부분은 디지털 기술인 IT 기술로 사람과 사람, 사람과 사물의 연결이 더욱 활성화되고 긴밀하게 연결된다는 점이다. 즉, 블록체인(block chain), 모바일(mobile), 빅데이터(big data), IoT(Internet of Things) 기술 등의 발전으로 네트워크(network)가 더욱 활성화하고 있다.

물류 네트워크가 티핑포인트를 넘으면 네트워크 효과(network effect)가 생겨나서 모든 사람, 장소 및 장비 등이 빠른 속도로 연결되어 네트워크 가치(network value)가 동시에 크게 증가한다.

전문가들은 글로벌 IT 기업을 중심으로 초연결(hyper-connected) 시대가 왔다고 말한다. 디지털 트윈이라는 개념으로 사물인터넷에 연결된 사물들을 총체적으로, 실시간으로 복제하는 것이다. 이는 사물의 모든 정보를 디지털로 전환하는 것으로 정보의 양과 속도에 따라 그 활용 가치가 극대화된다. 이렇게 초연결된 물류 기업들의 모든 활동이 전 부서와 실시간 공유되어 문제를 신속하게 파악하고 해결 가능하게 된다. 그러므로 초연결된 기술에 의해 디지털 경영 혁신은 더욱 빠르게 발전되고 진행된다.

3) 교체 주기의 가속화

물류 산업과 연계된 디지털 기술은 현재의 주류 및 핵심 기술이다. 디지털 기술 중 하나가 발명되고 나서 새로운 기술로 대체되는 교체 시기는 매우 짧아지고 있다. 즉 새로운 형태의 디지털 기술의 개발 시기가 급격하게 줄어들고 있기 때문에 기존의 디지털 기술은 쉽고 빠르게 대체 가능하다.

사실 전기, 농기계, 산업기계 등의 기술은 새로운 기술이 개발되고 나서도 상당한 기간 동안 사용될 수 있으며, 디지털 기술이 발전하는 속도에 절대적으로 비교될 수 없다. 그만큼 디지털 기술은 개발 속도가 매우 빠르다.

디지털 기술을 활용한 디지털 경영혁신은 기술의 진전과 함께 급격하게 발전하고 있다. 예를 들면 구글(Google)은 전 세계적으로 디지털 경영혁신의 선두주자이다. 현재 구글은 디지털 기술을 활용하여 각종 VR(Virtual Reality: 가상현실) 관련 기술을 개발하고 연관된 기기도 인터넷으로 판매하고 있다.

혁신적 경영자인 일론 머스크(Elon Musk)가 2017년에 창업한 뉴럴링크社는 인간의 뇌 속에 컴퓨터와 같은 칩을 심어서 AI(Artificial Intelligence)보다 뛰어난 인간의 뇌를 만들 수 있는지 연구하고 있는 혁신적인 기업이다. 디지털 기술로서 인간 뇌의 정보를 컴퓨터에 저장하고, 컴퓨터 정보를 인간 뇌에 심을 수 있는 것이다. 이처럼 디지털 경영혁신은 상상을 초월할 정도로, 급속도로 변화하고 있다.

국제물류 분야에서는 인공지능, 디지털 트윈, 블록체인 기술 등을 활발하게 도입하여 기업 경영 혁신의 수단으로서 활용되고 있다. 이는 국제물류의 변화를 선도하고 있으며 향후 변화의 속도는 더욱 가속화될 것으로 예상된다.

학습 문제

1. 기존의 경영혁신과 디지털 경영혁신의 차이점은 무엇인가?

2. 물류 산업과 연관된 디지털 기술혁신은 대표적으로 어떤 것이 있는가?

3. 물류 산업에서 연결의 확산이 의미하는 것은 무엇일까?

4. 디지털 기술의 교체 주기의 가속화에 따른 물류 산업에 대한 영향은?

제4장

글로벌 기업 전략과 기획

국제경영 및 국제물류 관리의 맥락에서 다국적 기업의 전략적 선택은 조직의 미래 방향성을 규정하는 핵심 요소로서 그 중요성은 절대적이라 할 수 있다. 전략적 방향설정의 오류는 조직의 핵심 역량을 부적절한 영역에 집중시켜 상당한 기회비용과 손실을 일으킬 수 있는 위험을 내포한다.

글로벌 기업의 전략적 체계를 체계적으로 이해하기 위해서는 조직 계층별 전략의 차별화된 특성을 파악하는 것이 선행되어야 한다. 이는 경영진이 조직의 각 계층에 따라 전략을 차별적으로 수립하고 실행해야 함을 의미한다.

예를 들어, 정부 차원의 정책 결정과 경제적 자원 배분은 최상위 의사결정 단위로서 다면적 요소와 복합적 차원에서 종합적으로 고려되어야 한다. 이는 정책의 파급효과가 전 국민에게 미치는 영향의 범위와 규모 때문이다. 이와 대조적으로, 지방자치단체 수준의 정책과 전략은 해당 행정구역의 지역적 특성과 주민들의 요구에 특화된 범위 내에서 수립되고 실행된다.

기업 조직에서도 최고 경영진 수준의 전략적 결정이 존재한다. 예를 들어, 해외 직접투자를 통한 현지 생산시설 및 영업거점 설립은 기업 전체 차원에서 수행되는 전략적 선택이다. 반면, 기업이 복수의 사업부문(전자사업부, 자동차부품사업부, 에너지사업부)을 보유하고 있다면, 각 사업부는 고유한 시장 환경과 경쟁 구조에 적합한 차별화된 전략을 수립할 필요가 있다. 이러한 전략적 결정은 각 사업부 차원에서 독립적으로 고려되고 실행되는 것이다.

상기한 바와 같이, 기업의 전략적 체계는 조직 계층에 따른 다차원적 특성을 보이는 것이 그 본질적 특징이다. 기업의 전략을 계층별로 분류하면 기업 수준 전략(Corporate-level Strategy), 사업부 수준 전략(Business-level Strategy), 그리고 기능별 전략(Functional Strategy)으로 구분할 수 있다. 여기서 중요한 것은 전략적 일관성의 원칙으로, 기업 수준 전략부터 기능별 전략에 이르기까지 모든 계층의 전략이 상호 보완적이고 논리적으로 연계되어야 하며, 전략 간 상충이나 모순은 허용되지 않는다는 점이다.

1. 기업 수준 전략

기업 수준 전략(Corporate-level Strategy)은 조직의 전사적 관점에서 포괄적인 성장전략, 현상유지전략, 그리고 축소전략(또는 사업철수전략)을 체계적으로 수립하는 전략적 의사결정 과정을 의미한다.

보다 자세하게 설명하면, 기업 수준 전략은 조직이 당면한 경영환경의 복합적 요인들—경쟁업체의 동향, 시장 환경의 변화, 산업 구조의 특성 등—을 종합적으로 분석하고, 자사의 현재 상황에 대한 정확한 진단을 바탕으로 기업이 지향하는 미래 성장 잠재력을 극대화하기 위한 체계적인 계획을 수립하는 전략적 활동이다.

일반적으로 기업 수준 전략의 수립과 실행은 다음 〈그림 1〉에 제시된 단계적 프로세스를 통해 이루어진다.

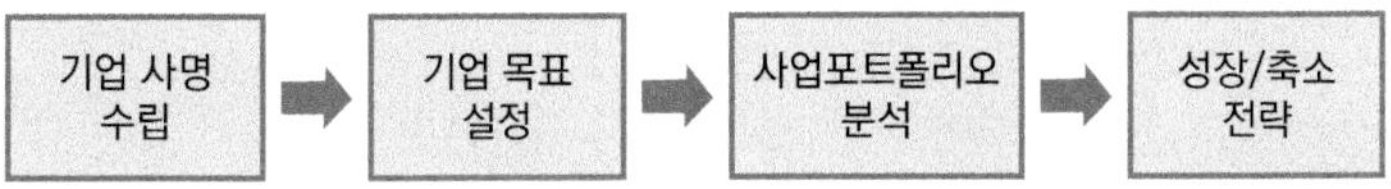

〈그림 1〉 기업 수준 전략

1) 기업 사명

국제적 기업의 기업 수준 전략은 조직의 사명(Mission) 정립 과정을 출발점으로 하여 체계적으로 전개된다. 즉, 기업은 인간사회 내에서 어떠한 존재 목적과 사회적 역할을 담당하며 사업활동을 전개할 것인지에 대한 근본적 결정을 내려야 한다.

이러한 철학적 토대와 가치 체계를 바탕으로 사업을 개시하고 운영할 때, 비로소 진정한 기업가정신(Entrepreneurship)의 발현이 가능하다는 것이 핵심이다.

2) 기업 목표

글로벌 기업은 창업 초기 또는 신규 사업 개시 시점에서 확립된 기업 사명의 구현을 위해 체계적인 기업 목표를 설정해야 하는 전략적 과제에 직면한다. 글로벌 기업이 설정하는 조직 목표는 기업이 지향하는 사명의 실질적 구현이라는 궁극적 목적에 부합해야 한다는 것이 핵심 원칙이다.

만약 기업이 자신이 천명한 사명과 상충(相衝)하거나 모순되는 목표를 설정한다면, 해당 기업은 결국 기업가정신에 기반하여 수립했던 본연의 사명을 상실하는 결과를 초래하게 된다는 점에서 전략적 일관성의 중요성이 강조된다.

3) 사업 포트폴리오 분석

사업 포트폴리오 분석은 글로벌 기업이 현재 속해 있는 산업 내 전략적 위치와 경쟁적 지위를 체계적으로 파악하는 분석 기법이다. 동시에 기업을 둘러싸고 있는 외부 환경 요인들을 종합적으로 분석하고, 이에 대한 적절한 전략적 대응방안을 모색하는 것을 목적으로 한다.

사업 포트폴리오 분석은 두 가지 주요 방법론을 통해 체계적으로 수행된다. 첫 번째로, BCG 분석(Boston Consulting Group Analysis)은 기업이 현재의 비즈니스 상황에서 차지하는 구체적인 단계 또는 전략적 위치를 간명한 도식화 방법을 통해 시각적으로 확인하는 분석 도구이다.

글로벌 기업이 위치한 전략적 구간에 따라 기업의 전략적 선택은 필연적으로 차별화될 수밖에 없다. 기업의 해외시장점유율과 해외시장성장률을 종합적으로 고려한 결과 Question Mark 구간에 해당하면, Star 구간으로의 전략적 이동을 위해 집중적 투자를 통한 시장점유율 제고 전략을 수립해야 한다.

Cash Cow 구간의 경우 높은 시장점유율을 보유하고 있으나 시장성장률이 저조한 상태에 해당한다. 따라서 이 구간에 속한 기업은 시장성장률 증가를 위해 제품 개선을 통한 새로운 기능 개발이나 활용 방안 모색이 필요하다. 만약 이러한 접근이 불가능하다면 추가 투자를 중단하고 자금 회수 전략을 통해 현상 유지를 도모하는 것도 효과적인 전략적 대안이다.

Dog 구간에 속한 경우에는 시장점유율과 시장성장률이 모두 저조한 상태이므로 축소 또는 철수 전략을 적극적으로 고려해야만 추가적인 손실 확대를 방지할 수 있다.

마지막으로 Star 구간에 속한 산업의 경우 지속적인 시장성장률과 점유율 증대를 위해 집중적인 투자를 지속해야 한다는 전략적 원칙이 적용된다.

두 번째로, GE 매트릭스 분석이 있다. 이는 사업경쟁력과 산업매력도를 기준으로 9개 영역으로 세분화하고 기업이 속하는 전략적 영역에 포지셔닝하는 분석 기법이다. 이를 통해 기업은 산업 내 전략적 위치를 명확히 파악하고 사업의 강점과 매력도의 수준을 체계적으로 진단할 수 있다는 장점이 있다. 또한 BCG 분석 대비 상대적으로 더욱 세밀하게 현재 속한 영역을 확인할 수 있다는 점에서 분석의 정교성이 뛰어나다.

2. 사업부 수준 전략

사업부 수준 전략(Business-level Strategy)은 기업 내 개별 사업부가 자율적으로 수립·실행하는 전략을 뜻한다. 즉, 하나의 기업 안에 여러 사업부가 있을 때, 사업부별로 고유한 시장 환경과 경쟁 조건에 부합하는 별도의 전략을 개발·적용하는 것을 말한다.

사업부 수준 전략은 일반적으로 세 가지 핵심 유형으로 구분된다.

첫째, 차별화 전략(Differentiation Strategy)은 산업 전반에서 타 기업과 뚜렷하게 구분되는 독창성(Uniqueness)을 강조하여 경쟁 우위를 확보하는 전략이다. 다시 말해, 경쟁 기업과 차별화된 제품·서비스를 앞세워 시장에서 우월한 위치를 차지하고자 하는 전략이다.

둘째, 비용 우위 전략(Cost Leadership Strategy)은 산업 전체를 대상으로 저원가(低原價) 구조를 통해 비용에서 우위를 점하는 경쟁 전략이다. 즉, 타사보다 낮은 제조 단가를 실현함으로써 시장에 더 저렴한 가격으로 제품을 공급하고, 이를 통해 시장 지배력을 강화하는 방식이다.

셋째, 집중 전략(Focus Strategy)은 기존 경쟁자가 접근하지 않은 틈새시장(Niche Market)을 겨냥하여 전문화된 가치 제안을 제공하는 전략이다. 예컨대, '출장 세차' 서비스는 아파트 단지에 회원을 모집한 뒤 퇴근 후 주차장에 주차된 차량을 세차하여, 고객이 시간과 편의성을 동시에 누릴 수 있도록 설계된 모델이다. 이처럼 경쟁이 미미한 영역에 집중함으로써 차별적 경쟁 우위를 확보하는 것이 집중 전략의 본질이다.

〈그림 2〉는 하버드 대학의 Michael E. Porter 교수가 제시한 본원적 경쟁 전략(Competitive Strategy) 개념을 요약한 것이다. 각 사업부는 자신의 사업 조건에 적합한 전략 유형을 선택·실행해야 하며, 사업부별 상황 차이를 고려한 맞춤형 전략 수립이 무엇보다 중요하다.

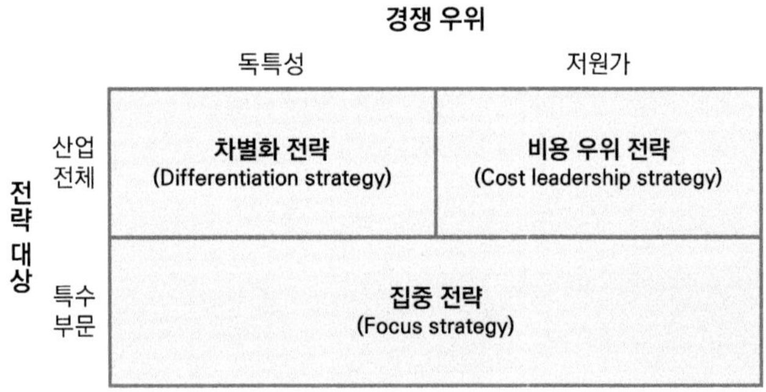

〈그림 2〉 사업부 수준 전략

3. 기능별 전략

지금까지 국제적 기업의 기업 수준 전략과 사업부 수준 전략에 대해 체계적으로 고찰하였다. 기업의 기능별 부서는 이러한 기업 수준 전략 및 사업부 수준 전략과 논리적 일관성을 유지하는 전략을 수립하여 실행으로 전개한다. 예를 들어, 기업의 핵심 기능 중 하나인 마케팅 전략(Marketing Strategy) 수립 과정에서는 일반적으로 다음과 같은 체계적 절차를 거치게 된다.

마케팅 부서는 우선적으로 기업을 둘러싸고 있는 환경에 대한 종합적 분석을 수행한다. 여기서 분석 대상이 되는 환경은 외부환경(경쟁자), 내부환경(가치사슬, Value Chain), 거시환경(정치적, 경제적, 사회적, 기술적 환경), 미시환경(SWOT 분석)으로 구분된다. SWOT 분석은 기업의 강점(Strength), 약점(Weakness), 기회(Opportunity), 위협(Threat)을 현재 상황에서 체계적으로 서술하여 일목요연하게 분석하는 기법이다.

이러한 환경 분석을 통해 시장 세분화를 수행하는 것이 필요하다. 세분화된 시장에서 목표시장을 선정하고 포지셔닝 전략을 수립하게 되는데, 이를 일반적으로 STP 전략(Segmentation, Targeting, Positioning)이라고 한다. 이러한 STP 전략을 기반으로 세부적인 마케팅 믹스(Marketing Mix) 전략까지 체계적으로 연결된다.

삼성전자는 미래 혁신제품인 폴더폰(Folder Phone)을 출시하였다. 삼성전자는 혁신 기술을 선호하는 시장 환경을 선제적으로 파악하여 제품을 출시하였으며, STP 전략을 통해 정확한 고객 욕구를 충족하고 있나. 또한 혁신적 기능 제품, 프리미엄 가격 전략, 유통채널의 다양화 및 극대화 추구, 차별성이 높은 광고 전략을 구사하여 핸드폰 분야에서 세계 선두권을 차지하고 있다.

이 책에서는 국제경영으로서 기업전략이 기능별 활동까지 연결되도록 구성하기 위해 다음 주제로 국제 생산과 공급사슬관리를 다루고 있다. 세계화되고 있는 기업들은 기업 간 정보 공유를 활발히 하고 조달에서부터 최종소비자에 이르기까지 모든 절차를 통합적으로 관리하고 있다. 많은 다국적 기업에서는 디지털 기술과 융합한 공급사슬관리를 통하여 경쟁우위를 확보하고 있다. 이는 다른 기업 간 원활한 정보 공유 및 동반관계(Partnership) 형성을 통해 시너지 효과를 창출하고 위기 상황을 극복하는 회복탄력성을 확보하게 된다는 점에서 전략적 의의가 크다.

제5장

해외 진출 전략

1. 수출 전략

수출은 기업이 해외 시장으로 자사 제품을 확대할 수 있는 가장 일반적인 국제시장 진입 전략 중 하나이다. 이처럼 수출을 통한 해외 진출은 다른 진입 방식에 비해 기업에 부과되는 위험이 상대적으로 낮은 것으로 평가된다.

수출의 주요 장점으로는, 첫째, 기업이 규모의 경제를 실현할 수 있으며, 경험 곡선 효과를 통해 생산 원가를 절감할 수 있다는 점이 있다. 이러한 원가 경쟁력을 바탕으로 기업은 해외 시장에서 경쟁사보다 낮은 판매 가격을 설정함으로써 가격 경쟁 우위를 확보할 수 있다. 또한, 수출은 해외 진출에 따른 위험이 비교적 낮아, 기업이 충분한 인적 자원이나 경험을 보유하지 않았더라도 진입이 쉽다.

한편, 수출 방식에도 한계점이 존재한다. 지속적으로 수출을 확대하고 자사 브랜드를 현지 시장에 정착시키기 위해서는 현지 고객의 개척 및 판로의 확대에 제약이 뒤따른다. 결과적으로, 기업은 현지 에이전트나 수입업자 등에 의존하는 구조에 머물게 되는 경우가 많다. 이를 극복하기 위해서는 목표 시장에 대한 체계적이고 심층적인 지식과 분석, 그리고 이에 기반한 실행 역량이 요구된다. 더불어, 물류, 통관 등 무역 실무 전반에 대한 전문지식과 엄격한 서류 작업 능력이 필수적이다. 이러한 전문 역량을 확보한 기업만이 성공적인 수출을 이루어낼 수 있다.

2. 라이센싱 전략

국제마케팅에서 라이센싱(licensing)은 기업이 보유한 경쟁 우위 자산 등의 사용권을 해외 시장의 현지 기업에 이전하고, 그 대가로 로열티(royalty)를 수취하는 해외 진입 전략의 일종이다. 즉, 해외 진출을 희망하는 기업은 라이선서(licensor)가 되어 기술, 상표, 노하우 등 특정 자산의 사용권을 라이선시(licensee)에게 양도하고, 라이선시는 해당 권리를 바탕으로 현지 국가에서 합법적인 영업 활동을 수행하게 된다. 이 과정에서 라이선서는 라이선시와의 계약을 통해 약정된 로열티를 받게 된다.

기업이 해외 진입 방법으로서 라이센싱 계약을 체결할 경우, 일반적으로 다음과 같은 장점과 단점을 경험하게 된다. 첫째, 라이센싱의 주요 장점은 운영에 많은 인적 자원이나 자본이 필요하지 않아 상대적으로 낮은 운영비용으로 진출이 가능하다는 점이다. 아울러 현지 국가의 높은 관세, 쿼터제 등의 무역 장벽을 회피하면서 해외 시장에 진입할 수 있다는 이점도 있다. 실제로 많은 다국적 기업들이 라이센싱을 활용하여 해외 시장에 진출하고 있으며, 이 방식을 성공적으로 적용하고 있다.

반면, 라이센싱의 단점도 존재한다. 무엇보다 현지 시장에서의 통제력이 제한될 수 있다는 점이 대표적이다. 또한, 라이센싱 계약을 통해 안정적인 로열티 수입을 얻을 수 있지만, 라이선시가 짧은 기간 내에 관련 기술을 습득할 경우, 라이센싱 계약이 조기에 종료되거나, 더 나아가 라이선시가 경쟁자로 부상하여 라이선서의 시장 지위가 약화될 가능성도 존재한다. 이러한 위험을 사전에 방지하기 위해, 크로스 라이센싱(cross-licensing)과 같이 상호 기술 교환 계약을 체결함으로써 라이선서가 자사의 비즈니스를 방어할 수 있는 수단을 마련해야 한다. 마지막으로, 라이센싱 계약은 원천적으로 로열티를 기반으로 한 수익 구조이기 때문에, 타 해외 진입 전략과 비교할 때 상대적으로 수익성이 낮은 경향이 있다.

대표적 사례로, 엔터테인먼트 기업인 디즈니(Disney)는 자사의 브랜드를 라이센싱 계약을 통해 제3자에게 사용할 수 있도록 하고 있으며, 이를 기반으로 브랜드 확장 전략을 장기간 추진해 오고 있다. 디즈니의 라이센싱 사업은 패션, 스포츠용품, 가정용품 등 다양한 분야에 걸쳐 이루어지고 있으며, 이를 통해 글로벌 시장에서 공격적으로 사업 영역을 확대하고 있다.

3. 프랜차이징 전략

프랜차이징은 라이센싱 계약의 한 형태로, 일반적으로 제조업보다 서비스업을 중심으로 이루어지는 해외 시장 진입 전략이다. 프랜차이징의 개념은 넓은 의미에서 프랜차이저(franchiser)가 프랜차이지(franchisee)에게 표준화된 제품, 경영 시스템 및 브랜드 패키지를 제공하는 것을 의미한다. 즉, 프랜차이즈 제공자인 프랜차이저는 제품, 서비스 및 경영 시스템 등 일체의 노하우를 제공하며, 프랜차이즈 수혜자인 프랜차이지는 현지 국가에서 인력, 시장 지식, 자본 등을 결합하여 사업을 운영한다.

프랜차이징은 상대적으로 적은 자본과 인력으로 해외 시장에 진출할 수 있는 전략으로 적합하다. 프랜차이저는 지식, 제품 및 브랜드 자산을 제공하고, 프랜차이지는 현지 시장에 대한 지식과 기업가 정신을 더함으로써 현지 시장에서의 영업 확장이 가능하며, 이에 따라 다양한 현지의 어려움을 극복할 수 있다는 장점이 있다. 또한, 현지 기업이 프랜차이징을 받아 경영하는 구조이므로, 현지 정부로부터 우호적인 대우를 받을 수 있는 이점도 존재한다. 이는 프랜차이지가 현지에서 직접 인력을 고용하고 서비스를 제공함으로써, 현지 정부가 긍정적인 태도를 보이게 되는 데 기인한다.

한편, 프랜차이징 운영에는 단점도 존재한다. 프랜차이저와 프랜차이지 간에 목표의 차이로 인한 상호 충돌이 발생할 수 있다. 예를 들어, 프랜차이저는 사업 확장과 제품 다양화를 통한 시장 확대를 지향하는 반면, 프랜차이지는 현상 유지를 선호하는 경우, 양자 간 목표 불일치로 갈등이 발생할 수 있다. 또한, 프랜차이지의 기회주의적 행위를 방지하기 위하여 프랜차이저는 지속적인 감시와 감독을 유지해야 하며, 만약 프랜차이지가 동의 없이 지적재산권을 외부에 유출할 경우, 심각한 문제가 발생할 수 있다. 이에 따라 프랜차이저는 지속적이고 체계적인 관리가 요구되며, 이는 추가적인 부담 요인으로 작용할 수 있다.

4. 합작투자 전략

합작투자는 기업이 진출하고자 하는 국가에서 현지 기업과 공동으로 사업을 수행하는 해외 진입 방식이다. 해외 진입 전략 관점에서 합작투자는 수출, 라이센싱, 프랜차이징보다 더 확장된 진입 방식(more extensive entry mode)으로 분류된다(Green & Keegan, 2020). 예를 들어, 한국의 모(某)기업이 베트남에 진출하는 경우, 베트남 현지 기업과 사업 운영에 관한 계약을 체결하고 공동으로 사업을 운영하는 것이 이에 해당한다.

합작투자를 통해 진출 기업은 다음과 같은 주요 이점을 얻을 수 있다.

첫째, 상대적으로 불확실성이 높은 국가로 진출할 때, 신뢰할 수 있는 현지 기업과의 공동 사업을 통해 위험을 분담함으로써 개별 기업이 부담해야 할 위험 수준을 크게 줄일 수 있다.

둘째, 각 기업이 보유한 가치사슬상 경쟁 우위를 결합함으로써 시너지 효과(synergy effect)를 창출할 수 있다. 예컨대, 현지 기업의 국제 마케팅 역량이나 생산 능력 등과 진출 기업의 원천적 경쟁 우위를 결합함으로써, 현지 시장에서 더 높은 성과를 기대할 수 있다.

셋째, 진출 기업이 자체적으로 보유하지 못한 역량을 현지 파트너가 보완함으로써 상호 '윈-윈(win-win)' 효과를 누릴 수 있다. 예를 들어, 현지 기업이 우수한 기술력과 생산 능력을 보유하고 있지만, 재정적 역량이 부족하다면, 진출 기업이 자본을 투자함으로써 상대 기업의 부족한 부분을 보완하고 현지 시장에서 점유율을 확장할 수 있다.

반면, 합작투자에는 다음과 같은 단점도 존재한다.

첫째, 합작투자 당사자인 두 기업 간에 목표와 이해 관계가 다를 경우, 갈등이 발생할 수 있다. 예컨대, 미래 성장에 대한 기대이익이 충족되지 않을 때, 책임 소재 또는 목표 차이로 인한 분쟁이 발생할 수 있다.

둘째, 이익 배분에 대한 견해 차이로 의견 충돌이 발생하거나, 이익 분배 및 관련 조정·통제 비용이 추가로 발생할 수 있다.

셋째, 업무 수행 과정에서 사회·문화적 차이로 인한 의사소통의 문제 및 갈등이 발생할 위험이 크다. 예를 들어, 조직문화나 의사결정 방식의 차이로 인해 실무적 조율이 어려워질 수 있다.

마지막으로, 현재 합작투자의 파트너였던 현지 기업이 장차 경쟁자로 전환될 가능성도 상존한다. 실제로 합작투자 과정에서 상호 핵심 역량을 신속하게 습득한 후, 협력 관계가 해소된 뒤 현지 시장 또는 제3국 시장에서 곧바로 경쟁 관계로 전환하는 사례가 적지 않다. 이러한 위험을 예방하기 위해서는 계약 단계부터 법적 안전장치를 명확히 마련하고, 계약서에 구체적인 조항을 반영하여 상호 피해를 방지하는 것이 필수적이다.

5. 해외 직접투자 전략

단독투자는 기업이 최초에 해외 시장에 진출할 때 수출, 라이센싱, 또는 합작투자를 통해 경험을 축적한 이후, 최종적으로 선택하는 해외시장 진입 방식이다. 단독투자는 해외 직접투자(Foreign Direct Investment, FDI)의 형태로, 현지 국가에 공장이나 영업소 등을 설립하여 직접 경영을 수행하는 것을 의미한다.

해외 직접투자는 종종 FDI(Foreign Direct Investment)로 약칭되며, 단독투자를 결정하기 위해서는 현지 공장과 영업소 설립을 주도할 수 있는 현지 전문가, 법률 및 기타 정치적 위험성을 관리할 전담 조직이 기업 내에 필요하다. 아울러 외환 관리를 담당할 전문 인력과 충분한 재정 자원이 확보되어야 하며, 현지 시장에 대한 전문 지식과 마케팅을 주도할 역량을 갖춘 경영진 역시 필수적이다. 특히 생산 공장 설립의 경우, 독자적인 기술 관리와 공정 설계·운영을 책임질 수 있는 충분한 인적 및 물적 기반 시설이 갖추어져야 한다. 이처럼 주요 가치사슬을 명확하게 운영할 수 있는 인적 자원, 경영 시스템, 조직 역량이 뒷받침되는 기업만이 단독투자를 통해 현지 시장에서 성공적으로 생존할 수 있다.

단독투자를 통한 해외 진출은 앞서 언급한 대로 요구되는 선행 조건이 많아 실행이 쉽지 않다. 그런데도, 단독투자를 통한 현지화 전략으로 성공한 사례는 적지 않다. 단독투자가 제공하는 주요 이점은 다음과 같다.

첫째, 단독투자를 통해 현지에 공장이나 기업을 설립할 경우, 현지 정부로부터 호의적인 정책 지원과 경제적 인센티브를 받을 가능성이 높다. 특히 개발도상국에서는 다양한 정책적, 재정적 지원과 법률적 서비스를 제공하여 외국인 투자를 장려하고 있다.

둘째, 현지 생산라인 구축과 적극적 현지화 전략을 통해 현지 소비자들로부터 긍정적인 인식을 획득할 수 있다. 현지에서 직접 경영하고, 현지 인력과 경영자를 채용함으로써 일자리 창출에 이바지하면, 현지 사회로부터 우호적 반응을 얻을 가능성이 높아진다.

셋째, 현지화에 성공한 기업은 현지 기반 시설 구축 사업이나 정부 구매 프로그램에 입찰할 자격을 획득하며, 현지 기업과 동등한 지위를 보장받아 차별을 받지 않는다.

넷째, 현지 생산 시설의 설립을 통해 실질적으로 현지 시장을 보호하기 위한 관세 및 쿼터 제도를 극복할 수 있다. 예를 들어, 인도에 진출한 기업은 수입품에 부과되는 고율의 관세로부터 자유로워져 가격 경쟁력을 확보할 수 있다. 또한, 중량이나 부피가 큰 제품의 경우, 높은 물류 비용으로 수출이 어려운 한계를 현지 생산을 통해 극복하여 시장 점유율을 확대할 수 있다. 이러한 전략의 성공을 위해서는 면밀한 시장 분석이 반드시 선행되어야 한다.

그러나 단독투자는 다음과 같은 제한점도 있다. 무엇보다도, 해외 진출에 수반되는 모든 위험과 비용을 기업이 독자적으로 부담해야 한다는 점이 가장 큰 부담으로 작용한다. 또한 현지 국가의 다른 사회·문화적 특성, 법률·정치 손실 우려에 적응해야 하는 어려움이 크며, 이와 관련된 여러 복합적 변수 또한 기업이 스스로 부담해야 한다.

따라서 단독투자 방식의 장단점을 사전에 충분히 인식하고, 이에 대한 전략적 대응이 필수적이다. 단독투자는 과감한 현지화 전략을 통해 기업의 사업을 대폭 확대할 수 있는 가장 적극적인 해외 진입 전략이다. 특히, 시장별 여건과 경쟁사의 마케팅 전략, 사회·문화·경제적 환경에 대한 정밀한 분석이 필요하며, 소비자 시장에 대한 효과적인 해외 마케팅 조사도 반드시 수반되어야 한다. 이러한 객관적이고 계량적인 분석을 토대로 최고 경영진이 과감하게 투자 결정을 내릴 때, 기업은 세계 시장에서 성공적으로 도약할 수 있으며, 소비자의 다양한 요구에 신속하게 대응할 수 있다. 아울러, 국제마케팅 믹스를 구축해 개별 시장에 최적화된 해외시장 진입 전략을 구사함으로써 효과적인 글로벌 마케팅 활동을 전개할 수 있을 것이다.

6. 해외 직접투자론의 이론적 배경

기업의 해외 직접투자(Foreign Direct Investment, FDI) 활동에 대한 이론적 설명은 국제경영과 국제경제 분야에서 필수적으로 논의되는 주제이다. 본 단원에서는 기업의 해외 진출 근본 동기와 수출·계약 진입 방식 대비 해외 직접투자를 선택하게 되는 주요 이유에 대해 학술적으로 고찰하고, 대표적 이론 다섯 가지를 체계적으로 설명한다.

1) 독점적 우위 이론(Monopolistic Advantage Theory)

독점적 우위 이론은 킨들버거(C. P. Kindleberger), 하이머(S. Hymer), 케이브즈(R. Caves)에 의해 제창된 이론으로, 해외 직접투자를 설명하는 기본 이론 중 하나이다. 이 이론의 핵심은 외국인 투자기업이 정치적·경제적·사회문화적 측면에서 현지 기업 대비 불리한 '외국 비용(cost of foreignness)'을 극복할 수 있는 독점적 우위를 확보해야 한다는 것이다.

독점적 우위로는 특허권, 첨단 기술력, 경영 노하우, 강력한 브랜드, 제품의 차별화 등이 있다. 이러한 요소를 바탕으로 투자기업은 규모의 경제 실현, 낮은 자본조달 비용, 그리고 높은 시장 접근성을 확보할 수 있다.

다만, 독점적 우위 이론은 기업이 수출이나 계약 진입 방식을 선택하는 동기, 혹은 개발도상국의 선진국 투자를 포괄적으로 설명하는 데에는 한계가 있다.

2) 과점적 경쟁 이론(Oligopolistic Competition Theory)

과점적 경쟁 이론은 기존의 독점적 우위 이론에서 한 걸음 나아가 행동전략의 중요성을 강조한 이론이다. F. Knickerbocker는 1973년 「산업구조와 과점적 반응」에서 처음으로 이를 주창하였다.

본 이론에 따르면, 과점 시장 내 기업들은 경쟁사 동향에 민감하게 반응하며, 해외에서 경쟁사가 새로운 시장을 개척하거나 신제품을 도입하면 이를 모방(follow-the-leader)하는 경향이 크다. 이러한 행동은 주로 시장 점유율 확대와 경쟁력 강화를 위한 전략적 대응에서 비롯되며, 이에 따라 일정 시기 집중적으로 해외 직접투자가 발생하게 된다.

3) 내부화 이론(Internalization Theory)

내부화 이론은 버클리(P. J. Buckley)와 캐슨(M. C. Casson)에 의해 발전되어, 기업이 해외 진입 전략에서 계약진입 방식(프랜차이징, 라이센싱 등)보다 해외 직접투자를 선택하는 이유를 설명한다.

이론에 의하면, 시장의 불완전성으로 인해 외부 시장 거래에 따른 거래비용이 증가할 경우, 기업은 이를 내부화하여 효율성과 통제력을 높이는 경향이 있다. 내부화는 기업이 기회주의적 행동을 억제하고, 관리·통제비용을 감소시키는 데 유효하다. 예를 들어, 코카콜라(Coca-Cola), 애플(Apple) 등은 독점적 우위 자산의 효과적 보호와 활용을 위해 내부통제를 강화하며 직접투자 방식을 선호한다.

4) OLI 패러다임(절충 이론, Eclectic Theory)

OLI 패러다임(또는 절충 이론)은 더닝(J. H. Dunning)이 제시한 통합적 해외직접투자 이론으로, O(Ownership)·L(Location)·I(Internalization)로 대변되는 세 가지 조건이 모두 충족될 때 FDI가 성공한다고 본다.

① **소유우위**(Ownership Advantage): 고유한 기술력, 특허, 브랜드, 경영능력 등 기업이 독점적으로 보유한 요소
② **입지우위**(Location Advantage): 투자 대상국의 시장 규모, 자원, 사회간접자본, 정치적 안정성, 노동력 등 입지적 환경
③ **내부화우위**(Internalization Advantage): 외부 시장 대비 내부화가 거래비용·통제력 측면에서 유리한 조건

예를 들어, 한국의 섬유·신발 기업들이 ASEAN 등지에 진출하는 것은 우수한 기술력과 생산능력(Ownership), 저렴한 현지 노동력(Location), 내부화 이점(Internalization)이 모두 충족된 사례라 할 수 있다. OLI 패러다임은 설명 범위가 매우 넓고, 실증적 한계나 동적·제도적 변수 반영의 미흡 등 일부 한계점도 존재하지만, 종합적 분석체계로 중요한 의미가 있다.

5) 제품수명주기 이론(Product Life Cycle Theory)

제품수명주기 이론(PLC)은 레이몬드 버논(Raymond Vernon)이 1966년에 제창한 이론으로, 제품의 생애주기(도입, 성장, 성숙, 쇠퇴)에 따라 생산입지 및 국제 무역 패턴, FDI 전략이 변화함을 설명한다.

핵심 가정은 신제품이 연구개발·혁신 능력이 뛰어난 선진국에서 먼저 개발·출시되고, 표준화 과정을 거쳐 생산 효율성과 비용 차이로 인해 생산

이 후발국으로 이전(직접투자)된다는 것이다.

PLC 이론은 비교우위의 동적 변화와 제품 단계별 비용구조·시장특성 변화의 영향을 반영하였다는 점에서 학문적 의미가 크다. 다만, 세계적으로 동시다발적 혁신이 일어나는 오늘날에는 그 전제가 일부 한계가 있다는 점, 제도·문화적 변수나 디지털 서비스 상품의 적용에 한계가 있다는 점이 지적된다.

해외 직접투자 기업 활동에 관한 이론들은 각각 독점적 우위, 과점시장 내 전략, 내부화, 통합적 결정 요인, 그리고 제품의 생애주기 변화 등 다양한 관점에서 FDI의 동기와 메커니즘을 설명한다. 각 이론은 설명력과 한계가 있으므로, 실증적 접근과 정책·경영적 적용 시 상호 보완적 시각이 요구된다.

학습 문제

1. 해외 진출 전략 中 수출 전략의 장점과 단점은 무엇인가?

2. 글로벌 기업들이 라이센싱 전략으로 해외 진출을 하는 이유는?

3. 해외 진출 전략을 함에 있어서 합작투자 전략의 장점과 단점은 무엇인가?

4. 글로벌 기업들이 해외 직접투자를 결정하는 이유 중에서 어떠한 장점으로 인해 FDI를 결정하는가?

제3부
국제물류와 국제무역

제1장

무역계약

1. 무역계약의 개념

정상적이고 안전한 무역거래를 위해 무역거래의 당사자인 수출자, 수입자 및 중개사는 반드시 명확한 내용을 공식적인 문서로 상호 날인한 계약서를 작성해야 향후 발생 가능한 많은 일들에 대해 미연에 방지할 수 있다. 또한 장기적인 비즈니스 관계를 위해 상호 계약관계를 확실히 설정해 둠으로써 클레임 발생 또는 계약조건의 변경 등에서 일련의 활동에서 법적인 보호를 받게 된다.

2. 무역계약의 주요 특징

1) 불특정의 선물계약

국제무역에서 이루어지는 계약의 그 대상물은 계약을 체결한 후 조달 또는 생산되는 불특정(不特定, unascertained)한 선물(先物, future goods)이 된다. 다시 말하자면 국가 간 양 당사자인 수출자와 수입자는 무역거래에 대해 상호 합의 하 계약을 체결하게 되는데 계약의 대상물은 아직 특정되어 있지 않고 수출자가 생산하거나 조달을 받아서 수입자에게 제공하게 되므로 미래의 불특정한 물품이 되는 것이다.

2) 무역거래의 위험성

무역거래는 높은 위험성을 내재하고 있다. 왜냐하면 물품 수출을 하고 나서 대금회수가 되지 않는 형태의 경제적인 위험성이 있기 때문이다. 또한 국가 간 이동을 전제로 하는 것이 무역이므로 운송 중 사고나 천재지변에 의해 물품 파손 등의 위험성이 항상 도사리고 있다. 당사국의 경제적, 정치적인 측면에서 급격한 변화도 무역거래에 잠재적인 위험으로 고려되어야 한다.

3. 무역계약의 법적 성격

1) 불요식계약(Informal contract)

국제무역에서 계약을 체결하기 위해 계약서를 작성하게 되는데, 계약서는 일정한 형식이나 절차를 필요로 하지 않는다. 이러한 점에서 양 당사자들은 자유롭게 계약서를 작성하며 작성된 계약서는 상호 합의에 의해 형성되었으므로 사적자치의 원칙이 기본적으로 적용되었다고 본다. 그러므로 국제무역 계약은 절차나 일정한 양식을 요하는 요식계약과는 다르다.

2) 낙성계약(Consensual contract)

국제무역 계약은 양 당사자들의 합의와 동시에 계약이 성립되기 때문에 낙성계약의 특성을 갖고 있다. 이는 계약자들의 합의뿐만 아니라 물품의 인도, 소유권 이전 등기 등의 행위가 수반되는 경우에 계약이 성립되는 요물계약(要物契約)과는 확연히 구분된다.

3) 쌍무계약(Bilateral contract)

국제무역 간 양 당사자 간 계약을 하는 것은 상대방에게 재무(債務)를 부담하게 하는 쌍무계약(雙務契約)의 성격을 가진다. 이러한 관점에서 계약 당사자 중에서 일방의 계약자만 채무를 부담하는 편무계약(片務契約)과는 다르다.

4) 유상계약(Remunerative contract)

국제무역계약은 양 당사자가 상호 대가적 의미를 내포하는 재산적 가치를 지닌 급부를 제공하는 것이 목적이므로 유상계약의 특성을 띄고 있다. 만약 무상으로 물품을 제공하는 경우에는 국제무역 계약과는 다르게 봐야 한다.

4. 무역계약상 준거법

1) 준거법의 정의

계약 당사자 간 적용될 법률을 준거법(準據法, Governing law)이라고 하며, 양 당사자들은 법체계와 상관습이 상이한 소재지에 있으므로 계약서상 적용할 법률에 대해 기재되어 있지 않다면 향후 분쟁여지를 남기게 된다. 그러므로 장래에 발생할 수도 있는 분쟁을 방지하기 위해 무역계약서 작성 시 반드시 준거법을 명시해야 한다.

2) 무역계약의 근거법원

(1) 강행규정

무역계약법에 있어 국내법에 의해 강제적으로 적용되는 강행규정을 의미하는데, 대표적으로 대외무역법, 외환관리법, 관세법 등이 될 것이다. 이는 무역계약에 있어서 반드시 지켜야 하는 최우선 법률조항이 되는 것이다.

(2) 국제물품매매계약에 적용되는 협약(Convention)

국제물품매매계약에서 통용되는 협약사항은 뉴욕협약(New York Convention), 헤이그-비스비 규칙(Hague-Visby Rules) 및 CISG(Vienna convention) 등이 있다. 첫 번째, 뉴욕협약은 1980년에 체결된 협약으로서 한국은 2004년에 가입하였으며, 외국에서 확정된 중재판정을 승인과 집행이 가능하도록 제정된 UN 국제협약이다. 두 번째, 헤이그-비스비 규칙은 1964년에 국제적으로 발효되었으며 협약은 주로 유럽국가에 한정되어 국제무역을 모두 영향을 미치는 것은 한계가 있었지만, 그 토대는 무역계약의 법원으로 여겨진다. 세 번째, CISG는 헤이그-비스비 규칙을 대체하기 위해 1980년 비엔나에서 협약을 완성하였고 1988년에 발효되기에 이르렀다. CISG는 UN협약으로 청약, 승낙, 매수인과 매도인의 의무, 계약 위반에 대한 구제 등 무역거래계약에 대한 국제적으로 통일된 법적 근거를 제공한다.

(3) 무역규칙 및 관습법

무역규칙은 무역거래에서 상호 합의된 사항으로 국제적으로 표준화되어 오늘까지 이르게 되었다. 그 중에서 Incoterms® 2020은 정형거래조건으로 국제상업회의소가 제정한 규칙이며 일반적으로 매도인이 매수인에게 물품을 인도하는 것에 있어 포함되는 업무 내용, 비용 부담 범위, 위험의 감수 범위 등을 포괄적으로 담고 있다. 이 규칙은 적용을 명시적으로 의도한 경우에만 적용된다.

관습법은 상당히 긴 시간을 통한 상거래로 인해 형성된 상인들의 상관습으로 굳어져 오늘날 국제상관습법으로 정착되기에 이른다. 국제상관습법은 19세기 이후 영국(英國)에서 물품 매매법, 어음법이 제정되고, 미국(美國)에서는 통일매매법 등이 성문법으로 법전화가 되기 시작하였다.

(4) 조리(Common sense)

조리는 법전에 나와 있지는 않지만 일반 상식선에서 보편타당하게 무역거래에서 적용 가능한 판단기준을 일컫는다. 구체적 사안이 흔하지 않게 발생하고 예상치 못하게 일어난 사안에 대해 합리적으로 판단하는 것을 의미한다.

3) 준거법 적용 순서

무역거래에 있어 적용되어야 할 준거법의 순서는 상당히 중요한 의미를 가지고 있으며 아래의 순(巡)으로 적용해야 한다.

강행 규정 ⇨ 당사자 간 합의 ⇨ 임의 규정 ⇨ 상관습법 ⇨ 조리

계약서상 약정에 따라 당사자들은 일방 당사자가 속한 국가의 국내법이 계약의 준거법이 되기도 한다.

5. 무역계약의 성립 과정

무역계약의 성립 과정은 아래의 순서로 일반적으로 이루어진다.

① 해외시장조사(Market analysis) 및 거래처 개발(Finding new customers)
② 거래의 제의(Proposal of business)
③ 조회(Trade Inquiry)와 회신(Response)
④ 신용조회(Credit Inquiry)
⑤ 청약(Offer)과 승낙(Acceptance)
⑥ 계약의 완성(Completion of contracts)

1) 해외시장조사 및 거래처 개발

해외시장조사는 무역거래를 진행함에 있어 최초 단계이다. 해외시장의 환경과 소비자를 이해하고 특정 물품에 대하여 해외시장의 관련성이 상대적으로 높은 정보를 조사하고 수집하는 것을 말한다. 다시 말해서, 해외시장조사는 일반적으로 매도인(수출자)은 특정 제품에 대해 진출하고자 하는 해외시장에서 사업성과 판매가능성을 확인하고 매수자(수입자)는 그 제품의 시장적합성과 구매타당성을 검토하여 해당되는 중요한 정보를 수집하고 분석하는 것이다.

해외시장조사를 위해 고려해야 하는 부분은 다음과 같다. 첫 번째, 진출하고자 하는 해외시장의 국내외 정책 환경, 정부정책, 거시경제지표 및 국내외 경쟁사를 파악해야 한다. 두 번째, 무역계약 조항별 거래당사자의 일반적인 관행과 계약 불이행에 따른 대처방안도 선제적으로 조사해야 한다. 세 번째, 한국무역협회, 대외경제정책연구원 등의 진출국가에 대한 지역조사 자료를 참고하여 조사하는 것이 필요하다.

거래처를 개발하기 위해서는 일반적으로 기업들은 자체적으로 홍보물을 제작하여 진출국가의 기업들에게 배포한다. 또한 해외 광고를 통해 연관된 기업들에게 자신의 제품을 홍보하는 절차를 거친다. 각국의 상공인명부를 활용하여 거래처를 발굴하기도 하며 한국의 코트라 또는 무역협회에서 파견된 지사에 의뢰하여 신규 고객의 정보를 수집하여 자체 제작한 홍보물을 전달하는 방식을 사용하기도 한다. 마지막으로 자신이 진출하고자 하는 제품에 대한 해외전시회는 세계 여러 곳에서 매년 개최되는 경우가 많은데, 이러한 전시회에 참여하여 기업 홍보 및 제품 소개 등을 병행함으로써 신규 고객을 유치할 수 있다.

2) 거래 제의

무역거래에 있어 거래 제의는 매도자(수출자)가 거래 상대방에게 거래를 개시할 목적으로 의사표시를 전달하는 것이다. 다시 말해서, 거래 제의는 수출자가 기본적으로 거래물품에 대한 소개와 상대방 정보 획득 경위, 자사 정보(영업상태, 진출국가, 사업영역 등), 거래 조건 등의 포괄적이며 구체적인 내용을 담아 상대국의 매수자(수입자)에 전달하는 것을 의미한다. 일반적으로 거래 제의는 영어로 business proposal로 불려진다.

3) 조회와 회신

조회는 거래 제안을 받은 매수자가 기본적으로 제안 받은 제품에 대한 거래의사가 있는 경우에 가격과 거래조건에 대한 구체적인 사항에 대해 문의하는 것을 말한다. 일반적으로 조회의 내용은 물품의 거래가격, 최소주문수량, 선적 가능 시기, 가능한 포장형태, 결제조건 및 기타 추가 제공서비스에 대한 것이다. 여기에서 회신(response)은 매수자로부터 조회(Trade Inquiry)에 대하여 응답하는 것을 의미한다. 조회에서 요구된 사항에 대해 상세한 내용을 담아 응답하여 상호 합의 가능한 조건을 제시하는 것이 중요한 부분일 것이다.

4) 신용조회(Credit Inquiry)

신용조회는 거래 제의에 따른 계약 성립 전(前) 거래 상대방 업체에 대해 여러 공적 또는 사적 기관을 통해 신용상태를 파악해 보는 것이다. 만약 이러한 신용조회를 하지 않고 계약을 체결하는 경우에는 미래에 심각한 문제가 발생할 가능성도 배제하지 못하므로 계약 체결 전에 반드시 신용조회는 반드시 필요한 절차이다.

신용조회 내용은 상대 업체의 능력(capacity), 자본(capital), 성격(character)을 기본으로 파악한 뒤, 담보(collateral), 통화(currency), 조건(condition), 국가(country) 중 2가지를 추가하는 것이 일반적이다. 그래서 이러한 항목수로 인해 신용조회의 5요소로 통용(通用)된다.

신용조회 방법은 여러 가지가 있으나, 통상적으로 한국무역보험공사(K-SURE), 대한무역투자진흥공사(KOTRA), 신용보증기금(KODIT) 등의 국내 공식적 기관을 통하는 것은 신뢰성이 높다. 또한 은행, 동업자, 상업흥신소 등을 통해 신용조회도 가능하다. 하지만 은행 및 동업자는 이해 관계에 의하여 신용조회의 신뢰성과 객관성이 낮고, 상업흥신소를 이용하는 경우에는 신용조회 비용이 높아 비용부담이 크다.

5) 청약과 승낙

무역거래에 있어 중요한 단계인 청약(Offer) 단계는 계약을 최종적으로 성사시키기 위해 매도자는 매수자에게 일방적, 확정적, 구속력 있는 의사를 전달하는 단계이다. 승낙(Acceptance)은 청약의 거래상대방이 청약에 응답하여 계약을 체결하는 목적으로 청약자에게 동의의 의사표시를 전달하는 것이다. 통상적으로 청약자의 청약이 제시되면 매수자는 가격, 선적조건, 선적시기 등의 조정을 요구하는 반대청약(Counter offer)이 이뤄지며 매도자가 제시된 조건에 대해 수정을 수용하고 승낙하는 경우 계약이 최종적으로 성립된다.

6) 계약의 성립

최종적으로 계약은 청약에 대한 승낙과 동시에 바로 계약이 성립되는 것이다. 기본적으로 무역계약은 낙성 및 불요식계약이기에 서면으로 체결하지 않더라도 계약이 성립되기는 하지만 향후 분쟁 발생에 대비하여 계약서에는 구체적인 내용을 상세하게 작성하여 상호 서명 날인하여 작성하는 것이 정석이다.

무역계약 작성 시 아래의 구체적인 사항이 상호 명확하게 확인되고 서명 날인되어야 거래의 안전성과 장기적인 비즈니스 관계가 지속적으로 유지될 것이다. 그러므로 실무적으로 아래의 내용에 대해 계약서상 언급이 되는지 검토해야 하고, 만약 빠진 부분이 있다면 해당 내용이 추가되도록 조치해야 한다. 계약서 주요 내용은 제품의 상세내용, 가격, 결제조건, 보증조건, 유통독점권, 브랜드 사용(지적재산권), FTA 관세혜택 여부 및 기타 조건을 검토해야 한다.

학습 문제

1. 국제무역계약의 주요한 특징은 무엇인가?

2. 국제 거래에서 무역계약의 법적 성격을 설명하라.

3. 일반적으로 상거래에서 무역계약을 위한 준거법은 무엇인가?

4. 글로벌 기업들의 무역계약의 성립 과정을 서술하라.

제2장

인코텀즈(Incoterms)

1. 정형거래조건의 개념

인코텀즈는 정형거래조건으로 국제무역거래에서 오랜 시간동안 사용되고 인정되는 사실적인 행위 양식이며 상관습이라고 할 것이다. 국제무역거래는 쌍방이 다른 국가 간 이뤄지는 것이므로 만약 다른 거래조건으로 서로 다르게 인식한다면 더 큰 문제가 발생할 것이다.

이러한 이유에서 세계적으로 무역거래의 정형거래조건을 만든 것이 인코텀즈(INCOTERMS)이다. 현재 2020년에 새로이 개정되어 INCOTERMS (International Commercial Terms) 2020이 세계적으로 인정되는 국제상거래 규칙이다.

2. New 인코텀즈 2020 핵심 내용

인코텀즈는 크게 보면 거래의 운송비용과 수출통관의 진행해야 하는 당사자에 대한 규정을 하고, 매매당사자의 책임한계를 나타낸다. 이를 구체적으로 무역거래의 세부사항을 표현하기 위해 인코텀즈는 매수인과 매도인의 위험의 이전, 비용의 배분의 내용을 담고 있다.

첫째, 위험의 이전과 관련해서는 무역거래를 함에 있어 매도인이 부담해야 할 거래비용과 책임의 한계를 각 인코텀즈의 terms를 통해 통일적으로 규정하고 있다.

둘째, 비용의 배분과 관련해서 인코텀즈에서는 기본적으로 매도인의 물품인도에 관한 의무가 완료된 시점을 매매당사자 간의 비용부담의 분기점으로 인식된다.

사실 위의 위험 이전과 비용배분이 반드시 모든 거래에서 일치하는 것은 아니다. 예컨대, CIF(Cost, Insurance and Freight, 운임보험료포함 인도규칙)와 같이 위험의 이전은 물품 인도된 때와 장소에서 이뤄지지만 인도 후에 합의된 목적지 또는 항구까지 운임과 보험료를 매도인이 부담하는 거래조건도 있다. 또한 CPT, CIP, CFR도 위험의 이전과 비용배분의 시점과 장소가 상이(相異)하다. 그러므로 무역거래를 하는 양 당사자인 매도인과 매수인은 정형거래조건에서 위험의 이전과 비용배분의 정확한 내용을 파악하고 계약을 해야 하고 계약이 성립된 경우에는 약정한 내용을 충실히 이행해야 한다.

3. New 인코텀즈 2020 성격

인코텀즈 2020은 기존 인코텀즈 2010에 비해 원천적으로 크게 다르지 않지만 여러 가지 성격을 가지고 있다. 각 특성별 내용을 아래와 같이 소개한다.

첫째, CIP 규칙의 최대 부보의무와 CIF 규칙의 최소 부보의무를 새로이 규정하고 있다. 예전 Incoterms2010에서 CIP의 경우 송장금액의 110%에 대해 최소 담보조건(ICC(C))으로 부보하였으나, new Incoterms2020에서는 모든 위험을 부담하는 ICC(A) 약관을 이용하여 부보하도록 개정하였다. 물론 양 당사자는 ICC(A) 약관보다 합의하에 낮은 수준으로 부보도 가능하다. 한편, CIF 조건은 Incoterms2010과 마찬가지로 최소 담보조건인 ICC(C)로 부보하는 것으로 유지하였다. 최소 담보조건인 ICC(C)에서는 전쟁, 내란, 파업, 선박운영사의 지급불능, 포획 등의 문제로 발생한 위험에 대해서는 담보에서 빠지게 된다.

둘째, 운송인 인도규칙(FCA)상 본선적재표기를 선하증권에 사용가능하다는 점이다. Incoterms2020에 새로 신설된 내용으로 FCA로 매매계약 체결을 한 경우에는 매수인은 그의 운송인에게 본선적재표기(on board notation)가 있는 선하증권(Bill of Lading)을 매도인에게 발행하도록 지시해야 한다. 운송인이 매수인(수입자)의 위험과 비용으로 매도인에게 B/L을 발행하는 경우에는 매도인(수출자)은 그 B/L을 매수인에게 제공하여야 한다.

셋째, DAT를 DPU로 명칭을 변경하였다. 인코텀즈 2020에서는 DAT조건을 DPU조건으로 명칭을 바꿔서 신설하였다. DPU조건은 인도장소가 터미널이 아닌 지정목적지이거나 지정목적지 내 합의된 지점에 물품을 양륙하면 매도인의 의무는 끝나며, 이 지점이 위험의 이전 분기점이 되는 것이다.

넷째, 거래 당사자들 거래 조건에 따라서 자신의 운송수단으로 운송이 가능하다는 점이다. 인코텀즈 2020의 경우 FCA로 매매계약 체결한 경우 매수인은 지정 인도장소에서 물품 수취하기 위해 자신의 운송수단을 이용할 수 있다. 또한 DAP, DPU, DDP는 매도인은 지정목적지 또는 합의된 지점까지 운송을 함에 있어서 자신의 운송을 이용하여 운송이 가능하다.

다섯째, 인코텀즈 2020에서는 보안관련 내용이 추가되었다. 글로벌 무역에서 테러 등을 대비하는 새로운 선적형태가 형성이 더욱 절실이 요구되기 때문에, 특히 통관과 운송에서 보안관련 의무가 A4(운송)와 A7(수출통관)에 명시되었다. 또한 보안관련 비용이 A9와 B9에도 비용부담에 대한 규정이 기재되어 있다.

4. 인코텀즈 2020 세부 내용 이해

인코텀즈 2020은 크게 2가지 형태로 구분이 가능하며, 선적지 인도 조건과 양륙지인도 조건으로 나누어서 설명하고자 한다.

1) 선적지 인도

(1) 공장인도조건(EXW: Ex Works)

공장인도조건은 약칭하여 EXW이라고 하며, Ex-Works를 의미하는데, 공장에서 물품을 인도하는 조건이라는 의미이다. 일반적으로 한 가지 이상의 운송방법으로 운송하는 형태인 복합운송방식으로 진행된다.

매수인은 물품 수취를 위해 운송과 관련된 모든 일체 비용을 부담하며 수출통관부터 수입통관을 이행하고 관련 비용을 부담하는 조건이다. 매도인에게는 가장 유리한 조건이며 물품 준비만 완료되면 합의된 지정장소에서 매수인이 물품의 운송에 관한 모든 비용과 위험을 부담하게 된다. 물품의 적재 책임도 매수인에게 있고 합의된 장소는 공장, 창고 등의 매도인의 구내일 수도 있고 다른 장소일 수도 있다.

공장인도조건에서 인도 시기와 위험 이전은 매도인이 지정장소에 인도한 후 적재하지 않은 상태에서 매수인에게 인도된다. 매도인은 지정장소에 적재해 두고 매수인의 임의처분 하에 놓아둔 때 바로 매도인에서 매수인에게 위험은 이전되는 것이다.

표기방법은 아래와 같이 간단하게 표시가 이루어지는 것이 일반적이다. 예컨대, EXW조건에서 매매계약 체결 시 언급될 수 있는 인도장소(引渡場所)가 양산공장(예: Yangsan factory)인 경우는 다음과 같다.

> 예)
> "US $ 200/pc, EXW Yangsan factory, Gyeongnam, Korea, Incoterms®2020"

EXW조건의 위험 이전과 비용부담 기준은 아래의 도식으로 확인 가능하다. EXW조건은 매도자에게는 가장 유리한 조건이고 매수자에게는 운송료 및 기타 비용의 부담이 가장 높은 조건이 된다고 본다.

(2) 운송인 인도조건(FCA: Free Carrier)

운송인 인도조건은 Free Carrier의 약칭인 FCA라고 불린다. 일반적으로 이 조건은 한 가지 이상의 운송수단으로 운송되는 복합운송 조건에 많이 활용되는 조건이다.

FCA으로 매매체결이 된 경우에는 매도인은 지정장소 또는 합의된 장소에서 매수인이 마련한 운송수단(트럭 등)에 실어줌으로써 의무가 종결되는 조건이다. 따라서 양 당사자들은 계약상 지정된 인도장소를 명확하게 합의해야 하며 그 지점에서 매도인으로부터 매수인에게 인도된다.

만약 신용장이나 추심거래방식인 D/A, D/P 등으로 매매계약을 체결하였다면, 매수인은 운송인에게 본선적재표기(on board notation)가 되어 있는 선하증권을 매도인에게 발행토록 지시하는 것이 일반적이다. 운송인이 매수인의 위험과 비용으로 선하증권을 발행하여 매도인은 금융기관(은행)을 통해 선적선하증권을 매수인에게 전달하는 것이다.

FCA조건 하 매도인은 수출통관을 진행하고 매수인은 수입통관, 수입관세납부 등의 관련 비용을 부담한다. 아래의 도식을 통해 FCA 조건에서 매도인과 매수인의 위험 이전과 비용부담의 기준을 확인할 수 있다.

인도 시기는 매도인이 물품을 지정장소 또는 지정된 지점에서 매수인이 마련한 운송인에게 인도하거나 그렇게 인도된 물품을 조달 완료한 시점에 인도가 매수인에게 이전되는 것이다. 위험의 이전은 약정한 물품이 계약상 납기 내 지정장소 또는 합의지점에서 매수인이 제공한 운송인에게 인도한 때에 매도인은 매수인에게 완전하게 위험이 전이되는 것이다. FCA조건에서는 인도 시기와 위험의 이전(移轉) 시기는 동일한 것으로 본다.

FCA조건의 계약상 표기는 아래와 같이 간결하게 표기되는 것이 보통이다. 예를 들어, FCA 조건에서 복합운송으로 지정장소(Daegu company)를 표시한다면 아래와 같다.

예) "US $300.00/pc, FCA Daegu company, Daegu, Korea, Incoterms®2020"

(3) 운송비지급인도조건(CPT: Carriage Paid To)

운송비지급인도조건은 영어로 줄여서 CPT라고 하며, 'Carriage Paid To'

의 줄임말이다. 한 가지 이상의 운송수단으로 진행하는 경우에 일반적으로 쓰이는 조건이다. 복합운송의 형태로서 육상, 철도, 해상, 항공운송의 한 가지 이상의 운송수단으로 사용하기에 적합한 정형거래조건 중 하나이다.

운송비지급인도조건은 매도인이 기본적으로 인도장소 or 합의된 인도지점까지 매도인이 지정한 운송인을 이용하여 물품을 인도할 때 인도의무가 완료된다. 만약 매매계약에서 지정목적지까지 인도하는 조건으로 되는 경우에는 합의된 지점까지 운송할 수 있도록 운송계약을 체결해야 하고 운송비를 지급 완료해야 한다.

CPT조건은 다른 정형거래조건과는 달리 위험의 분기점과 비용의 분기점이 서로 다른 것이 특징이다. 이러한 이유로 매매계약서 체결 시 수출국內 위험의 분기점을 명확하게 매도인과 매수인을 명시해야 하고, 수입국內 비용의 분기점이 될 지정목적지 또는 지정목적지 안에서 합의된 지점을 정확하게 기재하여야 한다.

CPT조건에서 매도인은 수출국의 수출통관을 진행해야 하며, 매수인은 수입통관, 통과국의 통과통관 및 수입관세납부를 진행해야 하는 것이다. 이러한 점에 대한 매수인과 매도인의 비용 부담의 기준을 정확하게 파악하는 것은 무역거래에 있어 상당히 중요한 점이다.

CPT조건에서 매매계약서상 기재되어야 할 내용을 간략하게 표시해 본다면 아래의 문구가 될 것이다. 예를 들어 한국회사(Korea company)가 CPT 조건으로 복합운송계약을 체결하여 도착지인 'U.S. Long beach warehouse'로 운송하는 조건인 경우는 아래와 같이 표기 가능하다.

예)
"US $ 500/pc, CPT Long beach warehouse, Los Angeles, The United States of America, Incoterms®2020."

매도인은 매매계약서상 지정목적지 또는 합의된 지점까지의 운송비용까지 부담한다. 매도인의 위험분기점은 수출국 내 지정한 장소까지 위험부담을 하게 되고 그 이후로는 매수인에게 위험 전가가 이뤄진다.

(4) 운송비보험료지급인도조건(CIP: Carriage and Insurance Paid To)

운송비보험료지급인도조건은 영어 약칭으로 CIP라고 하며 'Carriage and Insurance Paid To'라고 한다. 주로 복합운송방식으로 진행하는 경우에 사용되는 경우가 많은 편이다.

CIP는 매도인의 위험 이전은 매매 계약 시 명시한 지정한 장소 또는 합의된 지점까지 운송인과 계약을 체결하고 운송비를 지급함으로써 매수인에게 위험을 이전하게 된다. 하지만 CIP조건에서 매도인은 수입국내 지정목적지 또는 지정목적지 내 합의된 지점까지 발생하는 운송비와 보험료까지 부담하는 조건이다. 그러므로 위험의 이전 기준과 비용의 부담 기준이 다른 점이 특징이며 비용의 부담에 있어서 해상보험을 추가로 기입하여 담보 조건으로 ICC(A) 수준 이하로 매수자와 매도자의 합의로 계약을 하게 된다.

CIP조건에서 인도 시기는 매도인이 제품을 매매계약서상 합의된 인도장소까지 인도하고 운송인에게 교부하거나 인도된 제품을 조달할 때 인도가 완료된다. FCL cargo의 경우 매도인은 복합운송인에게 제품을 컨테이너에 장입하고 운송함으로써 인도가 완성된다. 인도 장소는 구체적으로 컨테이너화물조작장, 컨테이너장치장, 매도인의 구내 등의 장소가 될 수 있으며 철도화차 또는 본선 內 등이 되기도 한다.

그러므로 CIP조건을 차질 없이 진행하기 위해서는 수출국의 위험 이전 기준을 명확하게 매매계약체결 시 상호 합의해야 한다. 또한 매도인의 비용부담 기준이 수입국 내 목적지까지 되기 때문에 정확한 목적지 또는 목적지내 합의지점을 명시적으로 계약서상 기재해야 한다.

CIP조건을 매매계약서상 표기하기 위해서는 아래와 같이 도착지와 가격 및 가격조건 명시(CIP조건)를 통해 간단하게 나타낸다. 매도인이 운송계약상 지정목적지에서 양륙과 관련된 비용을 부담하는 것으로 되어 있는 경우에는 당사자 간 별도 합의가 없는 때에는 매도인이 매수인으로부터 지급을 받을 수 없다. 예로 들어 한국회사(Korea company)가 CIP조건으로 복합운송계약을 체결하여 도착지인 'U.S. California branch'로 운송하는 조건인 경우는 아래와 같이 표기 가능하다.

> 예)
> "US $ 10/pc, CIP California branch, California, The United States of America, Incoterms®2020."

(5) 선측인도조건(FAS: Free Alongside Ship)

선측인도조건은 Free Alongside Ship으로 약칭은 FAS라고 한다. 일반적으로 선측인도조건은 해상운송 또는 내륙수로운송에만 사용된다. 여기에서 선측인도는 제품이 매수인이 지정한 본선의 선측에 도달할 때 매도인의 인도는 완료된 것으로 해석한다.

선측인도조건에서 양 당사자는 선적항구 내 정확한 인도장소를 매매계약 체결 시 확정하고 합의해야 향후 비용에 대한 논란의 발생여지를 방지할 것이다. 만약 매매계약체결 당시에 매수인이 명확한 인도장소를 특정하지 못한 경우에는 매도인은 지정항구내 자신들에게 적합한 목적지에 인도할 수 있다. 하지만 장기 거래 관계인 경우에는 상호 신뢰관계가 있으므로 크게 매도인의 입장에서만 지정장소를 정하지는 않는 것이 통상적인 무역거래라고 본다. FAS조건에서는 매도인은 선측 인도전까지 수출통관 진행을 완료해야 하고 매수인은 제품의 수입통관 및 수입관세의 지급의무, 수입통관 수속절차를 진행해야 한다. 제품의 인도 장소는 매수인이 지정한 부두내 선박의 측면이고, 매도인은 제품을 매수인이 특정한 장소까지 인도해야 하는 의무를 가진다.

인도시점은 매도인(수출자)이 지정한 항구 내 매수인이 지정한 적재지점인 선측(船側)에 물품을 놓을 때 인도의무가 종료된다. 위험의 이전은 매도인이 물품 운송을 하여 매수인이 지정한 항구 내 지정한 장소인 선박의 측면에 물품을 놓는 시점에 완료된다. 즉 FAS에서 인도 시기와 위험 이전은 동일하다. 비용의 배분에 있어서도 매도인은 제품을 지정항구에서 지정한 적재지점으로서 선박의 측면에 놓을 때까지 모든 제비용을 부담하는 것이다. 이 후 발생하는 해상운송비, 해상보험료, 양륙비용 및 수입통관 제비용 등은 매수인이 비용을 부담하는 것이다.

FAS조건은 매매계약 체결 시 아래의 내용으로 간략하게 기재되며, 지정항구내 적재지점을 명확하게 나타나도록 해야 한다. 아래의 예는 'FAS 조건으로 부산항구내 부산로 300번지에 물품적재를 한 경우'를 가정해 보았다.

예) "US$ 600/pc, FAS Busan Port, 300 Busan-ro, Busan, Korea, Incoterms®2020."

FAS조건에서는 합의된 장소인 적재지점인 선박 측면까지 매도인의 위험과 비용의 부담이 되므로 매매계약 체결 시 명확한 지점을 매도인은 제시하고 매도인과 합의하는 것이 매우 중요하다.

(6) 본선인도조건(FOB: Free On Board)

본선인도조건은 Free On Board라고 하며 약칭으로 FOB으로 쓰이며 해상운송 또는 내륙운송에 통상적으로 사용되며 무역거래에서 많이 쓰이는 조건이다. 본선인도조건은 매도인이 물품을 선박에 최종적으로 실어주면 매도인의 인도는 완료되는 조건으로 이 후에 일어나는 위험에 대해서는 매수인이 위험과 비용에 대한 부담을 갖게 되는 것으로 보면 쉽게 이해가 된다.

FOB조건에서는 지정항구 또는 지정항구내 적재지점에서 본선인도까지 비용과 위험 부담을 매도인이 안게 되기 때문에 양 당사자는 명확하게 지정항구와 지정항구내 적재지점까지 매매체결 시 합의해야 하는 것이다.

본선인도조건에서는 수출국 내 선적항과 적재지점은 매도인(수출자)이 가장 잘 알기 때문에 매수인 측과 협의 시 자신에게 가장 적합한 항구를 제안하고 합의하는 것이 일반적이다. 매수인의 입장에서는 다만 합리적인 방식으로 물품이 안전하고 신속하게 도착하는 것이 목적이기 때문이다.

매도인은 물품을 선적 준비완료한 후에 자신의 비용으로 지정목적항으로 이동하여 선박에 적재하는 것까지 완료하면 매수인에게 인도한 것으로 해석된다. 또한 위험의 이전도 마찬가지로 매도인이 본선 적재를 완료함과 동시에 위험은 매수인에게 이전된다. 이러한 점에서 위험의 이전과 인도 시기는 동일하다.

비용의 분배에 있어서 매도인은 자신의 공장 또는 창고에서 출발하여 지정목적항까지 운송료뿐만 아니라 본선 적재비용과 관련된 일체 비용을 부담하게 된다. 구체적으로 매도인은 제품의 기본원가, 사업부문별 간접원가, 포장비용, 물품검사비용 및 기타 발생비용을 부담하게 된다. 또한 인도 장소까지 내륙운송비, 물품인도완료에 따른 통지비용, 물품인도증거서류 취득비용을 부담하게 된다. 물론 매도인은 수출신고필증 발급비용,

조세 및 기타 부과금의 비용을 지불하고 적재비(loading), 적부비(stowage) 등과 부두사용료(wharfage), 항구세(port duties), 창고료(go-down rent), 보관료(storage) 등을 지불해야 한다. 본선(本船)이 부두에 접안(接岸)된 경우에는 본선선측까지의 물품운반비용, 본선이 해상에 정박(碇泊)된 경우는 부두인부임(stevedorage) 및 부선비(literage fee)를 지불한다.

매수인은 본선적재 이후 비용을 부담해야 하는데, 해상운임, 해상보험료, 양륙비, 수입통관비용 및 각종 제세공과금, 모든 관세와 조세 및 기타 부과금을 포함한 통관비용을 부담하게 되는 것이다.

FOB조건의 경우 매매계약 체결 시 지정목적항을 FOB 바로 옆에 기재하여 매도인과 매수인이 상호 합의하여 매매계약서에 표기하는 것이다. 이는 명확하게 표기함으로써 향후 발생할 수 있는 모든 논란을 예방할 수 있는 것이다. FOB조건에 대한 표기를 예시로 나타내면 아래와 같이 나타낼 수 있다(대한민국, 부산항, FOB, 제품가 100달러).

> 예)
> "US$ 100/pc, FOB Busan port, Korea,
> Incoterms®2020."

본선인도조건(FOB)에서 매도인의 의무는 물품 준비에 따른 본선까지 인도하는 것이다. 본선 적재 이후의 제반 모든 비용은 매수인이 부담하고 위험의 이전도 본선 적재와 함께 모든 이전되는 정형거래조건이다.

(7) 운임포함인도조건(CFR: Cost and Freight)

운임포함인도조건은 'Cost and Freight'라고 하며 영어 약칭으로 CFR이라고 불린다. 간단하게 설명하자면 운임포함인도조건은 매도자의 관점에서 본다면 본선인도조건에서 해상운임을 포함한 정형거래조건으로 생각하면 쉽게 이해가 될 것이다.

운임포함인도조건에서는 매도인과 매수인의 서로 위험 이전 분기점과 비용부담의 기준은 다르다. 즉, 매도인의 위험 이전 분기점은 본선인도조건과 동일하고 본선적재와 동시에 매수인에게 모든 위험은 이전이 완료된다. 하지만 운임포함인도조건에서 매도인은 운임을 부담하기 때문에 비용부담의 기준점은 목적지 항까지 도착하는 해상운임을 매도인이 지불해야 한다. 하지만 매도인은 보험료와 각종 공과금, 관세 및 수입통관 비용은 지불할 의무가 없다.

매수인은 운임포함인도조건에서 해상보험에 가입해야 해상운송 중에 노출된 위험으로부터 보호받을 수 있다. 매수인은 매도인과의 매매계약 체결 시 반드시 지정목적항을 명확하게 지정하여야 한다. 간혹 같은 나라일지라도 여러 항구가 존재하고 수입자에게 모든 조건에서 적합한 수입항이 있기 마련이기 때문에 양 당사자들은 정확하게 목적항을 지정하여 상호 합의하는 것이 필요하다.

인도 시기는 매도인은 물품 준비 후 배송을 통해 지정목적항까지 이동 후 본선적재를 하면 인도가 완전하게 끝나는 것이다. 비용의 배분은 인도 시기와는 다소 차이가 있는데, 매도자는 물품준비에 이어 물품의 지정목적항까지 배송을 하고 본선인도까지의 전체 비용을 포함하여 해상 운임까지도 매도인이 부담해야 한다. 그러나 매도인이 수입국 목적항구에 도착 후 양륙비용과 각종 관세, 조세 및 기타 관련 수입통관 비용에 대해서는 비용부담을 하지 않는다. 운임포함인도조건에서는 매도인은 지정목적항까지 해상운임만 부담하기 때문이다.

CFR조건에 대하여 매매계약 체결 시 아래와 같이 간단하게 표기하는 방식이 있다. 예를 들어 제품가는 US $3,000/pc이고, 지정목적항이 Mumbai port(India), CFR조건인 경우는 다음과 같이 간략히 기재해 볼 수 있다.

예)
"US $3,000/pc, CFR Mumbai port, India, Incoterms®2020."

매수인은 매매계약 체결 시 지정목적항을 반드시 명확하게 제시해야 하고 매도인은 지정목적항까지 해상운임을 지불해야 하므로 정확한 물류비 산정이 필수적인 요소가 되는 것이다.

(8) 운임보험료포함인도조건(CIF: Cost Insurance and Freight)

운임보험료포함인도조건은 'Cost Insurance and Freight'라고 하며 영어 약칭으로 CIF조건이라고 통상 실무적으로 불려진다. 쉽게 이해하기 위해서는 매도인의 입장에서 CFR조건에 해상 보험료를 추가 부담한다고 보면 된다.

운임보험료포함인도조건에서는 매도인과 매수인의 서로 위험 이전 분기점과 비용부담의 기준은 다르다. 다시 말하자면, 매도인의 위험 이전 분기점은 운임포함조건과 동일하고 본선적재와 동시에 매수인에게 모든 위험은 이전이 완료된다. 여기에서 운임보험료포함인도조건에서 매도인은 해상운임과 해상 보험료를 부담하기 때문에 비용 부담의 기준점은 목적지 항까지 도착하는 해상운임과 보험료를 매도인이 지불해야 한다. 하지만 매도인은 보험료와 각종 공과금, 관세 및 수입통관 비용은 지불할 의무가 없다.

매도인은 운임보험료포함인도조건에서 해상보험에 가입해야 해상운송 중에 노출된 위험으로부터 해상보험으로 커버 가능하다. 여기서 중요한 사항으로 매수인은 매도인과의 매매계약 체결 시 반드시 지정목적항을 명확하게 지정하여야 한다. 왜냐하면 같은 나라인 경우라고 해도 여러 항구(港口)가 존재하고 수입자에게 모든 조건에서 적합한 수입항이 있기에 양 당사자들은 정확하게 목적항을 지정하여 상호 합의하는 것이 필요하다.

인도 시기는 매도인은 물품 준비 후 배송을 통해 출발 항구까지 이동 후 본선적재하면 인도가 완료되는 것이다. 양 당사자 간 비용의 배분은 인도 시기와는 다소 차이가 존재한다. 매도자는 물품준비에 이어 물품의 지정목적항까지 배송을 하고 본선인도까지의 전체 비용을 포함하여 해상운임과 해상 보험료까지도 매도인이 부담해야 한다. 그러나 매도인이 수입국 목적항구에 도착 후 양륙비용과 각종 관세, 조세 및 기타 관련 수입통관비용에 대해 비용 부담을 하지 않는다. 운임보험료포함인도조건에서는 매도인은 지정목적항까지 해상운임과 해상보험료까지만 부담하기 때문이다.

CIF조건에 대하여 매매계약 체결 시 아래와 같이 간단하게 표기하는 방식이 있다. 예를 들어 제품가는 EURO 1,500/pc이고, 지정목적항이 Qasim port(Pakistan), CIF조건인 경우는 다음과 같이 간략히 기재해 볼 수 있다.

예)
EURO 1,500/pc, CIF Qasim port, Pakistan, Incoterms®2020.

매수인은 매매계약 체결 시 지정목적항을 반드시 명확하게 제시해야 하고 매도인은 지정목적항까지 해상운임과 해상 보험료를 지불하므로 정확한 물류비 산정이 중요한 요소가 되는 것이다.

2) 양륙지 인도

(1) 목적지인도조건(DAP: Delivered At Place)

목적지인도조건은 'Delivered At Place'라고 하며 영어 약칭으로 DAP조건이라고 일반적으로 불려진다. 쉽게 이해하기 위해서는 매도인의 입장에서 수입국의 지정목적지까지 물품을 운송하는데 관련된 위험과 비용은 매도인이 부담한다. 통상적으로 단일 운송으로 이용되기도 하고 복합운송에도 활용되는 것이 일반적이다.

목적지인도조건에서는 매도인과 매수인의 위험 이전 분기점과 비용부담의 기준이 같다. 다시 말해서, 매도인의 위험 이전 기준점은 매도인이 수입국 내 지정목적지까지 인도하면 매수인에게 위험 이전이 완료되는 것이다. 여기에서 매도인은 해상운임과 해상 보험료를 부담하기 때문에 비용 부담의 기준점은 지정목적지까지 도착하는 전체 운송료를 매도인이 지불해야 한다. 또한 매도인은 지정목적지까지 운송하기 위해 추가적으로 후속운송(on-carriage)으로서 운송계약을 체결하여 운송을 마련해야 한다. 하지만 매도인은 보험료와 각종 공과금, 관세 및 수입통관 비용은 지불할 의무가 없다. 여기에서 매도인(수출자)은 도착운송 수단으로부터 제품을 양륙(unloaded)할 필요가 없다. 하지만 매도인이 운송계약상 양륙비용을 부담하기로 한 경우에는 매도인은 매수인과 별도로 합의하지 않는 경우 양륙비용을 매수인으로부터 받을 수 없다.

매도인은 목적지인도조건에서 해상보험에 가입해야 해상운송 중에 노출된 위험으로부터 해상 운송 및 기타 다른 운송 과정에서 발생 가능한 모든 위험으로부터 보호 받을 수 있다. 매수인은 매도인과의 매매계약 체결 시 반드시 지정목적지를 명확하게 지정하여야 한다. 왜냐하면 목적지인도조건은 매도인이 수입국 내 지정목적지까지 운송해야 하는 조건이기 때문이다. 만약 이러한 목적지가 지정되지 않는다면 향후 무역운송 시 추가적인 비용과 불필요한 논란의 여지가 있으므로 매매계약 체결 시 정확하게 지정목적지를 상호 합의하는 것이 무엇보다 중요하다.

인도 시기는 매도인은 물품 준비 후 배송을 통해 지정목적지까지 이동 후 인도가 완료되는 것이다. 양 당사자 간 비용의 배분은 인도 시기와는 다소 차이가 존재한다. 매도자는 물품준비를 마치면 배송을 하고 수입국 내 지정목적지까지의 전체 운송비용을 포함하여 매도인이 부담해야 한다. 그러나 매도인이 수입국 목적항구에 도착 후 양륙비용과 각종 관세, 조세 및 기타 관련 수입통관 비용에 대해 비용 부담을 하지 않는다. 운임보험료 포함인도조건에서는 매도인은 지정목적지까지 해상운임과 해상보험료, 육상운송료 까지만 부담하기 때문이다.

DAP조건에 대하여 매매계약 체결 시 아래와 같이 간단하게 표기하는 방식이 있다. 예를 들어 제품가는 US $ 900/pc이고, 지정목적항이 Genova port warehouse(Italy), DAP조건인 경우는 다음과 같이 간략히 기재해 볼 수 있다. 지정목적지는 구체적으로 명시되어야 한다.

예) US $ 900/pc, DAP Genova port warehouse, Italy, Incoterms®2020.

여기에서 중요한 사항은 수입국 내 지정목적지를 정확하게 설정해야 하며 양륙비를 매도인이 부담할 필요는 없지만 매도인이 양륙비를 지불한다고 계약한 경우에는 당연히 매수인으로부터 양륙비에 대해 환수할 수 없는 것이다.

매도인은 공장 또는 창고에서 출발하여 수입국 내 목적지까지 도착하기까지 모든 운송비용을 부담하게 된다. 그러므로 매수인으로부터 지정목적지에 대한 사항을 정확하게 파악하여 매매계약을 체결해야 한다. 또한 양륙(unloading) 비용에 대한 것은 매도인이 부담할 지를 거래 시작 전 매매계약서상 기재되어야 향후 문제의 소지를 방지할 수 있다.

(2) 도착지양륙인도조건(DPU: Delivered at Place Unloaded)

도착지양륙인도조건은 'Delivered at Place Unloaded'로서 영어 약칭으로 'DPU조건'으로 일반적으로 호칭된다. DPU조건은 복합운송으로 주로 이용되는데, 한 가지 이상의 운송수단으로 운송되는 것으로서 철도, 해상, 육상, 항공 등의 혼용방식으로 활용되는 것이다.

DPU조건은 매도인이 지정목적지 또는 지정목적지 내 합의한 지점에 도착하여 양륙한 뒤 수입국의 수입통관까지 완료하여 매수인에게 처분 가능한 상태로 하는 조건을 말한다. 다시 말해서 관세지급인도조건에서 매수인(수출자)은 공장 또는 창고에서 물품을 출발시켜 본선적재완료 후 수입국 내 지정목적지의 합의한 장소에 도착하여 양륙과 관세비용까시 전체 비용을 매도인이 부담하는 조건으로 크게 매도인에게는 불리하나 매수인에게는 매우 유리한 조건이다.

인도 시기는 매도인이 물품을 수입국 내 상호 합의한 지정목적지의 특정 장소까지 도착시키고 양륙(揚陸, unloaded)을 완료하면 매수인에게 인도를 완료하는 것이다. 위험의 이전도 매도인이 수입국 내 지정장소까지 도착하고 양륙을 완료하여 매수인이 처분 가능한 상태로 해 두는 시점에 완료되는 것이다.

비용배분에 있어서 매도인은 공장 또는 창고에서 출발 시점부터 수입국 내 특정 장소까지 도착하여 양륙하는데 드는 모든 비용을 부담하게 된다. 하지만 매도인은 수입통관, 관세 및 조세 및 기타 수입통관절차를 이해할 의무는 없는 것이다. 그러므로 매도인은 물품을 수입국 내 지정장소에 양륙한 이후 비용은 부담하지 않고 매수인이 수입통관 및 기타 수입통관비용에 대한 일체 비용을 지불하게 된다.

DPU조건으로 무역거래를 위한 매매계약 체결 시 표기되는 것은 아래와 같이 간략하게 중요정보를 나열하여 추후 논란의 여지가 없도록 하는 것이다. 예를 들어, 수입국 내 특정장소가 Shanghai warehouse, Shanghai, China이며 제품가는 US $ 1,000/pc이며 delivery term이 DPU조건이라면 다음과 같이 표기된다.

> 예)
> "US $ 1,000/pc, DPU Shanghai warehouse at 3523 street, Shanghai, China, Incoterms®2020."

매도인은 수입국 내 특정장소까지 도착 및 양륙비용까지 부담하고 매수인은 수입통관 및 기타수입통관절차를 하게 된다.

(3) 관세지급인도조건(DDP: Delivered Duty Paid)

관세지급인도조건은 'Delivered Duty Paid'로서 영어 약칭으로 'DDP조건'으로 일반적으로 호칭된다. DDP조건은 복합운송으로 주로 이용되는데, 단일 운송을 사용 또는 한 가지 이상의 운송수단으로 운송되는 것으로서 철도, 해상, 육상, 항공 등의 혼용방식으로 활용된다. 수입자인 매수인의 입장에서 기타 다른 운송과 통관에 대한 부담감이 없어 수입자에게 직접적으로 편리하고 유용한 조건이다.

DDP조건은 매도인이 지정목적지 또는 지정목적지 내 합의한 지점에 도착하여 수입통관까지 마치고 매수인에게 처분 가능한 상태로 하는 조건을 말한다. 다시 말해서 관세지급인도조건에서 매수인(수출자)은 공장 또는 창고에서 물품을 출발시켜 본선적재완료 후 수입국 내 지정목적지의 합의한 장소에 도착하여 수입통관비용의 전체 비용을 매도인이 부담하는 조건으로 다소 매도인에게는 불리하나 매수인에게는 유리한 조건이다. 하지만 매도인은 모든 제 비용을 제품가격에 합리적으로 계산하여 반영해야 하고 정확한 원가 계산이 중요하다. 국가별로 관세율과 관련 조세가 굉장히 차이가 많아 세심한 주의가 필요하다. 인도 시기는 매도인이 물품을 수입국 내 상호 합의한 지정목적지의 특정장소까지 도착시키고 수입통관을 완료하면 매수인에게 인도를 완료하는 것이다. 위험의 이전도 매도인이 수입국 내 지정장소까지 도착하고 양륙을 완료 후 수입통관을 완료하는 동시에 매수인이 처분 가능한 상태로 해 두는 시점에 완료되는 것이다.

비용배분에 있어서 매도인은 공장 또는 창고에서 출발 시점부터 수입국 내 특정 장소까지 도착하는데 드는 모든 비용을 부담하게 된다. 또한 도착지양륙인도조건과 달리 매도인은 수입통관, 관세 및 조세 및 기타 수입통관절차를 이해할 의무가 있다. 그러므로 매도인은 물품을 수입국 제반 수입통관 비용을 모두 부담해야 하고, 매수인은 수입통관 및 기타 수입통관 비용에 대한 일체 비용을 지불하지 않고 물품 수령이 가능하다. 이러한 DDP조건의 사용 이유는 매도인이 큰 기업이고 무역관리 인원과 시스템이 충분한 경우 수입자의 입장에서 그 시스템을 이용하는 유리한 점이 있고, 매도자의 수출부터 수입통관에 이르는 과정에서 일관되게 하나의 운송주선업자를 이용하여 신속하게 합리적 서비스를 받게 되어 수입자로서는 인원이 많지 않아도 되는 장점이 있기 때문이다. 또한 복합운송을 진행하는 동안 복잡한 과정과 통관절차를 수입자는 거치지 않아도 되어 긴급한 납기가 요구되는 경우에는 DDP조건이 수입자로서 유리한 점이 있다. 하지만 장점만 있는 것은 아니며 관세정책의 변화 또는 기타 알지 못했던 조세나 비용이 발생하면 기존에 설정된 가격에 대한 변화를 쉽게 하지 못해 수출자 또는 수입자에게는 큰 손실의 결과를 일으키기도 한다.

DDP조건으로 무역거래를 위한 매매계약 체결 시 표기되는 것은 아래와 같이 간략하게 중요정보를 나열하여 추후 논란의 여지가 없도록 하는 것이다. 예를 들어, 수입국 내 특정장소가 Hochiminh warehouse, Ho Chi Minh city, Vietnam이며 제품가는 US $3,000/pc이며 delivery term이 DDP조건이라면 다음과 같이 표기된다.

> 예)
> "US $ 3,000/pcs DDP Ho Chi Minh warehouse at 123 street, Ho Chi Minh city, Vietnam, Incoterms®2020."

매도인은 수입국 내 특정장소까지 도착 및 수입통관 비용까지 부담 하게 된다. 여기에서 중요한 사항은 매수인과 매도인은 명확한 물류비용과 기타 통관비용 및 조세 등에 대한 계산이 필요하며 상호 신뢰할 만한 자료가 공유되는 것이 필요하다. 또한 신뢰성이 높은 운송주선업자를 이용하여 신속하고 명쾌한 절차가 매우 중요하다. 현지수입국에서 일어나는 통관/운송서비스를 신속하고 정확하게 해 줄 수 있는 현지파트너 또는 에이전트 등 신뢰성 높은 네트워크를 갖춘 운송주선업자를 선정하는 것이 우선적으로 고려되어야 한다.

지금까지 정형거래조건인 인코텀즈 2020은 간략하게 아래와 같이 정리해 볼 수 있다. 무역계약시 반드시 정확하게 상호 확인하고, 명확하게 합의하는 것이 필수이다. 그러기 위해 인코텀즈 2020을 상세하고 정확하게 이해하는 것은 무엇보다도 중요하다.

구분	명칭	주요 내용
EXW	공장 인도 조건 Ex-Work	공장에서 매수인이 물품을 인수하는 조건으로 매도인은 운송 차량에 실어주는 것으로 모든 위험과 책임이 완료되는 조건
FCA	운송인 인도 조건 Free Carrier Agreement	매도인이 지정된 장소에서 매수인에 의해 지정된 운송인에게 수출통관된 물품을 인도하는 조건
FAS	선측 인도 조건 Free Alongside Ship	약정된 화물을 지정된 기일 또는 일정한 기간 내 약정된 선적항에서 수입상이 지정하는 선박의 선측에 화물을 인도하는 조건
FOB	본선 인도 조건 Free On Board	매도인은 선박에 물품을 적재on-board 완료하면 의무 이행 완료, 일반적인 무역 거래에서 많이 통용되는 조건 중 하나임.
CPT	운송비 지급 조건 Carriage Paid To	매도인이 수출통관 완료된 물품을 지정된 목적지까지 운송하는 데 필요한 운송비를 지급하지만, 자신이 지정한 운송인에게 물품을 인도하고 그 이후에 발생하는 물품에 대한 모든 위험과 기타 일체의 추가 비용을 매수인이 부담하는 조건
CIP	운임보험료 지급 조건 Carriage and Insurance Paid To	매도인이 수출통관 완료된 물품을 지정된 목적지까지 운송하는 데 필요한 운송비와 보험료를 지급하지만, 자신이 지정한 운송인에게 물품을 인도하고 그 이후에 발생하는 물품에 대한 모든 위험과 기타 일체의 추가 비용을 매수인이 부담하는 조건. 다만, 매도인은 운송중인 물품에 대한 매수인의 멸실, 손상 위험에 대비하여 최소한의 담보 조건으로 보험 계약을 체결해야 하는 조건.
CFR	운임 포함 조건 Cost and Freight	매도인이 수출통관을 마친 물품을 지정된 목적항까지 운반하는 데 필요한 비용과 운임을 지불하지만, 선전항의 본선 난간을 통과할 때 인도하고, 그 이후에 발생하는 사건으로 인한 물품에 대한 멸실, 손상 위험 및 추가 일체 비용을 매수인이 부담하는 조건.
CIF	운임보험료 부담 조건 Cost Insurance Freight	매도인이 매수인에게 물품을 인도하기까지 물품 선적에서 목적항까지 비용과 목적항 도착까지의 운임, 보험료의 일체를 부담하는 조건.
DAP	도착 장소 인도 조건 Delivered At Place	지정된 도착지에서 양륙 준비를 마친 상태로서 도착한 운송수단상 매수인의 임의 처분 하에 적치될 때 인도하는 조건. 매도인은 지정된 장소까지 물품을 운송하는 데 필요한 모든 비용과 위험을 부담하는 조건. 매매 당사자들은 가능한 한 정확하게 매도인이 비용을 부담해야 하는 합의된 도착 장소 내의 지점을 특정해야 함.

구분	명칭	주요 내용
DPU	도착지 양륙 인도 조건 Delivered at Place Unloaded	도착지 양륙 인도 조건으로 목적지나 약속한 합의 지점에서 매도인이 양륙한 후 인도가 이루어지는 조건. 매도인은 양륙의 위험과 비용을 부담하게 됨.
DDP	관세 지급 인도 조건 Delivered Duty Paid	수입통관된 물품이 지정된 도착지에서 양륙 준비를 마친 상태로, 도착한 운송 수단상 매수인의 임의 처분 하에 적치될 때 인도하는 것을 의미한다. 매도인은 도착지까지 물품을 운송하는 데 필요한 모든 비용과 위험을 부담하며, 물품의 수출통관뿐만 아니라 수입통관의 의무가 있으며 수출과 수입을 위한 모든 관세 및 세관 절차 이행의 의무가 있다.

학습 문제

1. 인코텀즈 2020이 정형거래조건으로서 개념을 설명해 보라.

2. 인코텀즈 2020의 새롭게 개정된 부분은 무엇이 있을까?

3. 인코텀즈 2020의 핵심 싱격을 시술해 보라.

4. 인코텀즈 2020 중 FOB와 DDP는 어떻게 다른가?

제3장

해상운송

1. 해상운송 특성

해상운송은 다른 운송수단과는 다른 여러 가지 특성을 가지고 있다. 첫째, 대량수송이 가능하다. 둘째, 일반적으로 원거리 수송이 이뤄진다. 셋째, 수송비가 상대적으로 저렴하다. 넷째, 수송로(輸送路)가 비교적 자유롭다. 다섯째, 해상운송은 국제성(國際性)을 가지고 있다. 따라서 국가간 무역에서 상대적으로 많이 활용되는 운송수단이다. 여섯째, 운송에 있어서 다소 느리게(低速) 운항된다.

2. 선박의 개요와 국적

선박은 일반적으로 선체와 기관으로 구성된다. 선체(船體)는 선박의 외형을 형성하고 이를 지탱하는 모든 구조물을 일컫는다. 여기에서 기관(기관)은 선박에 원천적으로 추진력(推進力)을 부여하는 것으로 주기관, 발전기 및 기타 선박의 기능을 수행하기 위한 모든 기계류(機械類)를 의미한다.

선박의 국적은 기본적으로 선박에 게양된 국기에 의해 결정된다. 즉, 선박에 게양된 국기는 선박의 등록국(登錄國)을 의미한다. 전통적으로 모든 선박은 자국의 국기를 게양한다. 따라서 등록된 국가의 법이나 규칙 등에 의해 규제되고 통제된다. 하지만 글로벌화 무역환경에서 게양된 국기와 선주의 국적이 일치하지 않은 경우가 다소 발생한다. 왜냐하면 국가에 따라서 국내관리법(國內管理法)이 취약하고 허술한 국가를 선택하여 국기를 게양하는 선박이 발생하고 있기 때문이다.

일반적으로 선박의 게양된 국기 형태에 따라 여러 가지로 구분할 수

있다.

첫째, 전통적 국기와 국적의 경우는 자국적에 자국기 게양주의를 의미한다.

둘째, 종속적 국적 방식[1]은 식민국가들의 선박은 영국기(英國旗)를 게양하도록 하고 영국 상선법(British Merchant Shipping Act)을 따르는 제도이다.

셋째, 편의치적제도(Open register)로서, 선주가 자국에 선박을 등록하는 경우에 받게 되는 여러 세금 등의 경제적 규제를 탈피하고 엄격한 선원고용조건 등을 회피할 목적으로 선주의 선박을 자신이 거주하지 않은 제3국에 등록하는 것을 말한다.

넷째, 제2선적제도(Second register)로서 덴마크, 영국, 포르투칼 등의 국가들이 유사 제도를 도입하여 고임금으로 인한 국가경쟁력의 상실을 줄이고 편의치적을 방지하는 차원에서 자국선대(自國船隊)의 국적 이탈[2]을 막기 위해서 제2선적제도를 허용하고 있다.

넷째, 제주선박등록제도로서 2002년 제주국제자유화특별법에 근거하여 같은해 5월 해수부의 제주선박등록특구운영지침을 통해 시행되었다. 이 제도로서 특구에 등록된 선박은 취득세, 교육세, 재산세 등의 각종 세금의 혜택을 누릴 수 있는 장점이 있다. 대상선박은 국제선박등록법에 의해 국제선박으로 등록된 선박 중에서 제주도 내 개항[3]을 선적항으로 하는 한국선박과 국적취득조건부나용선(BBCWHP)[4] 선박도 포함된다.

1) Dependent Register를 의미한다.
2) flagging out을 국적 이탈로 말할 수 있다.
3) 여기에서 개항(開港)은 제주항과 서귀포항을 일컫는다.
4) Bare Boat Charter Hire Purchase 선박의 줄임말이다.

3. 해운시장

1) 정기선시장

정기선(liner)은 둘 이상의 항구를 사전에 확정된 운항일정(shipping schedule)에 따라 규칙적으로 항해하는 선박을 말한다. 이는 불특정 다수의 화주 또는 여객에서 운항 서비스를 제공하고 만선이 되지 않는 경우에도 예정되어 있는 운항 일정에 따라 운행하며, 규칙적인 운항은 정기선운항의 핵심적인 사항이며 여객과 화주에 대한 신용의 척도가 되기도 한다.

정기선의 주요한 특징에 대해 아래와 같이 요약 가능하다.

① 일정하고 규칙적인 항해를 통해 공표(公表)된 항로를 준수한다.
② 양질의 서비스 제공하여 부정기선에 비해 운송화물 자체도 고가품에 해당하며 비교적 고품질의 고속 대형선박이 이용된다.
③ 공공서비스의 제공 측면에서 불특정 다수인에 대해 운송 서비스를 제공한다.
④ 안정된 운임을 확보하여 협정운임이 적용되어 운임이 일정기간 고정된다.
⑤ 계약 내용에 있어 개품운송계약의 형태를 보여 화물의 종류와 수량에 상관없이 동일한 약관(約款, Clause)으로 획일적으로 적용된다.

위와 같이 정기선 시장은 비정기선에 비해 규칙적인 운행 스케줄을 통해 운항이 진행되는 점이 큰 장점이 된다. 운임의 경우 협정 운임으로 일정기간 운임이 고정되어 화주에게도 예측 가능한 가격을 제공함으로써 수출, 수입 시 원가 산출에 있어 유리한 점이 있는 것도 사실이다. 하지만 무조건적으로 정기선만이 유리한 것으로 보기에는 어렵다. 아래와 같이 부정기선의 의미와 특징을 살펴보고 수출, 수입 시 자신에게 유리한 것으로 선택하는 것은 무역업 종사자에게는 필수적인 사항이다.

2) 부정기선시장

부정기선(Tramper)은 운송수요자의 요청에 따라 어느 장소와 때에 따라 변경하여 취항(就航)이 가능한 선박을 일컫는다. 이처럼 부정기선은 방랑자의 의미인 'Tramper'로 명명하며 세계의 바다를 방황하며 물품을 찾는다는 의미로 본다.

부정기선의 특징은 정기선과 달리 아래의 특징으로 요약 가능하다.

① 정기선에 비해 신속성이나 정확성보다는 저렴한 운임이 특징이다.

② 운송 물품의 경우 가치가 저렴하고 운임 부담력이 적은 화물, 수송 단위가 비교적 큰 대량화물, 예를 들어 곡물류, 광석, 목재 등의 원재료와 식량 물자가 그 대상이다.

③ 용선 계약을 통해 화주와 선박회사가 한 척의 선박을 대절하여 수송하는 특징이다.

④ 부정기선은 선복의 수급 상황에 따라 운임률이 크게 변동되어 시황(市況, market conditions)의 영향을 많이 받는다.

⑤ 선박의 고품질이나 해륙설비의 설치 등의 자본을 크게 요하지 않아 사업의 개시 또는 중지가 비교적 용이하다는 점에서 경쟁이 치열한 경우에는 사업의 흥망(興亡)에 영향을 크게 미치게 된다.

학습 문제

1. 인코텀즈 2020이 정형거래조건으로서 개념을 설명해 보라.

2. 인코텀즈 2020의 새롭게 개정된 부분은 무엇이 있을까?

3. 인코텀즈 2020의 핵심 성격을 서술해 보라.

4. 인코텀즈 2020 중 FOB와 DDP는 어떻게 다른가?

제4장

항공운송

1. 항공운송 개념

항공운송은 여객이나 화물을 항공기로 적재하여 항공로(航空路)를 이용하여 운송하는 것을 말한다. 주로 부가가치가 높은 화물이 항공운송을 이용하게 된다. 예를 들면 부피가 작고 고가의 제품인 반도체, 통신/전자기기, 광학기기 등이 일반적으로 항공운송을 통해 운반된다. 더 나아가 현재 항공기가 대형화되어 화물전용기의 취항이 늘어나게 되면서 항공운송은 증가하는 추세이다.

2. 항공화물운송장

1) 의의

항공화물운송장(AWB)은 항공사가 화물을 항공수단으로 운송하는 경우에 발행하는 원천적으로 화물수취증(貨物收取證)이다. 다시 말해서 AWB는 기본적으로 항공사와 송하인(화주)과의 운송계약 체결이며, 운송인에 의한 화물의 수령사실과 운송조건에 관해 증명해 주는 운송서류이다.

2) 항공화물운송장(AWB) 양식 및 형식

AWB는 각 항공사가 개별 양식으로 발행도 가능하지만 원칙적으로 국제항공운송협회(IATA) 항공화물운송장 양식이 사용된다. AWB는 원칙상 원본 3부와 부본 6부로 구성되어 있지만 항공사별로 부본을 5부까지 추가 가능하다.

AWB는 각 원본과 사본은 그 용도가 특정되어 있어 식별이 용이하도록 하기 위해 색용지가 기본적으로 사용된다. 원본은 송하인용은 청색 1통, 발행항공사용은 녹색 1통 및 수하인용은 적색 1통으로 구성된다. 사본은 원천적으로 항공화물대리점용 또는 화물인수용으로 쓰인다.

3) 항공화물운송장 성격

항공화물운송장은 다양한 성격을 가지고 있는데, 간략하게 정리하면 아래와 같다.

① AWB은 항공운송계약의 증거가 됨.

② AWB는 화물수취증으로 인식됨.

③ 송하인에 대해 운임 및 요금 청구서의 역할.

④ 송하인이 화주보험에 부보하고 보험료 기재한 경우 보험계약증서의 성격을 가짐.

⑤ 세관신고서 기능으로 수입통관자료 및 수출입신고서가 됨.

⑥ 화물운송의 지시서의 기능.

⑦ 수하인이 화물 명세, 운임, 요금 등을 대조할 송장의 성격.

⑧ 화물인도증서(인도의 증거서류 성격).

⑨ AWB 부본은 기타 업무처리 및 참고자료 성격을 가짐.

4) 선하증권과 항공화물운송장 비교

해상운송에 있어 화물운송을 증명하는 증서로서 선하증권(B/L)과 항공운송의 증빙으로 항공화물운송장(AWB)은 아래와 같이 차이점이 있다. 유통성, 성격, 발행형식 및 시점에 따라 다르다.

구분	선하증권(B/L)	항공화물운송장(AWB)
유통성	유통 기능	유통 불가
성격	유가증권	비유가증권
발행 형식	지시식(무기명식) 발행 가능 (예를 들어, Order of Hana bank)	기명식
발행 시점	화물을 선박에 선적 후	운송인이 화물을 수취 후

3. 항공화물운송인

1) 항공운송주선인(Air Freight Forwarder)

항공운송주선인은 개별 화주와 자신의 명의로 계약을 체결하고 항공사에 운송을 위탁하게 된다. 개별 화물의 자체 운임을 적용하여 마진을 붙여 항공운송 서비스의 판매를 진행한다.

항공운송주선인(Air Freight Forwarder)은 화주(송하인)에게는 자신의 House AWB(HAWB, House AirWay Bill)를 발행해 준다.

2) 항공화물대리점(Air Cargo Agent)

항공화물대리점은 항공사 또는 총대리점을 대신하여 유상으로 송하인과 화물운송계약을 체결하게 되며 수수료(5%)만 받고 진행한다.

대부분의 항공화물은 국제항공운송협회(International Air Transportation Association, IATA)가 인가한 대리점인 항공화물운송대리점에 의해 집화되어 운송된다. IATA 대리점은 항공회사와 대리점계약을 체결하기도 하고 혼재업자를 겸업하여 창고업, 자동차운송업, 통관업 등을 동시에 진행하는 경우가 많다.

제5장

국제복합운송

1. 국제복합운송 개념

국제복합운송은 해상, 육상, 항공 등의 복수의 운송 방법(mode of transport)을 이용하여 화물을 목적지로 운송하는 것을 말한다. 단일의 운송인이 복합운송증권(multimodal transport B/L)의 발행을 통해 화물을 인수부터 최종 인도할 때까지 단일의 일관운송책임을 지면서 단일의 복합운송 운임률을 적용하는 것이 특징이다.

국제복합운송 특징은 다음과 같다.

① 단일운송계약(하나의 복합운송증권으로 계약함)

② 단일운송운임(복수의 운송수단이지만 단일운임으로 적용)

③ 단일운송인 책임(복합운송인이 단독으로 全구간 책임)

④ 복합운송증권 발행(복합운송인은 단일 복합운송증권 발행)

2. 복합운송인

UN 국제복합운송조약에 의거하여 스스로 또는 대리인을 통하여 송하인과 운송계약을 체결하고 송하인 또는 운송인의 대리인이 아닌 운송계약의 주체로서 계약 이행에 대해 책임을 지는 자를 말한다. 즉, 복합운송인은 전 운송구간의 운송과 화물의 멸실, 지연 또는 훼손 등으로 인한 손해에 대해 책임을 지는 주체자로서 CTO(Combined Transport Operator) 또는 ITO (Intermodal Transport Operator) 등으로 호칭된다.

복합운송인 유형은 다음과 같은 세 가지로 나눠볼 수 있다.

복합운송인 유형	설명
운송주선인 Contracting carrier	자신이 운송 수단을 보유하지 않고 운송주체자로서 자기 명의로 화주와 계약을 맺어 역할과 책임을 다함
실제 운송인 Actual carrier	자신이 보유한 운송 수단을 이용하여 복합운송인의 역할 수행 예) 항공사, 선박회사, 철도회사 등
무선박운송인 Non-Vessel Operating common carrier, NVOCC: 운송주선인형 운송인	미국 신해운법에서 법제화된 계약 운송인으로 직접 운송 수단을 소유하지 않지만 화주와 운송 계약을 맺어 실제 운송인을 하도급으로 하여 자신의 명의로 운송하는 자

3. 복합운송증권

복합운송인과 화주가 복합운송에 의해 화물이 인수된 사실과 계약상 조항에 의거하여 화물을 인도할 것을 약정하는 복합운송계약을 증명하는 증권이다.

복합운송증권의 특징은 다음과 같다.

첫째, 복합운송증권은 계약운송인(복합운송인)에 의해 발행된다는 점이다. 해상선하증권은 실제운송인에 의해 발행되지만, 복합운송은 복합운송인이 발행하는 것이 특징이다.

둘째, 복합운송증권은 전 운송구간에 대하여 발행이 된다. 반면, 해상선하증권은 해상구간에 한정하여 발행되는 점에서 다르다.

셋째, 복합운송증권은 해상선하증권과 달리 본선 적재 전 발행된다. 복합운송인은 본선 적재 전에 수탁 또는 수취한 상태에서 복합운송증권을 발급한다.

넷째, 복합운송증권은 유통식 또는 비(非)유통식으로 발급 가능하다. 만약 복합운송증권이 지시식 또는 무기명식으로 발행되는 경우에 유통증권의 기능을 가진다. 유통증권으로 발행되면 수하인이 배서 또는 교부에 의해 물품을 처분 가능한 권리를 갖게 되는 것이다. 비유통식으로 발행하기 위해서는 증권에 수하인을 명기해야 한다.

4. 복합운송인 책임

1) 책임원칙

① 복합운송은 기본적으로 여러 운송수단들의 결합이고 운송수단별 여러 운송인이 연관된다.

② 복합운송인은 UN 국제물품복합운송조약에 의거하여 全 운송구간에 대하여 책임을 지게 된다.

③ 원칙적으로 운송 중 과실 여부는 복합운송인이 규명해야 한다.

④ 운송구간별 복합운송인의 책임원칙은 아래와 같이 여러 가지가 있다.

첫째, 해상운송구간은 과실책임원칙으로 운송인의 과실에 의하여 손실

발행한 경우 운송인에게 책임이 있다. 다만 불가항력 또는 포장불비, 통상의 누손은 면책 사유가 되기도 한다.

둘째, 육상운송구간은 무과실책임원칙으로서 과실여부와 관계없이 운송인이 책임을 진다. 다만 불가항력이거나 포장불비, 통상의 누손은 면책된다.

셋째, 항공운송구간은 엄격한 책임을 원칙으로 하고 과실여부와 상관없이 운송인이 책임을 지며 면책되지 않는다. 운송구간별 책임 중에서 가장 엄격한 책임을 요구한다.

2) 복합운송인의 책임체계

복합운송인의 책임체계는 동일책임체계, 이종책임제도 및 수정동일책임체계로 나눠지며 각 책임체계별 설명은 아래와 같다.

책임체계	내용 설명
동일책임체계 Uniform Liability System	단일의 복합운송인이 구간이나 운송 수단에 관계없이 동일한 원칙에 의해 책임부담체계 ⇨ 화주에게는 간편하지만 복합운송인의 구상권 행사는 복잡한 측면이 있다.
이종책임제도 Network Liability System	운송책임이 손해 발생 구간별로 적용되는 조약이나 법규가 다르게 적용되는 책임체계 ⇨ 어느 구간인지 불분명한 경우 해상 구간에서 손해 발생으로 간주하여 해상 운송의 헤이그 규칙을 적용한다.
수정동일책임체계 Modified Uniform Liability System	원칙적으로는 단일책임체계를 채택하지만 예외적으로 각 운송 구간의 책임 원칙을 적용하는 이종책임체계를 가미한 절충체계 ⇨ 기본적으로 손해 구간과 관계없이 동일 원칙을 적용하나 예외적으로 손해 발생 구간이 명확하게 확인되고 책임 한도액이 UN 국제복합운송조약에서 정한 책임 한도액을 초과하는 경우 손해 발생 구간에 해당하는 규정상 책임 한도액을 적용한다.

5. 국제복합운송 형태

1) 랜드브리지(Land Bridge)

해상과 육상의 복합운송형태로서 해상 사이의 대륙을 마치 다리(bridge)로 사용하여 해상을 연결하는 운송방식이라고 할 것이다. 다시 말해서, 해상과 육상을 결합하여 운송함으로써 해상운송만을 이용하는 것보다 운송시간과 비용을 절감할 수 있다.

랜드브리지의 주요 경로는 다음과 같다. 첫 번째, SLB(Siberian Land Bridge)는 극동지역에서 유럽지역으로 물품운송 시 러시아 극동까지는 컨테이너 선박을 이용하고 러시아에서부터 유라시아 횡단철도를 이용하는 방식으로 해상운송만을 이용한 것 보다 시간과 비용을 절감할 수 있다.

두 번째, ALB(America Land Bridge)는 극동지역에서 유럽지역까지 물품운송 시 극동에서 미국 서해안 항구까지는 해상을 이용하고 미국 대륙운송은 육상을 이용하고 다시 미국 동부에서 유럽지역으로 해상 운송하는 방식이다.

세 번째, MLB(Mini Land Bridge)는 극동지역에서 미국 서해안 항구까지는 해상을 이용하고 미국 서부에서 미대륙횡단철도을 활용하여 철도 운송으로 미국 동해안까지 운송하는 방식이다.

2) 해상 및 항공운송

해상 및 항공운송은 해상의 저비용과 항공의 신속성을 결합한 복합운송 방식이다. 기본적으로 출발지에서 중계지(Tranship point)까지는 해상운송으로 이동하고 중계지에서 최종 목적지까지는 항공운송으로 진행하는 방식이다. 이로 인해 시간과 비용 면에서 효과적으로 운송할 수 있는 장점이 있는 방식이다.

3) 컨테이너 복합운송

송하인이 수하인의 지정한 장소까지 운송하는 방식으로 컨테이너 트럭을 여러 운송수단(육로, 해상, 항공)으로 결합하는 운송하는 방식으로 아래의 3가지 컨테이너 복합운송방식으로 설명이 가능하다.

첫 번째, 피기백(Piggy-Back)은 철도와 육상운송수단이 결합되는 컨테이너 운송방식을 말한다.

두 번째, 피시백(Fishy-Back)은 선박(해상)과 육상운송수단(육로)이 결합되는 컨테이너 운송방식이며 우선적으로 해상운송으로 진행한 뒤 육상으로 운송하는 결합된 방식이다. 예를 들어, 극동지역에서 미국으로 해상을 이용하여 컨테이너선으로 이동한 후 서해안 항구에서 육상으로 최종 목적지로 운송하는 방식이다.

세 번째, 버디백(Birdy-Back)은 항공과 육상운송수단이 결합된 컨테이너 운송방식으로 시간적인 면에서 긴급성이 요구될 때 사용되는 방식이다. 예를 들어, 한국에서 미국으로 긴급하게 전자제품을 수출해야 하는 경우에 컨테이너를 이용하여 항공 선적을 하고, 미국 공항에 도착 시 철도 또는 육로를 이용하여 최종 목적지까지 운송하는 방식이다. 컨테이너 복합운송방식 중 가장 비용이 많이 들지만 시간을 절약할 수 있는 방식으로 가장 효과적인 방법이 된다.

학습 문제

1. 해상운송의 특징은 무엇이며, 해운시장에 대해 서술해 보라.

2. 항공화물운송증권의 특징을 적고, 선하증권과 차이점은 무엇인가?

3. 국제복합운송의 형태는 어떻게 되는지 설명해 보라.

4. 해상운송의 선박의 국적 제도를 각각 기술해 보시오.

제6장

해상보험

1. 해상보험 개념

해상보험은 해상운송 과정에서 발생하는 사고에 대해 보험자(insurer)가 손해를 보상할 것을 약정하고 피보험자(the insured)가 그 대가로 보험료(premium)를 지불할 것을 약정하는 손해보험(indemnity)의 종류 중 하나이다.

해상보험계약에 대하여 다음과 같이 정의할 수 있다(영국해상보험법(Marine Insurance Acts, MIA), 제1조). "해상보험계약은 보험자가 피보험자에 대해 그 계약에 의하여 합의된 방법과 범위 내에서 해상손해, 즉 해상사업(marine adventure)에 수반하여 발생하는 손해를 보상할 것을 약속하는 계약이다."

다시 말해서 무역거래에서는 운반과정에서 해상사고의 위험이 상대적으로 다른 운송수단 보다도 높다. 해상이라는 곳은 변수가 너무 많고, 운송자의 실수나 선박의 노후도(老後度)에 따라 사고의 위험성이 높다는 것은 자명(自明)한 것이다. 이러한 위험성을 화주(貨主)나 운송인(運送人)이 절대적으로 떠안는 것은 사실상 불가능하여 15세기경(1435년)에 바르셀로나 법령(Barcelona law)이 제정되었으며, 1523년에 프로센스시 조례(ordinances of the city of Florence) 부칙이 채택되었다. 이 조례는 현재 로이즈 보험증권과 상당한 수준에서 유사한 것으로 본다.

초창기 해상보험은 선박에서 선적되는 시점에서 양륙 항에서의 양하(揚荷)까지만 보호하였다. 이 후에 새롭게 제정된 영국해상 보험법에서는 "해상보험 계약은 그 명시된 특약 또는 상관습에 의해 그 담보의 범위를 확장해서 해상 항해에 수반하는 내수로 또는 육상위험의 손해에 대하여서도 피보험자를 보호할 수 있다."라고 하였다. 이는 사고발생장소가 반드시 해상이 아니어도 보상한다는 것이다. 이러한 이유로 해상운송에 이어서 육상운송을 진행하는 경우 별도의 육상보험 가입이 필요치 않고 해상보험이 전 구간에 대해 보험계약 가입이 가능하다.

2. 해상보험 기본 원칙

기본적으로 해상보험의 원칙은 일반보험과 유사하지만 해상보험은 비교적 다른 특성을 가지고 있다. 그 특성은 아래와 같이 정리하여 요약 가능하다.

특성 구분	주요 내용
담보 준수 의무	담보는 피보험자가 지켜야 하는 약속을 의미한다. 약속적인 조건promissory condition으로 명시 담보(담보의 내용이 문언 기재)와 묵시 담보(보험증권에 명시되지 않지만 묵시적으로 제약받지 않으면 안 될 담보)로 구분된다. 묵시 담보에서는 보험 목적물이 선박인 경우 내항성 담보warranty of seaworthiness로서 특정 항해를 감당할 능력을 갖춘 상태를 말하며, 적법 담보warranty of legality는 해상사업이 합법적이어야 하며 불법적이면 안 되는 것을 의미한다. 만약 피보험자가 담보 조건을 위반 시 계약은 자동으로 파기된다.
근인近因주의	보험자가 보상 가능한 손해는 보험증권상 담보된 위험 또는 담보 가능한 위험에 근인近因한 것이어야 한다(MIA No. 55). 근인은 시간적인 가까움을 의미하는 것은 아니며 특정 사고를 발생시킨 직접적인 원인을 가리킨다.
피보험자의 고지告知 의무	해상보험에서는 피보험자는 계약 체결 시 자신이 알고 있는 모든 중요 사항重要事項, material circumstances을 보험자에게 최대 선의最大善意, utmost good faith의 원칙 하에 고지해야 한다.
소급 보상遡及補償 원칙	소급 보상은 해상보험에 있는 특이한 특성인데, 보험 계약이 체결되기 전 발생한 손해이더라도 계약 당사자들이 체결 당시 발생 여부를 몰랐다면 유효한 것으로 해석하여 보험자가 그 손실을 보상해 줘야 한다. MIA(No. 6(1))에 의하면 "보험 목적물의 멸실 여부를 불문한다는 조건으로 부보될 경우 피보험자는 손해가 발생할 때까지 피보험 이익을 취득하지 않더라도 그 손해에 대한 보상을 보험자로부터 받을 수 있다. 그러나 보험 계약 당시에 피보험자가 손해가 발생한 사실을 알고 있으나 보험자는 모르고 있을 경우 손해에 대한 보상을 받지 못한다."라고 규정한다.

3. 해상손해

해상손해(maritime loss)는 해상운송으로 이동 간 발생된 피보험이익의 전부 혹은 일부가 손상 또는 멸실되어 피보험자에게 재산상 또는 경제상 불이익을 일으키는 것을 의미한다.

해상손해는 기본적으로 세 가지로 구분되는데, 물적 손해(physical loss), 비용손해(Expenses) 및 배상책임손해(Liability loss)로 나눠진다. 아래의 표로서 간략하게 정리해서 파악할 수 있을 것이다.

<table>
<tr><th colspan="3">손해 구분</th><th>주요 내용</th></tr>
<tr><td rowspan="4">물적 손해</td><td rowspan="2">분손
partial loss</td><td>단독 해손</td><td>공동 해손이 아닌 분손은 단독 해손이며, 피보험 목적물의 일부 멸실이나 손상에 의해 단독으로 부담하는 손해를 말한다.</td></tr>
<tr><td>공동 해손</td><td>여러 피보험 목적물이 공동의 안전을 위해 희생되었을 때 이해 관계자가 공동으로 그 손해액을 분담하는 손해를 말한다.</td></tr>
<tr><td rowspan="2">전손
total loss</td><td>현실 전손</td><td>현실 전손actual total loss은 보험 목적물이 파괴되어 상품 가치가 완전히 손상된 경우 또는 점유권 박탈 또는 선박이 행방불명 또는 상당한 기간 경과 후에도 소식이 없는 경우를 말한다.</td></tr>
<tr><td>추정 전손</td><td>해상보험에 있는 독특한 특성이며 손해로서 위부 행위[5]가 있는 경우 추정 전손이 인정된다.
영국 해상보험법 제60조 1항에 "추정 전손constructive total loss은 피보험 목적물의 현실 전손이 불가피하다고 간주되거나 또는 현실 전손을 면하기 위해 비용이 발생할 경우에는 그 소요 비용이 보험 목적물의 가액을 초과할 것으로 예상되어 합리적으로 위부할 경우 성립된다"라고 규정되어 있다.</td></tr>
</table>

5) 위부 행위(委付行爲): 피보험자가 보험 손해를 추정전손으로 처리하기 위해 피보험이익의 일체를 보험자에게 포기하는 행위가 위부 행위이다.

손해 구분		주요 내용
비용 손해	구조 비용	구조 행위의 주체자는 제3자여야 하며 구조 계약에 의거하지 않고 구조자가 해상법海上法상 회수 가능한 비용이며 보험자가 피보험자를 대신하여 구조자에게 지불한다.
	특별 비용	피보험 목적물의 보전과 안전을 위해 피보험자 또는 그를 위해 발생한 비용 중에서 공동 해손과 구조비 외의 비용을 말한다.
	손해 방지 비용	피보험자가 자신의 적하積荷 등에 대한 손해 방지 의무를 이행履行하다가 피보험자가 입은 비용 손해이다.
손해 배상 책임	충돌 손해 배상 책임	피보험 선박이 자신의 과실果實이나 쌍방의 과실로 다른 선박과 충돌해 피보험 선박과 상대 선박의 선주船主 및 그 화물에 손해를 입게 할 때 피보험자의 손해 배상금損害賠償金을 보험자가 보상報償해 주는 것을 말한다.

4. 해상보험 계약 체결 및 청구

1) 계약 체결 절차

해상보험 계약 체결은 피보험자가 보험회사에 적하보험청약서를 제출하고 보험료를 지불함으로써 시작된다. 적하보험청약서에는 아래의 내용이 기재되어야 한다.

① 피보험자명(수출입업체명)

② 선박명 및 출항예정일자

③ 출발항명 및 도착항명

④ 환적항명(경유 하는 경우)

⑤ 피보험화물의 수량, 품명 및 세부사항

⑥ 포장형태

⑦ 송장금액과 보험금액

⑧ 보험조건

⑨ 기타(필요 부수, 참조번호, 특별지시사항 등)

2) 확정과 예정보험

확정보험(definite insurance)은 청약서상 기재사항을 모두 알고 있는 보험을 말한다. 무역 거래에서 일부의 경우에 보험계약체결 시 모든 사항을 알 수 없는 경우에는 기재사항이 확정되면 바로 보험자에게 통고하는 것을 조건으로 하는 예정보험(open cover)이 있다.

예정보험에는 두 가지 계약으로 구분 가능한데, 포괄계약(open contract)과 개별계약(provisional contract)이 있다. 다시 개별계약에서 선박명이 확정되지 않은 경우는 선명미상보험(floating policy)라고 하며, 보험금액이 확정 안 된 경우에는 금액미상보험(unvalued policy)라고 한다.

포괄계약은 하루에도 여러 차례 선적이 되어 매 선적마다 해상보험 계약을 체결하는 것이 비효율적인 경우에 일정 화물에 대해 포괄적으로 보험계약을 체결하는 것을 의미한다. 이와 같은 포괄계약은 한꺼번에 화물이 자동적으로 부보되어 보험계약회사에서 보험료를 저렴하게 책정해 준다. 이러한 보험증권을 포괄보험증권(open policy)이라고 하며 포괄증권의 원본에 의해 별도의 상품이 부보되어 있는 것을 증명하는 약식서류를 보험증명서(insurance certificate)라고 부른다.

3) 적하보험조건

적하보험조건은 보험계약 체결로 부보(部保)의 범위를 의미하는데, 적하보험에서는 협회적하약관의 규정에 의거하여 Institute Cargo Clauses (A), (B), (C)의 3가지 기본 조건이 존재한다. 그러나 3가지 기본조건만으로는 손해에 대한 충분한 보상이 어렵기 때문에 특정위험을 담보받기 위해 할증보험료(additional premium)를 지불하고 아래의 부대조건을 보험계약에 포함시킬 수 있다.

부대 조건 구분	세부 내용
갑판적 화물에 대한 위험	일반 화물 외 물품은 갑판상 적재로 풍랑 등에 특약 담보 가능
동맹 파업 위험	파업이나 폭동으로 방화, 강탈의 위험의 특약 담보 가능
전쟁 위험	전쟁 위험은 특약에 의해 담보되기에 특약으로 담보 가능
도난, 발화,[6] 불착의 위험	'Theft, Pilferage, and Non-Delivery'[7]의 특약 담보 가능
파손의 위험	도자기, 유리, 기와(깨지기 쉬운 제품) 등은 특약으로 담보 가능
누손의 위험	주류, 석유, 알코올, 약품, 곡류 등은 특약으로 담보 가능
기타(굴곡, 증발, 기름 등)	굴곡, 증발, 기름, 빗물 등의 손실은 특약으로 담보 가능

4) 적하보험요율 체계

보험료는 실무상 후납이 인정되며 보험료 징수 전에 증권이 발급되고 보험료 이전에 발생한 손해도 보험금이 지급된다. 하지만 원칙적으로 해상보험체결과 동시에 보험금은 지불되어야 한다. 민법상 동시이행항변(冬時履行抗辯)의 원칙에 따라 보험료 징수 전에 발생한 손해에 대해 보험자가 보상의무의 이행을 거부 가능하도록 되어 있지만, 실제 무역거래에서는 보험료 지급전 발급된 보험계약이 일반적이며 보험계약이 되고 보험료 지급전에 발생한 손해에 대해서도 보험금이 지급된다.

6) 발하(拔荷) 또는 좀도둑: 포장꾸러기에서 일부 빠져나가는 것

7) 줄임말: TPND

보험료를 산출하는 근거로서 보험요율(保險料率, premium rate)은 아래의 사항을 고려하여 산출된다.

① 항로(시설, 거리, 항만, 지역적인 위험도) 평가
② 선박의 선형, 선령, 중량 및 국적 검토
③ 선적된 물품의 종류(포장상태 등) 체크
④ 기타 보험조건 등을 반영

한국의 적하보험 요율은 대한손해보험협회에서 산정한 요율이며, 이러한 전체적인 적하보험요율이 수록된 해상보험 요율서는 모든 보험사들의 요율을 정하는 기준이 된다. 한편 몇 가지 특수한 위험에 대해서는 재보험자와 협의한 요율이 적용 가능하도록 허용하여 부분적으로는 자유경쟁요율을 선택하도록 한다.

적하보험요율은 기본적 보험요율 외에 합리적인 보험요율 산정이 가능하도록 복합요율, 지역구분, 운송선박 및 방법, 할증 및 할인요율, 최저보험료, 및 부가조건에 대한 요율 등으로 나누어지는데, 아래와 같이 구분하여 설명 가능하다.

적하보험 요율 구분	세부 설명
복합 요율 적용	해상보험 기본 조건 외에 추가 조건이 결부된 복합 조건에 적용요율은 기본 조건(A)을 초과 불가하다. 다만 부가 위험(T/S[8]) 등)을 추가로 담보하는 경우에는 추가 보험료를 별도 적용한다.
지역 구분	지역별로 적하보험 요율이 다르게 적용된다(표 〈적하보험 요율 지역 구분〉 참조).
할증 및 할인 요율	지역, 보험 금액, 선박 종류 등에 따라 할증 요율 결정
최저 보험료	최저 보험료는 US $10.00으로 한다.

적하보험 요율 구분	세부 설명
부가 조건 및 부가 위험 요율	부가 조건 및 부가 위험의 요율을 적용하여 추가 보험료 부가
CIF 계약의 보험료 산정	CIF계약에서 수출업자는 수입업자를 위해 수출 금액의 CIF 가액에 희망이익 10%를 더하여 보험 계약을 체결한다. 이 보험금액에 소요되는 보험료를 산정할 때는 보험료 지수를 이용하게 된다.
기타(운송선박/방법)	갑판상 적재 화물 제한, 부선 화물, 컨테이너 화물에 따라 추가 보험율이 다르게 적용한다.

적하보험 요율 지역 구분

지역 구분	범위
보세 - 외항	보세 지역 외항 본선 인도
국내 연안	국내 연안 및 도서
일본	일본(오키나와 및 북위 45° 이남 러시아 극동 지역 포함)
대만, 홍콩	대만, 홍콩 및 사할린
동남아시아	동경 90° 남동아시아(대만, 홍콩 제외)
중동아시아	동경 90° 이서부터 포트 세이드까지의 아시아
호주 지역	호주 및 뉴질랜드
구라파	유럽 및 케이프타운 이서의 아프리카 지역과 지중해 연안
북미(동)	북미동(파나마 및 그레나다 포함)
북미(서)	북미서(하와이, 괌 및 파나마 포함)
남미(동)	남미동(아루바 포함)
남미(서)	남미서

출처: 현대해상보험 인터넷 자료 참조

8) T/S: Transshipment

5) 보험금 청구

해상보험을 가입하는 이유는 혹여나 발생할 수 있는 사고를 대비하여 보험금을 지급하는 것이다. 만일 사고가 발생하면 정당한 보험증서 소지인은 보험회사에 적격 서류를 제출하여 구상(求償, claim)을 신청해야 한다.

보험증권의 정당한 소지인은 담보화물에 손해가 생겼다는 사실을 알게 됨과 동시에 서면 또는 구도로 보험회사 또는 그의 대리점에 이러한 사항을 먼저 통지하고 추후 손해에 따라 보험자가 요청하는 청구서류를 준비해서 정식의 구상절차(求償節次)를 진행하면 된다. 이 경우에 서류는 수입인 경우 본사 또는 지점에 전달하며, 수출인 경우는 해외지점에 제출해야 한다.

물품의 피보험위험에 근인(近因)하여 손상된 것이 명확한 경우에는 보험사와 신속하게 협의하여 해사검정인(海事檢定人, marine surveyor)을 선정하여 검정보고서(survey report)를 작성하게 해야 한다. 검정보고서 내용에는 손해의 원인, 손상품, 정도 및 처리추천(處理推薦, recommendation) 등이 명확히 기재되어야 한다. 또한 이 서류가 보험금 지불 결정에 결정적 역할을 하므로 검정을 시행하는 경우에 보험사의 대리인과 화주가 동시 입회하여 진행하는 것이 일반적이다. 해상보험의 적확한 처리를 위해서는 관련 사고에 대한 정확한 보고서 작성이 우선적으로 선행되어야 하고, 일련 확인 과정에 요구되는 서류를 적시에 제출하는 것이 무엇보다 중요하다.

학습 문제

1. 해상보험의 개념을 적어 보세요.

2. 해상보험의 기본 원칙은 어떻게 되는가?

3. 해상손해에 대한 세부 내용을 정리하라.

4. 해상보험 계약 체결과 청구에 대해 설명해 보라.

제7장

수출통관 및 수입통관

1. 수출통관의 의미

수출통관은 선적 전 반드시 거쳐야 하는 절차 사항으로 주권국가로서 당연히 행사하는 권한이다. 국경선을 넘어가는 제품들이 통과증을 받아야 하며 사람이나 물품이 국경을 넘을 때 반드시 받아야 하는 허가증으로서 주권 국가의 당연한 권한이다. 또한 통관을 통해 대외적 신뢰도를 유지하는 목적이 있다. 수출 전량을 모두 검사할 수가 없으므로 수출의 최종 점검 단계인 통관을 통해 절차상 기록을 남기는 차원이라고 할 수 있다. 간혹 관세청에서 물품에 대해 무작위로 선정하여 검사품목으로 정하고 수량과 제품 확인 후 통관의 허가를 주기도 한다. 간략히 요약한다면 이는 국가의 신뢰도를 유지하는 목적이다.

1) 수출 신고 방법

통관 절차는 포괄적으로 설명하면 세관에 수출신고서를 작성하고 제출하여 물품검사 단계를 거치는 모든 일련의 단계를 의미한다. 한국의 관세법에서는 수출신고자의 자격을 화주 또는 관세사로 규정하고 있는데 현재 업계의 대부분은 통관 절차를 관세사에 맡겨 통관을 진행하고 있다. 왜냐하면 통관부서를 운영하는 인력 운영비용이 상대적으로 관세사에게 비용(통관수수료)을 지불하는 것보다 높기 때문이다.

관세사에게 통관을 맡기지 않고 회사가 따로 관세사를 고용하고 자가 통관하는 경우에는 통관 진행하는 것도 법적으로 인정된다.

2) 수출 신고 시 필요한 서류와 EDI 시스템

앞서 언급한 바와 같이 수출 신고 시 필요한 서류는 아래와 같다.

- 상업송장(Commercial invoice) 사본
- 물품적재장(packing list) 사본
- 세관용 E/L(Export License) 사본(수출제한승인품인 경우에 한함)
- 수출검사 합격증(수출검사법에 의한 검사대상 물품인 경우에 한함)
- 수출허가 추천서(타 법령에 의한 수출제한 물품인 경우에 한함)

3) 수출신고필증

수출신고필증은 세관장이 세관특수청인을 전자적으로 서명하여 수출업자에게 전달된다. 여기에서 중요한 부분은 수출신고가 수리된 (반)제품, 원재료 또는 상품들은 수출신고수리일로부터 30일 이내에 한국과 외국

간 왕래하는 운송수단에 적재되어야 한다(관세법 제 251조). 수출신고가 수리되더라도 적재가 되지 않으면 수출로 인정되지 못한다.

수출신고필증은 수출신고를 위한 모든 구체적 사항을 정확하게 숨김없이 기재하여야 한다. 수출 신고를 위해서는 수출신고인으로는 화주, 완제품 공급자, 관세사 등이 될 수 있다. 완제품 공급자는 수출물품을 선적할 때까지 수출업무처리를 조건으로 수출업자에게 물품을 제조하여 공급하는 경우가 많기 때문에 이들도 직접 수출신고가 가능하다(관세법 제 242조). 그러나 대개의 경우 수출신고는 관세사, 관세사(합동) 법인, 통관취급법인에 위탁하여 처리한다.

추가하자면 EDI(Electronic Data Interchange) 방식 수출신고를 위해 필요한 컴퓨터 등 전송설비를 갖추지 못한 영세 무역 업체는 무역협회 또는 주요 세관에서 운영하고 있는 수출신고 지원센터를 통하여 수출신고 가능하다.

수출신고필증은 수출을 위해 가장 기본적인 사항으로 수출자는 관세청의 아래의 해당하는 내용을 직접 기재하거나 관세사에 의뢰하여 정확하게 기재되도록 하여야 한다. 수출신고필증에 기재되어야 하는 내용은 아래와 같이 간략하게 나타낼 수 있다. 모든 선적과 체결된 계약 내용은 빠짐없이 기재되어야 하며 수출 전 반드시 수출신고필증이 발행되어야 수출이 정상적으로 진행되는 것이다.

수출신고필증 기재된 내용 요약

① 수출자, 제조자 및 구매자

② 수출국과 도착지(출항지, 적재항, 도착항) 기재

③ 거래구분, 결제 방법

④ 품명과 HS CODE 기재

⑤ 품목수량과 중량(물품 단위 기재)

⑥ 품목의 가격과 총 금액(FOB 기준)

⑦ 운송 정보(컨테이너 번호, 운송 신고인)

⑧ 수출신고필증 신고일자와 신고번호

⑨ 기타(환급 기관 및 검사 방법 기재)

4) 수출화물의 선적

(1) 운송계약체결

수출자는 고객과 계약 시 약정한 선적해야 할 일자가 다가오면 자신에게 가장 적합한 선박을 선정하여 선박회사와 운송계약을 체결하고 수출물품의 선적을 진행해야 한다. 운송계약은 수출자가 직접 선박회사와 체결하기도 하며 운송주선업자(포워더: forwarder)에게 운송과 선적에 있어서 전반적인 업무를 의뢰하기도 한다.

수출자는 선박회사 또는 운송주선업자에게 선적신청서(S/R: Shipping Request)를 보내어 개품운송계약을 하게 되는데 팩스나 이메일로 서명을 상호 받게 된다. S/R에는 일반적으로 수출품목, 수량, 품목, 선적 관련 내용 등의 구체적인 명세가 포함된다.

수출업자의 수출이 컨테이너 화물로써 FCL인 경우에는 선박회사는 필요한 공(空) 컨테이너를 수출업자의 공장이나 작업지로 보내고 수출자는 기기수도증(Equipment Interchange Receipt)에 서명해 준다. 수출업자는 물품을 컨테이너에 적재한 후 봉인(Sealing)한 후 이를 선박회사에 인도하게 된다.

선박회사(선사)는 수출자의 S/R에 따라 물품을 확인하여 운송선박의 책임자(일등 항해사)에게 화물을 적재하도록 선적지시서(Shipping order)를 발급한다. 선적지시서에는 화물의 명세, 검수인(檢數人, Tally man)이 검수한 용적(물품의 부피), 중량증명, 수출자의 회사명, 양륙항(揚陸港) 및 선적항(船積港) 등이 기재되게 된다. 본선의 책임자는 선적지시서 목록을 작성한 후 본선

내 적치 계획을 수립하여 화물을 적재한다. 여기에서 선적지시서는 수출자에게도 교부되는데 이것은 선사가 수출자(화주, 貨住)에게 교부하는 선적승낙서가 되는 것이다.

(2) 본선 적재

수출자는 선적지시서를 본선에 제출하고 일등항해사(chief mate)로부터 서명을 받아 물품을 선적하게 된다. 수출자로부터 수출 물품이 운송되어 본선 적재 시 화물이 선적지시서대로 운송되었는지 확인하기 위해 검수인의 입회하에 화물의 수량과 화물 상태를 조사하여 그 결과를 검수표(Tally sheet)로 작성하여 일등항해사에게 보고한다. 일등항해사는 이를 근거로 선사에 본선수취증(Mate's Receipt, M/R)을 보내고 선박회사는 이를 바탕으로 선하증권(Bill of Lading, B/L)을 발급하게 된다. 만일 선적지시서에 기재된 내용과 불일치하거나 물품과 포장에 파손 등의 하자가 있는 경우에는 본선수취증의 비고란에 기재되어 사고부 본선수취증(Foul M/R)이 발급되고 선하증권도 마찬가지로 사고부 선하증권(Foul B/L)이 발급된다.

(3) 적하목록 제출

수출품목의 선적이 완료되면 선사는 수출화물 적하목록(Manifest)을 정해진 기한까지 세관에 전자문서로 제출하게 된다. 적하목록의 제출시기는 해상화물은 적재 24시간 전까지 이고 근거리 지역 해상화물 또는 항공화물은 운송수단에 적재하기 전까지 이다.

Manifest는 선박 또는 비행기에 적재된 물품의 총괄목록이고 선사 또는 forwarder가 작성하게 된다. 선사는 선하증권(Master B/L)의 자료를 입력하고 포워더(Forwarder)는 House B/L 자료를 입력하게 된다. 각각 입력한 선적 관련 자료는 적하목록취합시스템에서 취합이 되고 완료된 취합자료가 Manifest로 세관에 전송된다.

추가적으로 선사나 포워더가 입력하여 제출한 선하증권의 일련번호에 따라 화물관리번호가 선하증권마다 자동으로 부여된다. 화물관리번호는 고유번호로서 중요한 의미를 가진다. 세관에서는 화물관리번호를 통해 물품의 유통경로를 확인하고 관세 등 세금을 부과하게 된다.

2. 수입통관

1) 수입통관의 의의

수입통관은 통상적으로 관세법에서는 규정하고 있는데, "수입통관은 외국물품을 우리나라에 반입(보세구역을 경유하는 것은 보세구역으로부터 반입하는 것을 말한다)하거나 우리나라에서 소비 또는 사용하는 것(우리나라의 운송수단 안에서의 소비 또는 사용을 포함하며, 제 239조 각 호의 어느 하나에 해당하는 소비 또는 사용은 제외한다)을 말한다"라고 규정되어 있다.

수입통관은 외국물품을 우리나라에 반입하는 것을 허용하는 세관장의 처분을 의미한다. 다시 말해서 수입통관이란 외국물품을 수입하고자 하는 자가 직접 또는 관세사 등을 통하여 세관장에게 수입신고를 하고 동 수입신고자가 관세법의 규정에 의거하여 적법하게 신고된 것으로 인정되는 경우에는 이를 수리함으로써 수입자가 보세구역에서 물품을 반출하여 국내사용 가능하도록 하는 것을 말한다.

2) 수입통관의 준비

(1) 적화목록의 제출

선장 또는 기장 등은 외국무역선 또는 외국무역기가 입항하였을 때에는 선용품 또는 기용품목록, 여객명부, 승무원명부, 승무원휴대품목록과 적화목록을 기재하여 최대한 빠른 시점에서 세관장에게 입항보고 해야 한다.

여기에서 적화목록(Manifest)은 화물을 운송하는 수단인 선박, 항공기 등에 적재된 화물의 총괄목록이다. 만약에 선사 또는 항공사가 Master B/L의 내역을 적은 선박 또는 항공기의 화물적재목록과 포워더(Forwarder)가 House B/L의 내역을 작성한 경우에는 '혼재화물적화목록'이라고 한다.

적화목록의 작성책임자는 다음과 같다. 수출입화물을 집하 및 운송하는 경우에는 운항선사와 항공사가 작성해야 한다. 공동배선의 경우에는 용선한 선박회사 및 항공사(대리점 포함)가 작성해야 한다. 또한 혼재화물의 경우에는 국제물류주선인(대리점 포함)이 된다. 적화목록 작성책임자는 지연제출에 대한 책임은 없지만 작성오류로 인한 적화목록 정정 신청 시에는 소정의 책임을 부담해야 한다. 이에 대하여 정정기간(입항 후 60일)을 초과해서 정정하거나 명백한 품명 오류 등 과태료 부과사유가 발생할 시에는 책임을 지게 된다. 다음 〈표〉는 운송형태별 작성책임자를 명시적으로 보여준다.

적화목록 작성책임자

운송 형태	작성책임자
수출입 화물을 집화·운송하는 경우	운항선사와 항공사
공동 배선의 경우	용선한 선박회사 및 항공사(대리점 포함)
혼재 화물의 경우	포워더(대리점 포함)

외국무역선의 경우에는 적재항에서 화물이 선박에 적재되기 24시간 전까지 선박입항 예정지 세관장에게 전자문서로 제출해야 한다. 하지만 근거리 지역(중국, 일본, 내만, 홍콩, 러시아, 극동지역 등)의 경우에는 적재항에서 선박이 출항하기 전까지, 산화물의 경우에는 선박이 입항하기 4시간 전까지 세관장에게 전자문서로 제출하여야 한다. 외국무역기의 경우에는 항공기가 입항하기 4시간 전까지 항공기 입항예정지 세관장에게 전자문서로 제출해야 하며 특송화물의 경우에는 1시간 전까지 이다.

3) 하역신고

(1) 하선(기) 의의

하선은 화물을 본선에서 양륙하여 하선 장소에 반입하는 것을 의미하며 적화목록 심사 완료 후에 하선작업이 가능하다. 선사가 화물을 하선하려고 하는 경우에는 Master B/L 단위의 적화목록을 바탕으로 하선장소를 기록한 하선신고서를 세관장에게 전자문서를 제출해야 한다. 여기에서 하선신고서 제출의무자는 기본적으로 운항선사 또는 공동배선사의 경우에는 용선선사가 되며, 운항선사(공동배선사)의 위임을 받은 하역업체가 된다.

(2) 하선 장소 결정

선박회사가 하선이 가능한 장소는 표 〈하선 장소 결정〉과 같이 나타낼 수 있다. 단지 부두내 보세구역이 존재하지 않는 경우에는 관할 구역 내 보세구역(보세구역 외 장치허가를 받은 장소 포함) 중 세관장이 지정한 장소로 한다.

하선 장소의 결정은 화물의 운송 및 적재형태에 따라 다르게 적용되며 컨테이너 화물의 경우에는 보세장치장인 CY, CFS에 하선하게 된다. 다만, 부두 사정상 컨테이너화물과 산화물을 동시에 취급하는 경우에는 보세구역 중 세관장이 지정한 보세구역에 하선을 하게 된다. 냉동컨테이너화물은 화주가 냉동컨테이너에서 화물을 적출 후 반입을 원하는 경우에는 냉동시설을 갖춘 보세구역에 하선한다. 산화물 등의 기타화물은 부두내에서 보세구역에 하선하는데 ODCY(부두에서 떨어진 컨테이너 야적장, Off Dock Container Yard)는 제외한다. 또한 액체, 분말 등의 형태로 본선에서 탱크 등 특수저장시설로 직송되는 물품의 경우에는 해당 저장시설을 갖춘 보세구역에 하선해야 한다.

하선 장소 결정

화물 형태	하선 장소
컨테이너화물	보세장치장(CY, CFS)
냉동컨테이너화물	냉동시설 갖춘 보세구역
산화물 등 기타 화뷸	부두 내 보세구역(ODCY 제외)
액체, 분말 등 특수저장시설로 직송되는 물품	해당 저장 시설 갖춘 보세구역

(3) 하기장소 결정

항공사가 물품을 적재하기 위한 장소는 항공기가 입항한 공항 항역 내 보세구역에 한한다. 예외적으로 인천국제공항은 김포공항 항역 내 보세구역도 포함한다.

(4) 하선장소 내 물품 구분장치

선박회사가 하선작업을 하기 위해서는 다음 중 어느 하나에 해당하는 물품별로 하선작업계획을 수립하여 하선장소 내에 구분 장치해야 한다.

하선장소 내 구분장치 필요물품

① 하선장소 內 통관할 물품

② 하선장소 內 CFS 반입대상 물품

③ 세관장이 지정한 장치장에 반입할 검사대상화물

④ 냉동, 냉장 물품

⑤ 위험 물품

⑥ 타 지역으로 보세 운송할 물품

⑦ 기타 세관장이 별도로 화물을 분류하도록 지시한 물품

(5) 하역장소 물품반입

하역업체는 입항일로부터 컨테이너 화물은 3일이며, 원목, 곡물, 원유 등 산화물의 경우는 10일 이내에 해당 물품을 하선장소로 반입해야 한다. 항공화물의 경우에는 항공기가 입항한 후 24시간 이내에 지정된 하기장소로 반입해야 한다. 물품을 인수받은 보세구역 관리인이나 운영인은 물품을 반입한 즉시 세관장에게 House B/L 단위로 반입 신고해야 한다. 단지 컨테이너 내장물품으로서 ① Master B/L 단위의 FCL 화물이나 ② LCL 화물 중 당해 컨테이너장치장의 CFS에 화물을 적출하거나 반입 작업을 하지 않는 화물은 Master B/L 단위로 반입이 가능하다.

(6) 보세운송

선박 도착 후 물품이 부두 밖의 ODCY(Off Dock Container Yard)로 이송되고 그 일부가 다시 일반보세창고로 이송되어 통관되는 경우에는 부두에서

보세구역까지 보세 운송해야 한다. 보세운송신고 또는 승인신청은 보세운송하고자 하는 화물이 장치되어 있거나 입항예정인 보세구역을 관할하는 세관(발송지세관)장 또는 보세운송 물품의 도착지보세구역을 관할하는 세관(도착지세관)장에게 해야 한다. 보세운송물품은 신고수리(승인)일로부터 해상화물은 10일, 항공화물은 5일 이내에 목적지에 도착하도록 하고 있다.

4) 수입통관절차

(1) 수입신고

수입신고는 수입화주 또는 관세사(통관취급법인 또는 관세사)의 명의로 한다.

수입신고를 하고자 하는 자는 관할 세관장으로부터 전자방식(인터넷 또는 EDI, Electronic Data Interchange)에 의한 수출입신고 업무처리를 위해 고유의 신고자부호(ID: Identification)를 받아야 한다. 인터넷 방식으로 신고하는 경우에는 "국가관세종합정보망의 이용 및 운영에 관한 고시"에 의거하여 인터넷통관 포털 서비스 이용신청을 하고 세관장의 승인을 요한다. 또한 전자문서로 기록된 신고 자료와 전자신고 등으로 처리 불가능한 송품장, 선하증권 또는 항공화물운송장, 원산지증명서, packing list(포장명세서), 기타 통관에 필요한 서류를 전자자료교환(EDI) 또는 인터넷 방식으로 관세청 통관시스템에 전자 제출하거나 전자이미지로 전송해야 한다. 전자이미지나 전자제출이 불가한 경우에는 서류로 제출이 가능하다.

수입신고는 선하증권(B/L) 1건에 대해 수입신고서 1건으로 처리된다. 단지 아래에 해당하는 경우는 선하증권 분할신고 및 수리가 가능하다.

선하증권 분할신고 및 수리 가능한 경우

- 선하증권을 분할한 경우에도 물품검사 및 과세가격 산출에 어려움이 없는 경우
- 검사, 검역 결과 일부만 합격되고 일부 불합격인 경우 또는 일부만 검사, 검역 신청하여 통관하는 경우
- 신고물품 중 일부만 통관 허용되고 일부 통관이 보류된 경우
- 일괄사후납부 적용·비적용 물품을 구분하여 신고하는 경우

수입신고 시기는 출항전신고, 입항전신고, 보세구역 도착전신고, 보세구역 장치 후 신고 중에서 필요한 신고방법을 선택하여 적용 가능하다. 구체적 내용은 표 〈수입 신고 시기〉로 요약, 정리하여 설명할 수 있다.

수입 신고 시기

수입 신고 시기 유형	내용 요약
출항 전 신고	수입 물품의 선박 또는 항공기 운송에서 당해 물품을 적재한 항구 또는 공항에서 출항하기 전 수입 신고하는 것을 말함.
입항 전 신고	수입 물품이 운송 수단을 통해 입항(항공화물은 적화목록 제출 시점, 해상화물은 하역 신고 시점 기준)하기 전 신고하는 것을 말함.
보세구역 도착 전 신고	수입 물품을 적재한 선박 또는 항공기 등이 입항하여 통관하기 위해 반입하고자 하는 보세구역에 도착하기 전 수입 신고하는 것을 말함.
보세구역 장치 후 신고	수입 물품을 보세구역에 장치한 후 수입 신고하는 것을 말함.

수입통관에서 수입신고기한은 수입물품의 지정장치장 또는 보세창고에 반입하거나 보세구역외 장치 허가를 받아 보세구역이 아닌 장소에 장치하는 자는 그 반입일 또는 장치일로부터 30일 이내이다. 만약 관세청장이 정하는 보세구역에 반입된 물품에 대해서 반입일 또는 장치로부터 30일이 경과하여 수입신고 하는 때에는 당해 물품의 과세가격의 100분의 2(2%)에

상당하는 금액의 범위 내에서 과세가격 및 장치기간을 고려하여 가산세를 납부해야 한다(관세법 제 241조 제4항).

수입한 물품에 대한 납부할 관세 등은 화주가 세액을 산출하여 수입신고 시에 동시에 신고하여야 한다. 수입통관을 관세사에 위임하는 경우에는 관세사가 화주를 대신하여 납세신고를 한다. 수입물품의 과세가격 확인이 가능하도록 수입신고 시 가격신고서도 같이 제출해야 한다. 관세청장이 가격신고서에 다음과 같은 과세자료를 첨부해야 한다.

가격신고서 첨부 자료

- 송품장
- 계약서
- 각종 비용의 금액 및 산출근거를 나타내는 증빙자료
- 기타 가격신고의 내용을 입증 가능한 자료

수입신고를 한 후 부득이한 사정으로 수입하기 어려운 경우에는 세관장에게 수입신고취하승인신청서를 제출하여 정당한 사유를 입증하면 승인을 얻어 수입신고를 취하 가능하다(관세법 제250조 제 1항). 세관장이 수입신고취하를 승인할 수 있는 사유는 아래와 같다.

수입신고취하 가능 사유

- 재해 등 기타 부득이한 사유로 수입물품이 멸실되거나 세관의 승인을 얻어 폐기하고자 하는 경우
- 통관보류, 통관요건 불합격, 수입금지물품 등의 사유로 반송 또는 폐기하고자 하는 경우
- 수입계약 내용과 상이한 물품, 오송물품, 변질 및 손상물품 등을 해외공급자 등에게 반송하고자 하는 경우

• 기타 그 밖의 정당한 사유가 있는 경우

마지막으로 세관장은 아래와 같이 특정한 사유에 의해 수입신고를 각하할 수 있으며 신고를 각하할 때에는 즉시 그 사실을 신고인에게 통고하고 통관시스템에 등록해야 한다.

수입 각하 사유

• 멸각(滅却), 폐기(廢棄), 공매(公賣) 및 경매낙찰(競賣落札), 몰수확정(沒收確定), 국고귀속(國庫歸屬)이 결정된 경우
• 출항 전 신고 또는 입항전신고의 요건을 갖추지 못한 경우
• 출항 전 신고 또는 입항전신고한 화물이 도착하지 않은 경우
• 사위(詐僞), 기타 부정한 방법으로 신고한 경우
• 기타 수입신고의 형식적(形式的) 요건을 갖추지 못한 경우

(2) 신고서의 처리 방법 및 심사사항

수입신고된 물품에 대한 신고서의 처리 방법은 첫 번째로 물품검사 및 심사, 두 번째로 심사, 세 번째로 전자통관심사로 구분된다. 한편 수입신고 처리 주무 또는 담당과장은 ① 물품심사 및 심사, ② 심사에 해당하는 신고서에 대해 신고물품에 대한 검사정보 등을 고려하여 신고서 처리 방법을 변경할 수 있다.

세관장은 무서류(Paperless, P/L) 신고물품의 신고사항을 검토 후 신고서에 의한 심사 또는 물품검사가 필요하다고 판단되는 경우에는 서류 제출을 요구도 가능하다. 이 경우에는 세관장은 전송된 신고 자료에 대해 다음과 같이 필요한 사항을 신고인에게 통보해야 한다.

※신고서에 의한 심사 or 물품검사 필요한 경우 신고인에게 아래의 사항을 통보 필요함.

- 접수여부 및 서류제출대상 여부
- 통관시스템에 의한 검사대상 여부
- 신고대상물품의 경우 납부서 번호
- 자동배부의 경우 신고서처리담당직원의 부호

수입신고는 원칙적으로 전자서류에 의한 P/L(무서류, Paperless) 신고로 한다. 그럼에도 불구하고 다음의 사항에 해당하는 물품은 전산시스템에 의해 서류제출대상으로 선별한다.

- 관세 등의 감면신청으로 수입신고수리 전에 세액심사를 하는 물품
- 부과고지 대상 물품 및 합의세율 적용 신청물품
- 관세법 제 226조의 규정에 의한 세관장 확인물품 중 요건 확인기관으로부터 요건구비를 증명하는 서류를 통관시스템에서 전자문서로 전송받을 수 없는 물품
- 원산지증명서류 대상물품(개성공업지구로부터 반입되는 임가공물 제외)
- 검사대상으로 선별된 물품
- 신고취하 또는 신고 각하된 후 다시 수입신고하는 물품
- 보세건설장에서의 수입물품, 신고수리전 반출승인물품, 보세판매장반입 물품 및 선(기)용품, 수입물품
- 일시수입통관증서(A. T. A Carnet)에 의하여 수입하는 물품
- 기타 세관장이 서류제출이 필요하다고 인정하는 물품

수입신고자는 세관장으로부터 서류 제출대상으로 선별된 수입신고서에 대해 아래의 수입자의 수입물품 및 수입형태에 해당되는 서류를 수입신고서에 첨부하여 세관장에게 제출해야 한다.

- 송품장
- 가격신고서
- 선하증권 부본 또는 항공화물운송장 부본(전자적 방법으로 제출한 경우에는 제외)
- 포장명세서(세관장이 필요 없다고 인정하는 경우 또는 전자적 방법으로 제출한 경우는 제외)
- 원산지 증명서
- 관세법 제226조의 규정에 의한 세관장 확인물품 및 확인 방법 지정고시 제3조의 규정에 의한 수입요건 구비서류
- 관세감면(분납) 및 용도세율적용신청서
- 합의에 의한 세율적용 승인서
- 납세담보확인서
- 킴벌리프로세스증명서(국제평화 및 안전유지 등의 의무이행을 위한 무역에 관한 특별조치고시 제1~2조): 다이아몬드 원석에 한함
- 할당, 양허관세 및 세율추천 증명서류 및 종축, 치어의 번식, 양식용 해당세율 증명서류(동 내역을 전산으로 확인 불가능한 때에 한함)

수입신고서에 대한 심사는 신고된 세번, 세율과 과세가격 등 신고사항의 적정성 여부, 법령에 의한 수입요건의 충족여부 등을 확인하기 위해 관련 서류나 분석결과를 검토하는 것을 의미한다. 수입심사는 아래의 내용을 중심으로 심사를 진행하게 된다.

- 수입신고서 작성요령에 따라 정확하게 작성되었는지 여부
- 제출 서류의 구비 및 신고서의 기재사항과 일치 여부
- 분석의뢰 필요성 유무
- 사전세액심사 대상물품의 품목분류, 세율, 과세가격, 세액, 감면, 분납신청의

적정성 여부

- 관세법 제 49조 제3호의 관세율을 적용 받는 물품의 품목분류 및 관세율 적용의 적정성 여부
- 관세법 제83조의 규정에 의해 용도세율 적용신청물품의 품목분류 및 용도세율 적용신청 유무
- 관세법 제226조 규정에 의해 세관장이 수입요건을 확인하는 물품의 품목분류 적정여부, 용도의 신고 여부 및 수입요건의 구비여부
- 관세법 제230조의 규정에 따른 원산지 표시와 관세법 제 230조의 2에 따르는 허위, 오인표시 및 관세법 제235조에 따른 지식재산권 침해여부
- 법령의 규정에 의한 감면신청서 및 세율적용추천서의 구비여부
- 검사대상물품의 품목분류 및 세율의 적정여부
- 기타 수입신고수리여부를 결정하기 위해 필요한 사항

신고물품이 물리적, 화학적 실험에 의해 그 내용을 확인해야 하고 전문적인 지식과 기술을 필요로 하는 경우에는 세관분석실에 분석 의뢰하거나 당해 물품의 전문가 의견을 수렴하여 처리가 가능하다. 분석은 신고수리 후 분석을 원칙이지만 다음에 해당하는 경우에는 신고수리 전에 분석한다. 첫 번째, 관세채권의 확보가 곤란할 것으로 예상하는 경우이며 두 번째, 물품의 특성상 수입제한품목일 가능성이 높은 경우이다.

신고인이 제출한 서류 및 자료에 대하여 심사사항의 확인이 어려운 경우에는 보완요구사항을 통관시스템에 입력하고 보완요구서를 신고인에게 전자문서로 알려야 한다. 다음은 보완 요구해야 하는 사항을 정리한 것이다.

- 신고서 심사결과 첨부서류 누락으로 증빙자료 보완 필요한 경우
- 신고서 항목의 기재사항이 미비한 경우
- P/L 신고를 서류제출신고로 변경하고자 하는 경우

(3) 물품검사

물품 검사는 수입신고된 물품 이외에 은닉된 제품이 없는지 여부와 수입신고사항과 현품이 일치하는지 확인하는 것이다.

물품검사수입 신고물품 중 검사대상은 수입신고자료 접수 시 통관시스템에 의해 선별하거나 신고처리 방법 결정시 세관공무원에 의해 선별된다. 만약 수입신고전 물품반출신고하는 경우에는 반출 신고 시 검사대상이 선별된다.

출항전 신고, 입항전 신고 또는 보세구역 도착전 신고물품으로서 정부에서 직접 수입하는 경우에는 군수품 및 물자수급계획상 긴급도입 물품과 선상에서 검사가 가능하다고 세관장이 인정하는 경우에는 물품의 선상에 적재한 상태에서 검사 가능하다.

검사대상물품은 전량검사, 발췌검사, 분석검사 또는 과학 장비에 의한 검사 방법으로 검사가 이뤄진다. 아래에 해당하는 물품은 2인 이상의 검사자를 지정하여 검사를 진행한다.

- 우범성(虞犯性) 정보가 있는 물품
- 전량검사 대상물품 또는 기타 수량과다 등으로 복수검사 필요한 경우

(4) 수입신고수리

세관장은 수입신고한 내용을 심사한 후 신고 수리하는 것으로 원칙으로 한다. 다만, 출항전 신고, 입항전 신고, 보세구역 도착전 신고물품에 대해 아래의 표(〈신고 수리 요건〉)에 따른 요건이 완료되는 경우에는 신고 수리한다. 신고수리의 효력발생시점은 통관시스템을 통해 신고인에게 신고수리가 통보된 시점이다.

신고 수리 요건

물품 종류	신고 수리 요건
출항 전 또는 입항 전 신고 물품	적화목록 심사가 완료된 때
보세구역 도착 전 신고 물품	수입 신고 심사가 완료된 때
세관장이 검사 대상으로 선별 또는 관리 대상 화물로 선별된 경우	해당 물품 검사가 종료된 후

원칙적으로 세관장은 수입신고를 수리한 때에는 세관특수청인에 관한 규정에 따른 세관특수청인을 전자적으로 날인한 후 신고필증을 교부한다. 다만 다음과 같은 경우에는 다르게 적용이 가능하다. 첫 번째, 부득이한 사정으로 신고필증을 전자적으로 교부할 수 없는 경우에는 수입신고서에 세관특수청인을 직접 날인하여 교부하게 된다. 두 번째, 신고물품의 규격 수가 50개를 초과하여 전산으로 입력하지 않고 신고서 및 신고필증에 상세 내역사항을 별도의 붙임서를 첨부하여 신고하는 경우에는 세관 특수청인을 전자적으로 날인한 증빙서류를 수입, 납세신고 정정신청서와 함께 보관하게 된다.

(5) 관세납부

수입신고한 물품의 화주는 물품에 대한 관세 등에 납세의무자가 된다. 신고납부는 관세 납세의무자가 수입신고 시에 스스로 과세표준 및 납부세액 등을 결정하여 세관장에게 신고하여 납부하는 제도이기에 자진신고납부제도라고 한다.

납세신고를 한 자는 수입신고가 수리된 날로부터 15일 이내에 관세 등을 국고수납은행 또는 우체국에 납부해야 한다. 납부 시에는 통관시스템에서 부여한 납세서 번호와 세액을 기재한 납부서를 제출해야 한다. 납세의무자는 수입신고가 수리되기 전에도 납부서를 출력하여 세액에 대해 납부 가능하다.

부과고지는 납세의무자가 세액을 정확하게 결정할 수 없는 물품의 경우 세관장이 세액을 결정하여 고지하고 납세의무자가 고지된 세액을 기일 내에 납부하는 제도이다. 세관장은 부과고지 대상물품에 대해 관세 등을 징수하려고 할 때에는 당해 물품의 세액을 확정하여 납부고지서를 납세의무자에게 교부해야 한다. 이에 대한 고지를 받은 자는 접수한 날부터 15일 이내에 당해 세액을 국고 수납은행 또는 우체국에 납부해야 한다.

(6) 물품 반출

보세구역에 장치된 물품은 수입신고가 수리된 날로부터 15일 이내에 반출해야 한다. 보세창고운영인은 수입신고 수리된 물품의 반출요청을 받은 때에는 세관화물정보시스템의 반출승인정보를 확인한 후 반출 전에 반출신고서를 전자문서로 제출해야 한다. 단지 자가용보세창고에 반입되어 수입신고 수리된 경우에는 반출신고는 생략 가능하다.

학습 문제

1. 수출통관의 개념을 설명해 보라.

2. 수출 신고 방법과 필요한 서류는 무엇인가?

3. 수입통관 절차는 어떻게 되는가?

4. 관세 납부에 대해 설명해 보라.

제8장

선하증권

1. 선하증권의 개념

선하증권(Bill of Lading, B/L)은 선박회사가 화주에게 발행해 주는 증서로서 화주가 선박회사와 운송계약을 체결하고 본선에 화물을 적재하면 선박회사는 화물을 안전하게 도착지까지 도착하겠다는 약정하는 의미에서 발급하는 증서이다.

해상무역은 중세이전에는 화주가 직접 운송을 진행했기 때문에 선하증권이 필요하지 않았지만, 중세 중기(中期)에 북해 발트해 중심으로 해상무역이 크게 증가하면서 독일의 여러 도시가 결성하여 한자동맹(Hanseatic League)시대에 접어들어 화주는 선장에게 화물을 운송하도록 위탁하였으며 선장은 그 증서로서 화주에게 화물을 위탁 받았다고 하는 증빙으로 선하증권을 발행하게 되었다.

국제무역에서 선하증권의 형식이 갖춰지게 되고 화물은 화물선에 의해

운송되면서 선하증권은 신속하게 우편선에 의해 목적지의 수하인에게 인도되었다.

항공기 운송이 발전하면서 선하증권이 화물보다 빨리 전달됨으로 인해 선하증권은 매매가 되기 시작하고 선하증권이 화물을 대표하는 권리 증권으로 유통, 유가증권의 성격을 갖게 되었다.

1924년 브뤼셀에서 선하증권의 통일조약이 제정되었고 화주와 선주간의 권리와 의무, 면책조항에 대한 한도가 정해졌다. 형식적 양식도 국제적으로 통일되어 현재의 선하증권의 형태로 발전되었다.

2. 선하증권의 주요 기능

선하증권은 무역거래에서 필수적인 운송서류로서 아래와 같은 다양한 기능을 가진다.

① 선하증권은 선주와 화주 간 운송계약이 체결된 것을 증명하는 증빙서류
② 선하증권은 운송된 물품의 권리를 주장할 수 있는 권리증권.
③ 선하증권은 운송수단에 선적된 화물의 수취증이며 선적된 화물의 수량과 상태에 관해 명세서의 역할

3. 선하증권의 법률적 성격

선하증권은 법률상 다양한 성격을 가지고 있는데 이를 요약하면 다음과 같다.

① **요식증권**: 선하증권은 유통을 전제로 발행되기 때문에 적어도 선하증권을 받은 제3자가 운송계약의 주요 내용을 명확히 인식 가능하도록 일정사항이 빠짐없이 기재되어야 한다.

② **채권, 처분 증권**: 선하증권의 소지자는 선박회사에 화물의 인도를 받을 수 있기 때문에 선하증권은 채권효력을 가지는 채권증권이다.

③ **요인증권**: 선하증권은 해상운송계약에 의하여 물품의 선적 또는 수탁을 전제로 발행되기에 법률상 요인증권이 된다. 이러한 요인이 없이 발행되는 선하증권은 당연히 위법행위가 된다.

④ **문언증권**: 화주와 선주의 의무는 선하증권상에 기록된 문언에 따라 이행되어야 하기 때문에 문언증권이다. 운송인은 당연히 선하증권의 소지인에 대하여 증권의 기록된 문언에 따라 책임을 지고 소지인은 지재 문언에 따라 권리 주장이 가능하다.

⑤ **상환, 인도증권**: 선화증권은 그 소지인이 물품의 인도를 청구할 때 운송인에게 선하증권을 반드시 제시해야 하는 상환증권이다. 운송인도 선하증권의 상환 없이 물품의 인도는 불가능하다. 선하증권의 인도는 물품의 인도와 동일한 효력을 가진다.

⑥ **유가, 유통증권**: 선하증권은 물품을 대표하는 유가증권이며 배서 또는 인도에 의해 소유권이 이전 가능한 유통증권이다.

4. 선하증권의 핵심 기재 내용

선하증권은 운송에 관한 필수적 사항을 앞면에 담고 있으며 뒷면에는 운송약관이 기재되어 있다. 아래의 내용은 선하증권에 반드시 언급되어야 하는 것들이다.

① 송하인(Shipper): 수출자, 즉 화주를 의미한다.

② 수하인(Consignee): 수입자, 즉 물품의 수령자가 된다.

(기명식: 수하인에 특정인을 기재하는 방식,

지시식: 수하인의 표기에 'To order' 또는 'To order of shipper' 등으로 표시하는 방식)

③ 선박명 및 국적: 선박의 명칭과 소속 국가 명시

④ 상품 및 포장명세서: 인식 가능한 상품명과 포장수량/단위

⑤ 통지선(Notify party): 물품 도착시 화물도착통지서를 받는 당사자를 말함.

⑥ 운임지불형태: 운임 및 기타 수수료 지불형태가 선불 또는 후불 여부를 선하증권에 명시함.

⑦ 작성지 및 작성연월일: 선하증권의 작성지역과 발급일자

⑧ 선적일자: 실제 출항일(on-board date) 명기

⑨ 선하증권의 작성통수: original, duplicate, triplicate 3통을 1세트로 발행되는데 선하증권의 하단에 표시됨.

⑩ 기타: 사본의 표시(non-negotiable)

선하증권은 운송서류의 핵심적인 서류로서 반드시 소지인은 운송인에게 제시해야 물품을 인도받을 수 있다. 수출자는 선박회사 또는 포워더와 선하증권을 접수함과 동시에 실제 선적과 일치 여부를 면밀하게 확인하고 발행되도록 해야 한다.

학습 문제

1. 선하증권의 일반적인 개념에 대해 서술하라.

2. 선하증권 주요 기능에 대해 설명하라.

3. 선하증권의 법률적 성격은 무엇인가?

4. 선하증권의 핵심적인 기재 내용을 요약하라.

제4부
국제생산 및 공급사슬관리

제1장 국제물류관리 기본 개념

제2장 글로벌 물류환경 및 물류산업

제3장 국제물류시스템과 국제물류네트워크

제4장 물류시스템의 최적화

제5장 디지털 전환의 시대

제6장 국제물류의 변화

제1장

국제생산

1. 생산의 개념

생산의 개념은 매우 포괄적이다. 이는 기업 활동 가운데 가치 창출을 담당하는 핵심 기능 중 하나로서, 제품을 창조하는 모든 관련 활동을 포괄한다. 보다 구체적으로 이러한 창조 활동에는 유형의 재화뿐만 아니라 무형의 서비스까지 포함된다.

2. 생산의 글로벌화

최근 기업의 경영활동 전반은 국경을 초월하여 전개되는 뚜렷한 국제화 경향을 보인다. 이러한 추세 속에서, 생산 프로세스의 일부를 외부 자원(아웃소싱, Outsourcing)에 위탁하는 것이 전략적으로 더 유리하다고 판단될 경우, 해외 생산기지를 통해 이를 수행하는 사례가 보편화되고 있다.

즉, 과거에는 생산 활동을 국내에 국한하는 것이 일반적인 관행이었으나, 최근 기업의 생산 패러다임은 해외에 직접 생산기지를 신설하여 운영하거나, 특정 제조 공정을 외부 전문업체에 위탁하여 부품 또는 완제품을 조달하는 형태로 신속하게 전환되고 있다.

대표적인 사례로, 삼성전자는 스마트폰을 대한민국 내에서만 생산하는 것이 아니라 브라질, 인도, 베트남, 인도네시아 등 전 세계 각지에 생산거점을 운영하고 있다. 또한, 과거 중국 톈진 및 후이저우에 있었던 공장을 2018년 이후 다른 지역으로 이전한 바 있다. 이는 생산기지의 국제적 재배치(Relocation)가 보편적 현상이 되었음을 시사하며, 생산 활동의 세계화가 심화·가속화되고 있는 현실을 단적으로 보여준다.

3. 물류의 중요성

글로벌 기업의 핵심 활동 중 하나인 생산활동이 전 세계적으로 빠르게 확산함에 따라, 물류활동의 중요성은 한층 더 두드러지고 있다. 기업의 주요 활동을 요약하면, 원자재 구매 관리에서 시작하여 생산 과정을 거쳐 최종 소비자에 이르기까지 제품의 전 과정을 통합적으로 관리해야 할 필요성이 대두된다. 이러한 통합 관리 활동을 일반적으로 공급사슬관리(Supply Chain Management, SCM)라고 부른다. 다시 말해, 구매 단계부터 최종 유통단계에 이르는 모든 과정을 대상으로 원자재 및 완제품의 이동을 기업 간 관점에서 통합적으로 조율 및 관리하는 것이 SCM의 본질이다.

이처럼 생산 활동과 물류 활동의 글로벌화가 심화하면서 글로벌 공급사슬관리라는 개념이 등장하였다. 따라서 기업은 자사뿐만 아니라 협력 기업의 생산·물류 활동을 국제적 차원에서 효과적이고 효율적으로 관리하는 과제를 안고 있다. 이는 고품질의 원·부자재를 적재적소에 공급함으로써 경쟁력을 확보하고, 생산 효율을 극대화하기 위해서 필수적인 전략적 이슈로 대두되고 있다.

4. 국제 생산의 전략적 목표 설정

기업이 국제경영 차원에서 글로벌 생산 네트워크를 설계·운영할 때 설정해야 할 전략적 목표는 다음과 같다.

첫째, 품질 최적화 목표이다. 글로벌 생산 거점에서의 품질 수준 제고를 최우선 과제로 삼는다. 이는 공급사슬 전반에서 불량률을 '제로(0)' 수준으로 억제하고, 고품질 생산 체계를 유지·관리하는 데 전사적 역량을 집중해야 함을 의미한다.

둘째, 비용 효율화 목표이다. 글로벌 생산 네트워크를 통한 비용 절감을 전략적 목표로 설정한다. 국내 생산 대비 규모의 경제와 공정 최적화를 달성함으로써 획기적인 제조원가 절감을 실현하고, 이를 통해 기업의 경쟁우위를 강화하는 데 초점을 맞춘다.

5. 글로벌 생산입지 선정

현지국에 진출하는 기업들은 고품질 생산을 유지하면서 비용 절감을 목표로 한다. 이것이 가능하기 위해서는 해외 생산입지를 선정하면서 반드시 고려해야 하는 요인이 다음과 같다. 첫째, 기술적 요인을 들 수 있다. 더 구체적으로 본다면 고정비 규모, 최소 적정규모, 기술의 유연성 등을 자세하게 검토해야 한다.

둘째, 국가적인 요인을 검토해야 한다. 다시 말하자면 진출국의 정치, 경제, 문화 요인 등을 종합적으로 고려해야 한다. 또한 노동시장의 숙련도 및 보조산업의 성숙도 등은 해외 직접투자 결정에 영향을 주는 외부적 요인이라고 볼 수 있다. 이러한 외부적 요인은 제조공장의 위치를 선정하는데 결정적인 역할을 한다.

셋째, 제품에 대한 요소를 검토해야 한다. 해외 생산입지를 결정하면서 두 가지 제품 특성이 고려되어야 한다.

① 물류비에 영향을 주는 제품의 가치 대비 무게 비율을 파악해야 한다. 즉 생산입지를 선정하면서 운송비를 포함한 총 물류비용을 산정하여 의사결정을 해야 한다.
② 제품에 대한 공통적인 욕구가 있는 제품인지를 검토해야 한다. 만약 공통적인 욕구에 해당하지 않는 제품의 경우에는 생산입지를 매우 선별적으로 까다롭게 선정해야만 한다.

6. 진출 국가 생산의 성공요인

1) 생산 시설 배치 전략(Configuration Strategy)

성공적인 현지 생산을 위해 다국적 기업은 다음 네 가지 지침을 준수해야 한다.

① 지리적 집중화(Geographic Concentration) 및 설비 표준화(Standardization)를 통해 품질은 극대화하고, 비용은 최소화한다.
② 현지 내수시장 규모가 충분히 크고 수출 경쟁력이 확보되는 조건을 충족하는 생산 기지를 구축한다.

③ 최종 고객과 주요 공급자에게 안정적으로 제품을 공급할 수 있는 물류·유통망을 확보한다.

④ 모든 국가에 직접 생산시설을 두기보다는, 생산과 수출 활동의 최적 조합을 통해 전 세계 시장을 효율적으로 공략한다.

2) 현지화 적합성(Compatibility)

현지 생산 전략의 성공을 위해 기업은 아래 다섯 가지 요소를 완비해야 한다.

① 신뢰성(Reliability): 현지 시장에서의 가격 책정과 납기 준수 능력

② 비용 및 효율성(Cost & Efficiency): 제조 원가 절감 및 공정 효율성

③ 품질(Quality): 제품·서비스 품질, 신속한 납기, 사후 유지보수 능력

④ 혁신성(Innovation): 현지 시장 특성에 부합하는 제품 및 아이디어 개발 능력

⑤ 유연성(Flexibility): 다품종 생산 및 생산량 조절이 가능한 생산 시스템

3) 조정(Adaptation)과 통제(Control)의 통합

① 조정(Adaptation): 현지 환경 변화에 신속히 대응하여 생산 활동을 유연하게 조정하는 역량

② 통제(Control): 구매, 보관, 생산, 선적에 이르는 공급사슬 전 과정을 통합 관리하여 일관된 운영 기준과 성과 관리를 구현하는 능력

학습 문제

1. 생산의 글로벌화의 개념을 서술하라.

2. 글로벌 물류의 중요성은 무엇이 있을까?

3. 글로벌 생산입지선정은 어떠해야 하는가?

4. 진출 국가 생산의 성공요인을 정리해 보라.

제2장

생산 및 품질관리

생산관리는 기업의 핵심 활동을 실행 단계에서 효율적으로 수행하기 위한 주요 경영기법 중 하나이다. 생산관리의 전체 구성 요소는 다음 세 가지로 요약될 수 있다.

첫째, 생산관리계획은 경영 실행에 있어 필수적인 요소이다. 구체적으로, 생산관리계획에는 시설 입지 선정(facility location), 설비 배치(equipment layout), 자재 소요 관리(material requirement management), 구매 관리(purchase management), 재고 관리(stock management) 및 품질 관리(quality management)가 포함된다. 이러한 활동은 기업의 핵심 실행 단계에서 수행되며, 조직의 성과 및 생산성에 직접적인 영향을 미친다.

둘째, 공정관리는 생산 활동을 통해 실질적인 결과물이 창출되는 과정으로, 투입 대비 산출을 극대화하여 생산성을 제고하는 것을 목적으로 한다. 기업은 이 단계에서 최대한의 성과 달성을 위해 공정 전반의 효율성을 집중적으로 관리한다.

셋째, 공정개선은 생산 완료 후 실적을 평가하여 도출된 문제를 분석하고, 이를 바탕으로 공정 변경 또는 혁신 방안을 실행하는 단계이다. 이 과정에서는 우선 정확한 문제 진단이 이루어져야 하며, 이후 기업이 보유한 자산과 역량을 검토하여 구체적인 개선 활동을 설계·수행한다.

이와 같이 기업은 먼저 전략적 목표에 부합하는 생산관리계획을 수립한 후, 공정관리 단계를 통해 계획을 실행하고, 최종적으로 공정개선을 통해 지속적인 성과 향상을 도모한다. 개선 과제가 확인되면 개선 활동 계획서를 작성하여 일정 관리 및 작업 관리를 통해 체계적으로 개선 작업을 진행한다.

1. 글로벌 전략과의 연계성

글로벌 기업의 생산관리계획은 기업의 전사적 전략과 유기적으로 연계되어야 하며, 그 실행에 있어 일관성을 확보해야 한다. 만약 생산관리계획이 기업 전략과 괴리될 경우, 조직이 설정한 궁극적인 목표 달성은 사실상 불가능해진다.

특별히 시설 입지는 전략적 목표를 효과적으로 달성할 수 있는 최적의 위치여야 한다. 설비 배치는 생산의 효과성과 효율성을 극대화할 수 있도록 설계되어야 한다. 자재소요관리는 기업이 목표로 하는 생산량을 기반으로 수립되어야 한다. 나아가 구매 관리는 전략적 판단에 근거한 데이터를 바탕으로, 공급자로부터의 구매량을 결정하고 실행해야 한다. 재고관리 및 품질관리 역시 전략 목표 달성을 지원하는 최적의 수준에서 관리되어야 한다.

2. 글로벌 생산성

국제 생산관리의 하위 개념인 공정관리에서 가장 핵심적인 성과지표는 생산성(Productivity)이다. 즉, 공정관리 단계에서 기업은 투입된 자재량 대비 산출량을 측정하며, 이는 자재 생산성으로 정의된다. 만약 노동투입량 대비 산출량을 측정할 때 이는 노동생산성이라 칭하며, 자본 투입으로 인해 창출된 생산량은 자본생산성으로 분류된다.

이처럼 다국적 기업은 다양한 성과지표를 통해 자재 생산성, 노동생산성, 자본생산성 등을 종합적으로 측정하고 관리한다. 이는 기업이 생산성을 핵심 경쟁 우위의 원천으로 인식하기 때문이다. 만약 생산성이 저하된다고 판단되면, 기업은 생산 활동 전반에서 생산성 저하의 근본 원인을 규명하고 이를 제거하기 위한 개선 활동을 전개한다. 생산과정 내 낭비 요소, 불량 발생에 따른 폐기 비용, 생산라인의 비효율적 운영 여부 등을 자세히 진단하는 과정이 이에 해당한다.

3. 글로벌 시장의 수요 예측

글로벌 기업은 정확한 수요 예측을 추구하지만, 이를 완벽하게 실현하는 것은 매우 어려운 과제이다. 현실의 경영환경에서는 황소채찍효과(Bullwhip Effect)가 발생할 가능성이 그대로 있기 때문이다. 여기서 황소채찍효과는 제조사, 유통업자, 딜러와 대리점 등 공급사슬 참여자 간 정보의 왜곡 및 증폭으로 인해 발생하는 현상이다. 즉, 최종소비자 단의 수요가 10% 증가했을 때, 유통업자는 20% 이상의 과잉 재고를, 제조사는 40% 이상의 과잉 생산을 하게 되는 정보 왜곡 현상을 의미한다. 결과적으로 제조 단에서는 불필요한 과잉 재고가 누적되는 비효율이 발생하며, 이러한 현상을 일반적으로 황소채찍효과라고 한다.

따라서 세계적 기업은 이러한 정보 왜곡에 따른 비효율을 최소화하기 위해 글로벌 공급사와 연계한 공급사슬관리(SCM)를 도입하여 실행한다. 다수의 기업은 국내 시장에 국한하지 않고 글로벌 공급사와 연계하여 상호 긴밀한 정보 공유를 목적으로 디지털 기술에 기반한 SCM IT 시스템을 구축하여 운영한다. 이를 통해 재고 및 자재 현황에 대한 정보를 실시간으로 공유하며, 운영 기업의 생산계획을 파악한 공급망 내 파트너사들은 이에 맞추어 공급 계획을 수립하고 이행하는 데 전사적 노력을 기울인다.

4. 글로벌 생산계획

국제경영을 수행하는 과정에서 글로벌 기업의 생산계획은 목표 달성을 위한 핵심 성공 요인(Critical Success Factor)이다. 생산계획의 미달성은 곧 목표 매출액 달성의 실패로 귀결되기 때문이다. 따라서 기업은 목표 생산량에 미치지 못하면 잔업 및 특별근무 등을 통해 생산량을 증대시키려 노력한다. 또한, 필요시 신규 인력을 충원하여 생산능력을 확충하는 데 총력을 기울인다. 생산계획은 가용 인력 및 생산역량 등 내부 자원을 종합적으로 고려하여 수립된다.

만약 보다 공격적인 생산 목표가 전략적으로 설정될 경우, 경영진은 생산라인 증설, 공장 신축 또는 확장 등 추가적인 설비투자를 검토하게 된다. 이러한 생산계획은 궁극적으로 기업의 전사 전략과 반드시 정합성(Alignment)을 가져야 한다.

5. 효과적인 품질관리

1) 개념

품질(Quality)의 정의는 학자별로 다른 관점에서 기술된다. 이러한 다양한 논의 속에서, 보편적으로 수용되는 품질의 개념은 다음과 같다. 품질이란 고객에 의해 평가되는 가치로서, 특정 제품(또는 서비스)이 고객이 지급하고자 하는 가격 수준에서 그 본연의 목적을 충실히 구현하는 정도를 의미한다.

2) 품질 수준의 결정

품질의 수준은 근본적으로 세 가지 차원에서 설명될 수 있다.

첫째, 설계품질(Quality of Design)은 고객 만족과 직접적으로 연관되며, 제품 또는 서비스가 고객의 기대를 충족시킬 수 있는 기능과 성능을 구현하도록 설계되었는지를 의미한다. 즉, 제품의 성능이 본래의 제공 목적에 부합하도록 설계되어 고객 만족을 끌어낸다면 설계품질은 높다고 평가된다. 이는 제조 단계에 앞서 설계 과정에서 고객마케팅 부서와 생산 부서의 요구사항을 충분히 반영하여 사용 적합성을 확보해야만 설계품질을 제고할 수 있음을 시사한다.

둘째, 적합품질(Quality of Conformance)은 설계 명세에 부합하도록 제품이 제작되었는지를 평가하는 개념이다. 따라서 적합품질은 제조품질(Quality of Manufacturing)이라고도 칭한다. 생산 부서에서 설계도 또는 제조 명세서의 기준을 정확히 준수하여 제품을 생산한다면 적합품질은 높다고 할 수 있다. 이를 위해서는 제조 공정에 최적화된 설계가 선행되어야 하며, 철저한 공정관리와 전사적 차원의 체계적인 품질관리가 수반되어야 한다.

셋째, 성과품질(Quality of Performance)은 실제 사용 환경에서 고객의 요구를 만족하는지를 의미한다. 이러한 맥락에서 성과품질은 사용품질(Quality of Use)과 동일한 개념으로 이해될 수 있다. 제품의 실제 사용 경험을 통해 고객이 만족하는 정도에 따라 품질 수준이 결정되는 것이다. 이는 우수한 설계와 높은 제조품질이 동시에 충족되어야만 달성할 수 있는 종합적 품질 개념이다. 어느 한 차원이라도 품질 수준이 미달할 경우, 높은 성과품질의 확보는 기대하기 어렵다.

상기한 바와 같이 품질 수준을 결정하는 요소는 설계품질, 적합품질, 성과품질로 구성된다. 만약 기업이 제공하는 제품 또는 서비스가 이 세 가지 차원의 품질을 모두 만족시킨다면, 이는 소비자의 요구를 충족시켜 궁극적으로 고객만족으로 귀결된다.

결론적으로, 기업의 제품 또는 서비스 품질이 시장에서 고객의 선호도를 확보한다면, 해당 기업은 경쟁 우위(Competitive Advantage)를 확보하게 된다. 따라서 장기적 관점에서 기업은 설계, 적합, 성과 품질 모두를 충족시키는 전사적 품질경영 체계를 지속적이고 총체적으로 실행해야 한다. 이를 소홀히 할 경우, 경쟁사에 대한 우위를 점차 상실하게 될 것이다.

3) TQM(Total Quality Management)

나날이 심화하는 글로벌 경쟁 환경 속에서, 기업의 품질관리는 더 이상 선택적 과제가 아닌 생존을 위한 필수 요건이 되었다. 전사적 품질관리는 일반적으로 TQM(Total Quality Management)으로 칭한다. 이는 생산 및 품질 부서에 국한되지 않고, 조직의 모든 부서와 구성원이 전사적 관점에서 프로세스를 설계하고 이를 철저히 운영·관리하는 총체적 품질경영을 의미한다.

전사적 품질관리는 Deming(1986)에 의해 체계적으로 제시되었으며, 현대 경영 및 품질관리의 핵심 패러다임으로 부상하였다.

그가 제시한 'Deming 경영 방식(Deming Management Method)'의 핵심인

PDCA 사이클은 수많은 기업에 지대한 영향을 미쳤으며, 현대적 전사적 품질경영의 원형이 되었다고 해도 과언이 아니다.

Deming은 품질관리의 순환적 프로세스로서 Plan(계획), Do(실행), Check(검토) 및 Act(조치)의 네 단계를 제시하였다. 성공적인 품질경영을 위해서는 최초 품질 설계를 수립한 후, 이를 기반으로 기업은 체계적인 품질(공정) 관리를 실행해야 한다. 그 실행 결과에 따라 엄격한 품질 검사를 통해 품질이 보증된 제품만을 출하해야 하며, 시장에서의 고객 만족도와 경쟁사 대비 품질 수준을 지속적으로 모니터링하여 문제 발생 여부를 파악해야 한다. 만약 이 과정에서 품질 문제가 지속적으로 식별될 경우, 바로 근본 원인을 분석하고 개선 활동을 실행해야 한다.

학습 문제

1. 품질관리의 글로벌 전략의 연계성은 어떠해야 하는가?

2. 글로벌 생산성 향상은 어떤 의미를 가지는가?

3. 글로벌 품질관리와 생산계획은 어떤 관계가 되는가?

4. 효과적인 품질관리를 위해서 기업은 무엇을 해야 하는가?

제3장

공급사슬관리

1. 공급사슬관리의 개념

공급사슬관리(SCM)는 고객 서비스 수준을 충족시키면서 시스템 전반의 비용을 최소화할 수 있도록, 제품이 정확한 수량으로, 정확한 장소에, 정확한 시간에 생산·유통되게 하기 위하여 공급자, 제조업자, 창고/보관업자, 소매상 등 공급망의 모든 참여 주체를 효율적으로 통합하기 위한 일련의 접근법으로 정의된다(Simchi-Levi et al., 1999).

위의 공급사슬관리 정의에 근거하여, 아래의 핵심 고려사항들을 고찰할 필요가 있다.

첫째, 공급사슬 시스템 전체 관점에서의 통합적 최적화가 요구된다는 점이다. 이는 공급사슬을 구성하는 모든 자원과 설비가 상호 유기적으로 연계되어 고려되어야 함을 의미한다. 또한, 고객 요구를 충족시키면서 총 비용을 최소화하기 위해서는 공급사슬의 특정 부분이 아닌 시스템 전반의 관점에서 최적화를 추구해야 한다. 즉, 공급사슬관리의 본질은 시스템적 접근(Systems Approach)에 있다.

둘째, 공급사슬관리의 총비용과 연관된 모든 자원 및 설비가 포괄적으로 고려되어야 한다. 공급망 내에서 최종 고객에게 제품 또는 서비스를 제공하는 과정에서 발생하는 모든 비용은 특정 기능이나 부문에 국한되지 않고, 공급사슬 전체의 관점에서 통합적으로 산출되어야 한다. 따라서 공급사슬에 포함된 모든 활동과 설비에서 발생하는 총비용을 체계적으로 분석하고 고려해야 한다.

셋째, 공급사슬관리는 기업 활동의 다양한 의사결정 수준과 연계되어 있다. 따라서 기업 활동은 전략적 수준(Strategic Level), 전술적 수준(Tactical Level), 운영적 수준(Operational Level)으로 구분하여 접근해야 한다. 여기서 전략적 수준은 최고 경영진이 담당하는 최상위 의사결정을, 전술적 수준은 중간관리자가 다루는 계획 차원의 의사결정을, 운영적 수준은 실무자가 수행하는 일상적 의사결정을 의미한다.

보다 구체적으로, 전략적 수준에서는 공급사슬의 기본 구조와 장기적 전략을 설계하는 의사결정이 이루어진다. 전술적 수준에서는 공급사슬계획과 관련된 구체적인 방침들이 결정된다. 마지막으로 운영적 수준은 공급사슬의 일상적 운영과 관련된 의사결정으로서, 일일 생산량, 인력 배정, 재고 수준 결정, 운송 계획 수립 등 실무 차원의 결정이 내려지는 단계이다.

2. 공급사슬관리의 핵심 문제

공급사슬관리는 그 본질상 다양한 어려움을 수반하는 것이 일반적이다. 이는 여러 구성 요소가 복합적으로 연계되어 있어, 특정 영역의 국지적인 문제라 할지라도 공급망 전체에 중대한 파급 효과를 미칠 수 있기 때문이다. 따라서 공급사슬관리에서 발생할 수 있는 주요 문제점은 아래와 같이 체계적으로 정리할 수 있다.

1) 시스템 전체 관점에서의 최적화 문제

공급사슬관리에서는 부분최적화와 전체최적화 간의 의사결정 문제가 보편적으로 발생한다. 부분최적화는 공급사슬의 특정 영역에서 최적화를 추구하는 의사결정을 의미하며, 전체최적화는 공급사슬 전체의 관점에서 최적화를 지향하는 의사결정이다. 따라서 현실에서는 부분최적화와 전체최적화 간 상충 관계가 필연적으로 발생한다. 공급사슬 내 참여 기업들은 상호 거래 관계에 놓여 있지만, 각자는 독립적인 의사결정 주체이기 때문이다. 이에 따라 이해 관계의 충돌이 발생할 가능성이 상존한다. 이러한 문제를 해결하고 공동의 이익을 추구하도록 유도하는 접근법이 바로 공급사슬 조정(Supply Chain Coordination)이다. 이러한 조정이 효과적으로 달성되려면 공급사슬 참여자 간의 상호 호혜적인 계약 수립이 선행되어야 하며, 전략적 제휴 및 긴밀한 협력 체계 구축을 통해 극복될 수 있다.

2) 기업 부문 간 통합

기업의 공급사슬관리는 각 기능 부문이 상호 유기적인 연계 하에 통합적으로 운영되어야 한다. 따라서 기업의 전사적 전략은 개별 기능별 전략과 논리적으로 연계되어 완성되어야 한다. 또한, 기업 내 각 부문은 상호 연결을 통해 정보를 공유하고, 제품 개발, 생산, 물류 등 제반 활동의 일정과 절차를 동기화하는 방식으로 운영되어야 한다.

만약 각 기능 부문이 조직 전체의 목표보다 부서의 이익을 우선시하는 부서 이기주의(Silo Effect)에 기반하여 독립적으로 운영될 경우, 심각한 정보의 비대칭성과 자원 낭비를 초래할 가능성이 매우 높다. 예를 들어, 마케팅 부서의 수요 예측 실패는 물류 부문의 과잉재고 또는 재고 부족 사태를 초래할 수 있다. 또한 생산 부문 역시 잘못된 수요 예측으로 인해 생산 과부하 또는 생산량 미달과 같은 심각한 문제에 직면할 수 있다. 따라서 디지털 기술을 활용하여 기업 부문 간 원활한 정보 공유를 지원하는 시스템의 고도화가 요구된다.

제품 설계 단계에서부터 공용 부품의 활용도를 극대화하는 방향으로 디자인을 개선하여 부품의 과도한 다양화를 지양하는 것이 바람직하다. 또한, 제품 설계 시 물류 부문의 선적 효율성을 고려한 규격 표준화를 통해 비용을 최소화하고 효율성을 극대화하는 방향으로 나아가야 한다.

3) 공급사슬관리의 위험 관리(Risk Management)

공급사슬관리에서는 자연재해, 팬데믹, 전쟁 등으로 인해 공급사슬 붕괴(Supply Chain Disruption)가 주기적으로 발생하고 있다. 이는 공급사슬관리가 내재하고 있는 잠재적 위험성을 단적으로 보여준다. 또한, 현재 안정적으로 운영되고 있는 공급사슬이라 할지라도 언제 새로운 위협 요인에 직면하게 될지 예측하기 어렵다. 이러한 점에서 공급사슬관리는 본질적으로 높은 불확실성을 내포한다고 볼 수 있다. 따라서 기업들은 이러한 위험에 대비하기 위해 완충재고(Buffer Stock)나 여유 생산능력(Spare Capacity) 등을 전략적으로 확보하고자 한다. 그리고 단일 공급자에 대한 의존도를 낮추기 위해 다중 조달(Multiple Sourcing) 전략을 활용한다. 따라서 최근 기업들은 공급사슬의 강건성(Robustness) 확보를 중요한 과제로 인식하고 있다. 더 나아가 공급사슬이 붕괴한 상황에서 신속하게 원상태로 복구하는 능력인 회복탄력성(Resilience)을 강화하는 방향으로 전략적 패러다임을 빠르게 전환하고 있다.

3. 공급사슬관리의 핵심 관리기법

1) 정보의 실시간 공유

공급사슬관리를 수행하는 기업들은 기업 간 실시간 정보 공유를 위해 디지털 기술을 적극 융합하고 있다. 이는 불확실성을 최소화하고 보다 효율적인 재고관리 및 생산관리를 실현하기 위함이다. 공급사슬 운영 기업들은 인공지능(AI)과 사물인터넷(IoT) 등 최첨단 정보기술을 동원하여 정보 지연 시간을 극복하고, 디지털화되지 않은 업무 영역에 대해서는 디지털 전환(Digital Transformation)을 위한 투자를 지속하고 있다. 이러한 노력은 실시간 정보 공유를 통해 불확실성을 제거하고, 공급사슬의 회복탄력성(Resilience)을 극대화하기 위한 전략적 방안이다.

2) 공급사슬관리의 재설계

공급사슬관리의 효율성 극대화를 위해서는 부문별, 기업 간 활동들의 최적화를 이뤄야 한다. 이것이 가능하기 위해서는 매우 정교한 공급사슬관리로의 전환을 위한 공급사슬 재설계가 필요하다. 이는 물류 네트워크의 재설계, 공정의 재설계, 제품디자인의 재설계 등의 포괄적인 재설계를 의미한다. 특히 생산 공정은 최대한 공통부품을 활용하는 방안으로 이끌어야 한다. 이것이 가능하기 위해서는 제품디자인 과정에서부터 철저한 관리가 요구된다.

공통부품에서 제품별 특화된 부품으로의 차별화 시점을 가능한 한 연기함으로써 공정 중 부품의 재고보유 필요량을 줄이고자 하는 것이 공급사슬관리의 중요한 공정 재설계 방안으로서 지연 차별화(delayed differentiation)라고 한다. 다시 말해서 가능하면 공통부품의 상태를 최대한 오래 유지하고 특정 제품별 특화 시점을 연기하여 리스크 풀링(risk pooling)의 효과를 극대화하는 것이다.

3) 공급사슬의 조정과 협력

공급사슬을 운영하는 기업의 목표는 공급사슬관리의 최적화를 달성하는 것이다. 이것이 가능하기 위해서는 공급망 내 조정(coordination)과 협력(cooperation)이 우선적으로 필요하다. 중요한 조정과 협력의 형태로 나타나는 것은 아래의 방법을 제시할 수 있다.

첫째, 공급자 재고관리(VMI: Vender Managed Inventory)를 예로 들 수 있다. 공급자 재고관리는 공급사와 수요사가 원자재와 완제품의 재고를 중복적으로 보유하는 것이 아니라, 수요사의 원자재 재고를 공급사가 직접 관리하도록 하는 방식이다. 이는 공급자로서는 수요사의 불확실한 주문량에 대응하기 위해 재고를 부담하기보다는 보다 안정적인 최종수요정보에 대응하여 선제적으로 재고관리를 수행하는 것이 더 유리해진다. 사실 VMI는 서비스 수준 향상 및 재고감축에 성과를 나타내고 있으며, 많은 다국적기업이 VMI를 도입하여 운영 중이다.

둘째, 협력적 수요 예측 시스템(CPFP: Collaborative Planning, Forecasting & Replenishment)은 다른 협력사들의 정보를 공유하여 수요 예측을 하는 것으로 예측의 정확도를 더욱 높이는 역할을 한다. 다른 기업들의 오랜 시간 축적된 경험을 상호 공유하여 수요 예측을 통해 Win-Win 전략으로서의 시스템을 도입하는 것이 조정과 협력의 한 예라고 볼 수 있다.

셋째, 조정을 목적으로 하는 계약의 설계를 말한다. 공급사슬관리에서 전체최적화를 위해서는 조정 계약의 필요성이 제기된다. 예를 들면, 환매정책(buyback policy)은 공급사가 남은 재고를 환불해 주는 방식으로 계약할 때는 안심하고 주문량을 늘릴 수도 있다. 다시 말해서 환매정책의 도입으로 인해 양사의 이익증가는 물론, 공급사슬 전체의 이익 증가도 가능해진다. 이는 적절한 계약 도입은 공급사슬의 구성원들에게 서로 이익이 되는 윈-윈의 실현하게 된다. 또한 공급사슬의 전체최적화 관점에서 조정의 한 예라고 할 것이다.

학습 문제

1. 공급사슬관리의 개념을 설명해 보라.

2. 현재 글로벌 기업에게는 공급사슬관리의 중요성이 강조되는가?

3. 공급사슬관리의 핵심문제는 일반적으로 무엇인가?

4. 공급사슬관리의 핵심 관리기법은 무엇인가?

제5부
국제금융

제1장

무역 결제

1. 무역 결제의 개념

국가 간 무역거래에 있어 정치, 경제, 문화, 상관습 등이 서로 상이하고 화폐도 다른 경우가 많아 무역 결제에 있어 상호 예상치 못한 상황을 접하게 되어 무역거래의 결제는 상당한 복잡성을 나타낸다.

국제 거래의 특성을 제대로 파악하기 위해서는 외국환 업무의 순환과정을 이해해야 한다. 이러한 업무에 있어 환율 격차상의 위험, 대금 결제시 복잡한 거래과정, 무역계약 체결시점과 물품인수까지 환율의 변동에 따른 가격 변동 등의 문제가 있다. 또한 각국의 외환수급 사정과 정치적인 이유로 시행되는 외환지급 정지 등 국가별 위험 등의 위험요소가 상존하는 것을 고려해야 한다.

2. 무역 결제 방법의 특징

무역 결제 방법은 크게 송금 결제 방식, 추심 결제 방식 및 신용장 결제 방식으로 세 가지로 구분 가능하며 그 특징과 내용을 요약하면 아래와 같다.

구분	송금 결제 방식	추심 결제 방식	신용장 결제 방식
대금 지급자	수입자Importer	수입자Importer	개설은행Issuing Bank
은행 지급 확약 (보증) 여부	지급 확약 없음	지급 확약 없음	은행이 지급 확약함
환어음 발행 여부	환어음 발행 없음	환어음 발행	신용장에 따라 다르게 적용
수수료 부담	낮은 수수료	신용장 결제 방식보다는 낮은 수수료	각종 수수료 지급으로 비교적 높은 수수료 발생
국제 규칙	없음	URC[1] 등	UCP,[2] ISBP[3] 등

[용어 해설]
1) URC(추심 통일 규칙, Uniform Rules for Collections), 2) UCP(신용장 통일 규칙, Uniform Customs and Practice for Documentary Credits), 3) ISBP(국제표준은행관행, International Standard Banking Practice)

3. 송금 결제 방식

1) 개요

송금 결제 방식은 수입자가 수출자에게 물품에 대한 반대급부로서 수출자의 외환계좌에 직접 송금하여 결제하는 방식이다. 이 방식은 다른 결제 방법에 비해 가장 수수료가 낮은 것이 특징이다.

2) 송금 결제 방식

송금 결제 방식은 크게 전신송금 방식(T/T: Telegraphic Transfer), 우편송금 방식(M/T: Mail Transfer), 송금수표(D/D: Demand Draft)로 구분된다.

전신송금 방식은 가장 일반적으로 많이 사용되는 결제 방법으로 우편방식보다 전신을 통해 지시되는 방식이며 전신송금 방식은 Wire Transfer 라고도 한다.

우편송금 방식은 수입자의 요청으로 송금은행이 우편환을 지급은행 앞으로 직접적으로 우편을 통해 보내는 방식이다.

송금수표 방식은 수입자가 송금은행에 대금을 지급하고 은행이 송금수표를 발행해 주면 수입자가 직접 수출자에게 우편으로 송부하고 수출자가 수출국 소재 은행에 가서 송금수표를 현금화하는 방법이다.

3) 결제 시기 구분

(1) 사전송금 방식(Payment in advance)

사전송금 방식은 무역거래대금을 물품의 선적이나 인도시점 전 미리 결제하는 방식으로 선지급 방식(Payment in advance), 주문시 지급 방식(Cash With Order) 등의 형태가 있다. 수출자(매도자)에게는 유리한 방식이지만 수입자에게는 불리한 결제형태이다. 그래서 수입자(매수자)의 위험을 경감하기 위해 수입자는 수출자에게 A/P bond(Advanced Payment Bond)[1]를 요구하여 선지급에 따른 위험을 관리할 수 있다.

---

1) A/P Bond(Advanced Payment Bond)는 선수금반환보증으로 계약상 채무자(수출자, 매도자)가 계약을 이행하지 못한 경우에는 이미 지급한 선수금을 매수자(수입자)에게 반환할 것을 내용으로 하는 것임(구종순, 2019 발췌).

(2) 동시 지급 방식

동시 지급 방식(Concurrent Payment)은 수출자가 물품을 인도하여 수입상이 확인 후 대금지급이 동시에 일어나는 것을 말한다. 동시 지급 방식은 현물상환지급 방식(COD: Cash On Delivery)과 서류상환지급 방식(CAD: Cash Against Documents), European D/P로 나누어진다.

첫 번째, 현물상환지급 방식은 수입자(매수자)가 물품을 확인하고 나서 물품의 인도와 상환으로 대금을 결제하는 방식이다. 수입자가 대금지급전에 제품의 품질을 확인하고 결제를 하는 형태의 무역거래에서 이러한 상환 방식이 채택된다. 예를 들면, 고가의 보석류나 귀금속 등은 품질을 확인하고 송금하는 방식으로 거래가 이뤄진다.

두 번째, 서류상환지급 방식은 수출자가 제품 선적하고 나서 선적서류를 제시하거나 송부하여 서류와의 상환으로서 대금을 결제하는 방식이다. 일반적으로 수출국에 주재하는 수입자의 대리인이 선적 전 검사(PSI: Pre-Shipment Inspection)한 후 대금을 지급함으로써 위험 관리(Risk Management)가 가능하다.

세 번째, European D/P 방식은 modified CAD(변형된 서류상환지급 방식)으로 수출자(매도인)가 물품을 선적하고 수입자의 거래은행에 서류를 발송함으로써 대금을 결제 받는 형태이다. 수출국의 추심의뢰은행 없이 바로 수입자의 수입국 은행으로 서류를 직접 배송하기 때문에 환어음을 발행하지 않아 인지세를 절감할 수 있는 장점이 있다.

(3) 사후 송금 방식(Later Remittance)

사후 송금 방식은 수출자가 수입자에게 제품 선적 또는 제품/운송서류를 인도한 후 일정한 기간이 경과하여 대금 결제하는 방식을 일컫는다.

사후 송금 방식은 환어음을 발행하지 않음으로써 수수료를 절감하며 추심 결제 방식의 기한부환어음 방식과는 다르다. 하지만 은행을 거치지 않고 수입자는 대금결제를 O/A(Open Account) 방식으로 결제하는 형태이기에 대금결제의 위험은 더욱 크다. 이러한 이유로 수출자는 대금을 안전하게 회수하기 위해 한국무역보험공사(K-sure)의 수출보험에 가입하는 방식으로 위험을 관리하기도 한다.

O/A 방식은 신용사회 풍토가 정착한 서유럽과 북미국가에서 주로 사용되는 방식이며 한국에서도 이 방식의 결제 비중이 늘어나고 있다.

O/A 방식의 장점은 거래가 단순하고 서류 작성, 심사에 따른 까다로운 절차를 줄일 수 있는 점이다. 또한 O/A 방식은 은행을 통한 추심 및 네고 진행에 따른 거래수수료가 들지 않아 비용절감이 가능하다.

반면에 O/A 방식의 단점은 수출자(매도인)는 제품을 수입자(매수인)에 우선 인도하고 대금결제를 수입자의 신용에만 의존하기 때문에 대금회수에 대한 위험은 수출자가 부담해야 한다는 점이다. 이런 위험을 관리하기 위해 수출자는 한국무역보험공사의 수출보험에 가입하는 것이 필요하다.

4. 추심 결제 방식

국제무역거래에서 신용장과 함께 사용되고 있는 결제 방식으로 화환어음(Documentary Bill)의 추심 방식이 있다. 이 추심 방식은 은행의 지급 확약이 없으며 수출자와 수입자가 매매계약에 의해 결제되는 방식이다. 수출자는 화환어음을 발행하여 수입자의 은행으로 화환어음을 보내어 수출대금을 추심하는 결제 방식이며 선적서류의 인도조건에 따라 지급도조건과 인수도조건으로 나눠진다.

1) 지급도조건(Documents against Payment, D/P)

지급도조건은 기본적으로 수출대금의 지급과 상환하여 운송서류를 수입자에게 인도하는 어음지급 서류인도조건이다. 즉, 지급도조건은 수출자가 매매계약에 의거하여 선적을 완료 후 일람불(At sight) 어음을 발행하여 운송서류와 함께 수출국 거래은행에 추심을 의뢰하면 거래은행은 수입자에게 어음을 제시하여 어음금액을 일람지급으로 받고 운송서류를 인도하게 된다.

D/P 방식의 거래에서 수입자는 반드시 대금지급을 해야 운송서류를 받을 수 있으며 물품도 인도받게 된다. 대금은 추심은행을 거쳐 수출업자에게 전달된다. 만일 수입자가 환어음에 대해 지급을 거절하면 관련 운송서류는 수출자에게 반송된다.

2) 인수도조건(Documents against Acceptance, D/A)

인수도조건은 수입자가 환어음에 대한 인수만으로도 관련 운송서류를 받을 수 있는 어음인수 서류인도조건이다. 인수도조건(D/A)은 D/P와 추심과정은 같지만 이 조건에서는 수출자가 기한부어음을 발행하고 수입자가 어음에 대하여 지급의 약속으로 'accepted'로 기재하고 서명날인 함으로써 운송서류를 인도 가능하고 만기일에 수입대금을 추심은행에 지급하게 된다.

그러므로 D/A는 기한부 거래에 해당하면 수입자는 인도받은 관련 운송서류를 가지고 물품을 찾아 고객들에게 판매가 가능하다. 수입자는 대금결제를 어음 기일 내에 추심은행에 결제하면 되고 수출자는 만기일 이후 수출대금을 추심의뢰은행을 통해 지급받게 된다.

3) 화환어음 추심 방식의 특징

신용장 방식의 결제 방식과는 다르게 화환어음 추심 방식 거래는 당사자 간 매매계약에 의해서만 거래가 이뤄지기 때문에 선수출계약서에 의한 거래라고도 하는데 다음과 같은 특징을 가지고 있다.

첫 번째, 신용장 거래에서는 수입자를 대신하여 개설은행이 지급확약을 하지만 화환어음 추심 방식에서는 추심의뢰은행 및 추심은행은 단순히 수출대금을 추심만 하고 지급 상의 책임은 없다.

두 번째, 신용장 거래에서 발행되는 화환어음은 개설은행이 지급인이 되지만 화환어음 추심 방식 거래에서는 수입자가 지급인이 된다.

세 번째, 화환어음 추심 방식 거래에서는 수입자가 운송서류의 인수 거부를 할 수도 있기 때문에 추심이 완료되어야 대금이 수출자의 은행계좌로 입금이 된다. 반면에 신용장 거래에서는 개설은행의 지급확약으로 매입은행이 수출자로부터 환어음과 관련 운송서류를 매입할 때 수출대금이 지급이 된다.

네 번째, 신용장의 독립성과 추상성의 원칙으로 수입자는 개설은행이 제시한 관련 운송서류의 인수를 거부할 수 없다. 하지만 화환어음 추심 방식 거래의 수입자는 추심은행이 제시한 환어음과 접수받은 운송서류의 인수를 특정한 이유가 있는 경우에는 거절하기도 한다.

5. 신용장 결제 방식

1) 신용장 의의

신용장(Letter of Credit)은 무역대금 지급의 원활화와 상호 안전성을 위해 수입자의 지시(instruction)와 요청(request)으로 개설은행이 수입자(importer, 매수자)가 지시한 자 또는 수출자(exporter, 매도자)에게 일정기간(period)과 일정조건(condition)으로 수입물품과 관련된 선적서류를 담보(擔保)로 하여 발행은행(issuing bank)이나 동(同) 발행은행이 지정하는 환거래은행을 지급인으로 하는 화환어음을 발행하도록 하는 것으로 해당 환어음이 제시될 때에는 지급(payment), 인수(acceptance), 또는 매입(negotiation)할 것을 어음발행인(drawer)과 어음수취인(payee)에게 약정하는 증서이다.

다시 말하자면 수출자가 물품 선적 후 신용장(信用狀)의 요구에 일치하는 선적서류를 준비해서 제시하는 경우 수입상을 대신해서 개설은행(issuing bank)은 지급의 이행 또는 신용장에 의거하여 발행된 환어음의 지급, 인수를 수출상 또는 환어음 매입은행(買入銀行, negotiating bank) 및 선의(善意)의 어음 소지인(bona-fide holder)에게 약정하는 일종의 확약서(確約書)이다.

2) 신용장의 특징

신용장은 국제규칙으로 〈화환신용장에 관한 통일규칙 및 관례(Uniform Customs and Practice for Documentary Credits; UCP 600)〉이 적용된다. 전자상거래 및 전자적 상거래 질서의 확산으로 UCP 500의 추록으로 "전자적 제지를 위한 화환신용장 통일규칙 및 관례의 추록(Supplement to UCP 500 for Electronic Presentation)"이 국제적으로 통용되어 적용되기에 이르렀다.

신용장은 개설은행의 확약에 따라 수출상의 대금결제 요구에 대응하여 결제하는 것이지만 아래의 요건이 충족되어야만 개설은행은 수출자에게 대금지급을 실행할 수 있다.

① 신용장에 기재된 서류는 반드시 제출되어야 한다.

② 신용장의 일정한 조건과 일정을 충족해야 한다.

③ 서류의 제출처는 발행은행 혹은 지정은행이 되어야 하는 조건부 지급확약서이다.

3) 신용장의 필요성

무역거래는 국가 간 거래이면서 수출상과 수입상의 두 주체가 상호 신용을 바탕으로 이뤄지는 것이다. 이러한 거래는 상당히 복잡하고 위험의 요소가 많은 부분에 상존해 있다.

특히 수출상은 물품의 생산과 선적 행위를 모두 완료한 후 수입상으로부터 사후 송금 방식으로 했을 때 물품 대금 결제를 받지 못한다면 큰 손실에 봉착하게 된다. 이러한 위험은 모든 수출상의 관심사이며 수출상은 최대한 위험을 최소화하고자 하는 것이다.

신용장은 신뢰가 높은 개설은행이 지급을 확약하는 것으로서 수출상은 수입상이 신용장을 개설하여 전해오면 거래에 대해 안전성을 갖게 된다. 또한 수입상도 신용장에 일정한 일정과 조건을 제시함으로써 거래의 안전성을 확보하여 수입을 안심하고 진행할 수 있다.

개설은행의 입장에서도 신용장 개설과 지급, 매입 및 추심 등의 업무 진행으로 각종 수수료를 받게 되어 은행의 수익을 높이는 결과를 가져오게 된다.

이와 같이 신용장은 수출상에게는 높은 신뢰성을 보유하고 있는 은행과 무역업무 수행을 통해 수출상의 무역활동에 신뢰성을 부여해 주고, 대금 결제의 미이행에 대한 불안함을 해소시켜 주는 장점이 있다. 또한 수입상에게도 수입의 안전성을 은행이라고 하는 공식적 기관이 확보하도록 해 줌으로서 안심하고 무역을 진행하도록 해 준다. 은행도 신용장 업무를 중간에서 진행해 줌으로써 각종 수수료와 외환취급수수료 등의 수익을 확보하게 되어 수익성을 높일 수 있다.

4) 신용장의 기능

신용장은 무역 당사자에게 다양한 기능을 수행하게 되는데 아래와 같이 두 가지 기능으로 설명이 가능하다.

기능	세부 내용
대금 결제 기능 Means of settlement	신용장 거래에서 개설은행은 제3자로서 수출자가 일치되는 서류를 제시함으로써 수입자를 대신하여 결제를 완료한다.
신용 편의 기능 Credit facility	수출상은 수출과 동시에 은행에 환어음 매입하여 자금 확보가 가능하고, 수입상은 수입 화물 대도Trust Receipt, T/R로 결제 전이라도 수입 물품 처분 가능하고 수입 물품의 담보권은 상실하지 않는다.

5) 신용장 거래 절차

수출자와 수입자의 매매계약 개시부터 마지막 결제 완료까지 순환과정을 아래와 같이 간략하게 나타낼 수 있다.

① 매매계약체결: 수익자(수출자)는 개설의뢰인(수입자)과 계약을 체결하는데, 계약조건에 결제 관련 내용이 명확하게 나타나야 한다(일람불 신용장, Usance(기한부) 신용장 등)

② 신용장 개설: 수입자의 요청으로 개설은행에 신용장 개설신청을 하는데, 은행에 신용장개설신청서, 계약서 등의 서류가 필요하다. 신용장 개설 방식에는 우편, 전신(SWIFT) 방식이 있다.

③ 신용장 개설 통지: 개설은행은 수익자(수출자)에게 신용장 개설 통지를 위해 통지은행(Advising bank)에 신용장을 통지한다.

④ 신용장 도착 통지: 통지은행은 수익자(수출자)에게 신용장이 도착하였음을 전화 또는 우편으로 신용장도착통지(arrival notice) 한다.

⑤ 물품선적 후 환어음발행 및 서류제시: 수익자는 물품 선적후 선박회사(또는 포워더)로부터 선적서류를 받고 신용장에 일치하는 모든 서류를 준비하여 매입은행에 제시하고 환어음을 발행한 후 결제대금을 청구한다(nego 의뢰의 경우).

⑥ 결제 또는 매입 진행(신용장 일치 여부 확인 후 결제 or 매입)

⑦ 환어음 및 선적서류 송부(지정은행이 개설은행으로 서류송부)

⑧ 신용장대금 상환(개설은행은 자기자금으로 만기에 대금상환)

⑨ 서류도착 통지(개설은행은 개설의뢰인에게 대금결제 요청)

⑩ 대금 결제 및 서류인수(개설의뢰인의 대금결제후 서류인수)

6) 신용장 종류

신용장은 여러 기준에 의해 구분해서 사용되는데, 크게 선적서류 첨부여부, 취소 가능 여부, 결제 방법, 결제 시기 및 양도 가능 여부로 나눠진다. 다음 표 〈신용장 종류〉는 각 신용장의 종류와 세부 내용을 정리하여 작성하였다. 신용장은 다양한 방법으로 구분되며 계약조건과 계약형태에 맞는 적합한 신용장이 개설되도록 해야 하며 정확히 확인하고 진행해야 한다.

신용장 종류

구분	용어	세부 내용 설명
선적 서류 첨부 여부	화환 신용장 Documentary L/C	환어음+선적 서류
	무환 신용장 Clean L/C	보증신용Standby L/C, 담보 없이 지급 확약으로 위험성 높음
취소 가능 여부	취소 가능 신용장 Revocable L/C	언제든지 신용장 내용 정정 가능
	취소 불능 신용장 Irrevocable L/C	일방적으로 내용 수정, 취소 불가

구분	용어	세부 내용 설명
결제 방법	일람 지급 신용장 Sight Payment L/C	일람불로 대금을 받을 수 있음
	연 지급 신용장 Deferred Payment L/C	연 지급 확약으로 만기에 지급, 환어음 無
	인수 신용장 Acceptance L/C	인수은행이 기한부 환어음 인수하고 어음 만기에 지급 (환어음 有)
	매입 신용장 Negotiation L/C	환어음 할인하는 방식으로 구매하는 신용장
결제 시기	일람 지급 신용장 Sight L/C	서류나 환어음 제시하면 바로 대금 지급하는 신용장
	기한부 신용장 Usance L/C	서류나 환어음 일단 인수하고 일정 기간 후 지급하는 신용장(Shipper's Usance: 신용 공여 주체는 수출자, Banker's Usance: 신용 공여 주체는 은행)
양도 가능 여부	양도 가능 신용장 Transferable L/C	수익자의 권리를 제3자에게 양도 가능 ("Transferable" 문구 有)
	양도 불가능 신용장 Non-transferable L/C	양도 불가능

7) 신용장 조건 해석

(1) 일반원칙

신용장은 독립, 추상성의 원칙에 의하여 서류상 거래이기에 은행은 서류의 심사만으로 대금 지급 여부를 결정한다. 오직 신용장상 조건에 따라 결정되므로 거래당사자 간 권리 및 의무와 대금지급 관련된 제반사항은 아래의 원칙에 의해 신용장을 해석해야 한다.

신용장 해석과 관련한 규정의 우선순위는 계약자유의 원칙에 따라 당사자 간 약정이 우선 적용된다. 그러나 당사자 간 약정의 내용이 매매당사국의 강행법규에 위반되는 경우 강행법규의 규정을 우선적으로 적용한다. 신용장 해석의 원칙 적용에 대해서는 아래의 순서대로 법 적용이 가능하다.

① 매매당사국 국내강행법규
② 신용장 자체 조건(condition, 약정 사항)
③ UCP(uniform customs and practice for documentary credits, 신용장 통일 규칙)
④ ISBP(International Standard Banking Practice, 국제표준은행관행)
⑤ ICC opinions(International Chamber of Commerce, 국제상공회의소 의견)

(2) 금액과 수량의 해석

신용장에서 만약 금액과 수량의 표시에서 "about", "Approximately" 등의 표현은 금액과 수량이 10%를 초과하지 않은 범위 내에서 많거나 적은 편차를 허용한다고 본다. 만약 신용장에서 수량을 포장단위 또는 개별단위의 특정수량을 특정하지 않은 경우 청구금액의 총액이 신용장 금액을 초과하지 않는 경우 수량은 5%를 초과하지 않는 범위에서 편차를 허용한다고 해석한다.

(3) 기간 및 기일의 해석

신용장에서 기간 해석은 중요한 요소 중 하나이며 수출자는 신용장 네고시 하자가 발생하지 않도록 관리해야 한다. 아래의 내용은 기간 해석에 관한 용어를 간략하게 정리한 것이다.

① Before, after: 선적일자는 당해 일자는 제외됨.
② From, after: 만기 일자에서 당해 일자는 제외됨.

③ To, until, till, from, between, by: 선적일자에서 당해일자 포함

④ prompt, immediately, as soon as possible:막연한 용어로서 은행은 이를 고려하지 않음.

⑤ on or about: 선적이 지정일로부터 5일 전후 기간 內 선적되어야 한다고 해석

⑥ on or before(=by): 최종선적일을 의미함

⑦ not later than: 최종선적일을 의미함

⑧ within: 특정일자 앞의 within은 해당 일자 포함됨. Shipment is to be made within 25th of June: 6월 25일 내 선적완료 되어야 함(6월 25일 포함)

(4) 기타

신용장에서 기본적으로 분할 청구와 분할 선적은 가능하다. 하지만 신용장에서 '분할선적, 분할청구 불가'라고 명시되어 있으면 분할 선적을 하면 안 된다. 당사자 간 거래계약이 우선적으로 적용되므로 신용장으로 거래 시 문구를 정확하게 파악하고 진행해야 한다.

또한 서류 발행에 있어 서류발행인을 표현함에 있어 모호한 표현은 허용되지 않는다. 예를 들면, Wise(현명한), Gentle(신사적), Honest(정직한) 등의 주관적이고 모호한 표현은 신용장에서 표현해서는 안 된다.

8) 신용장 조건 변경

신용장 조건 변경은 신용장 개설한 후 기존 조건을 변경하거나 삭제하는 것을 의미한다. 하지만 무조건 조건을 변경이 가능한 것은 아니며 아래의 요건을 충족해야 한다.

① 취소불능신용장의 경우 개설은행, 확인은행, 수익자의 동의가 있어야 조건 변경

또는 취소 가능함.

② 수익자는 반드시 조건 변경에 대해 승낙이나 거절 표시해야 함. 일정기간內 거절 의사표시 하지 않을 시는 아래와 같다.

- 변경된 조건대로 서류 제시 경우: 조건 변경을 승낙으로 봄
- 원신용장의 조건대로 서류 제시 경우: 조건 변경 거절로 봄

③ 신용장 문구 중 일정 시간 내에 조건 변경을 거절하지 않는다면 조건 변경이 효력을 가진다고 규정되어 있더라도 무시됨.

④ 조건 변경의 일부분만 승낙하는 것은 조건 변경 거절로 본다. 조건 변경의 전부를 승낙하거나 거절해야 함.

9) 신용장 독소조항

신용장은 매매계약과 별도의 거래로 판단되어 독립성과 추상성의 원칙을 가지고 있다. 수입자는 시장의 상황이 자신의 사업영역에서 불리하게 흘러가는 경우 계약서와 다른 내용이나 이행하기 어려운 문구를 삽입하는 경우가 있다. 이를 대비하기 위해 수출자는 반드시 신용장의 문구를 면밀하고 조심스럽게 검토하는 것이 필요하다. 아래의 표는 대표적인 독소조항의 예시를 간략하게 보여주고 있다.

① 수입자의 상황에 따른 조건
(예를 들면, '수입자가 수입승인을 받아야 신용장이 유효하다' 등의 수입자의 상황에 따라 변화되는 독소조항임)

② 운송 서류에 수출자로서 받기 어려운 특정인의 서명 요구
(예를 들면, '송장에 수입국 agent의 서명을 받아야 한다' 등의 수출상으로서는 불가능한 조건의 독소조항임)

③ 불가능한 추가지시사항 요구

(예를 들면, '추가적인 지시가 있어야 선적이 가능하다' 등의 수입자의 승낙 없이 선적이 불가하다는 것은 수출자에게 불리하면 독소조항임)

④ 다른 신용장과 연계해서 선적 요구하는 사항
(예를 들면, '해당 선적은 다른 신용장(LC no. xxx)도 동시 선적해야 한다' 등의 불가한 조건은 독소조항임)

⑤ 원본(original) 선하증권(Bill of lading)을 개설은행 경유 없이 직접 수입자에게 특급배송으로 보내야 한다는 조건의 독소조항

6. 기타 특수결제 방식

1) 국제팩토링 방식

국제팩토링은 팩토링회사가 수출자의 매출채권을 할인하여 인수함으로써 매출채권을 관리해 주고 대금을 회수하는 업무를 대행하는 종합금융서비스를 일컫는다.

매도자(수출자)는 매수자(수입자)에게 제품을 수출하고 외상매출 채권을 팩토링 회사에 양도한다. 양도받은 금융기관(factoring company)은 매도자에게 신용담보하거나 채권에 상당하는 금액을 수수료를 받고 매도자에게 미리 지급해 주는 전도금융(前渡金融)의 서비스를 제공한다. 또한 외상매출 채권관리 추심 등의 서비스도 팩토링 회사의 업무 중 하나이다.

국제팩토링을 사용하는 이유는 수출자는 신용장 거래로 대금회수불능 위험을 회피하고자 하지만 수입자의 경우 신용장 발행에 따른 수수료 부담과 담보설정에 부담을 느낄 때에 이용되는 금융서비스이다. 즉, 수출자는 팩토링회사의 신용보증 및 지급보증으로 대금회수불능의 위험을 관리할 수 있으며 수입자는 신용장을 발행하지 않아 추가 수수료 및 담보설정에

따른 부담을 지지 않아도 된다.

국제팩토링의 종류는 두 가지로 나누어지는데, 첫 번째로 상환청구 불능 팩토링(Factoring without Recourse)로서 수입자가 대금지급을 거절하더라도 팩터(Factor)가 수출자에게 상환 청구할 수 없다는 것이다. 두 번째, 상환청구 가능 팩토링(Factoring with Recourse)로서 수입자가 대금지급을 거절하는 경우에는 팩터(Factor)가 수출자에게 상환 청구가 가능하다.

2) 포페이팅 방식

포페이팅 방식은 현금을 대가로 채권을 포기하거나 양도한다는 의미로서 수출거래에 따른 환어음 또는 약속어음을 수출자에게 소구함 없이(without Recourse) 고정이자율로 할인 매입하는 금융기법을 일컫는다. 다시 말해서, 매도자(수출자)는 포페이터에게 채권을 양도 또는 포기하고 수출자금을 지급받는다. 이후 매수자(수입자)가 채권 상환일에 대금을 지급을 하면 마무리 된다. 하지만 매수자가 지급을 거절하더라도 포페이터는 수출자에 대해서는 대금 상환청구가 불가능하다는 것이다.

포페이팅 방식의 특징은 아래와 같이 정리 가능하다.

① 포페이터는 소구권이 없는 조건으로 매출채권을 매입하기 때문에 수입자가 채권상환일에 지급 거절하더라도 수출자에 대해 상환청구를 하지는 못한다.

② 보증은행은 지급보증서나 취소불능 무조건 지급보증(Aval)을 추가하여 담보로 제공한다.

③ 기본적으로 포페이팅거래는 환어음과 약속어음 등 유통 가능한 채권을 거래대상으로 한다.

④ 할인 대상은 주로 1~10년 사이의 중장기 환어음과 약속어음이며 고정금리부로 할인이 된다.

⑤ 포페이팅은 국제규칙으로 포페이팅통일규칙(Uniform Rules for Forfaiting, URF)이 적용된다.

⑥ 포페이팅 할인율은 국가 신용도 및 은행위험도에 따라 차등적으로 적용된다.

이러한 포페이팅의 장점은 ① 위험 이전이 가능하여 수출자의 신용위험, 비상위험, 환위험 등이 포페이터에게 이전된다는 점이며, ② 신속한 현금 확보가 가능한 점이며, ③ 별도 담보제공이 필요치 않으며 ④ 다른 추심 결제 또는 신용장 결제 방식에 비해 절차가 간단하다.

기타 특수 결제 방식인 국제팩토링과 포페이팅 방식의 차이는 아래와 같다.

Description	국제팩토링 Factoring	포페이팅 Forfaiting
결제 방식	사후 송금 방식	신용장 방식, 지급 보증 방식
대상 채권	외상 매출 채권	환어음, 약속어음
기간	단기간(180일 이내)	장기간(최장 10년)
규모	소액 결제	거액 결제(일반적으로 금액이 큼)
상환 청구 가능 여부	상환 청구 가능 방식 & 상환 청구 불가능 방식(2가지 방식)	상환 청구 불가능

학습 문제

1. 무역 결제 중에서 송금 결제 방식에 대해 적어보라.

2. 무역 결제 중 추심 결제 방식에 대해 설명하라.

3. 신용장 결제 방식의 개념과 장점은 무엇인가?

4. 기타 특수결제 방식에 대해 서술해 보라.

제2장

외환실무

1. 외국환(또는 줄여서 외환)의 정의

외국환(外國換, foreign exchange)은 국제무역 및 국제금융거래 간에 기업과 금융기관, 개인들의 채권과 채무를 금융기관을 통하여 외화로 자금을 이동, 결제하는 제도와 수단을 의미한다. 내국환(內國換) 거래와의 차이는 상이한 화폐를 이용하여 국가 간 발생하는 점이다. 즉, 내국환은 동일한 화폐로 자금거래를 하는 것이고 외국환은 거래대상이 외국 및 국내에 소재해 있고 화폐제도가 다르며 외환 이동도 내국환과 달리 여러 가지 절차와 규제가 있다. 외국환은 줄여서 외환(外換)이라고도 불린다.

1) 외환의 성격

환(換)의 원리에 있어서 기본 원리로서 격지자(隔地者) 간의 대차 결제 방법이고 은행이 중간에서 거래를 중개(仲介)하고 어음 또는 수표 등의 신용방식을 활용하는 점에서 외환과 내국환은 동일한 성격을 가진다.

하지만 외환은 다음과 같이 내국환과 다른 차이점이 있다.

① 외환의 환결제 형태가 국제금융 및 외환시장에 결정된다. 반면에 내국환은 중앙은행에 의해 각 지역 간 결제차액으로 결제된다.
② 내국환은 단일화폐로 거래하지만 외환은 국제간 상이한 화폐로 거래가 되기에 양국의 교환비율이 수시로 변한다.
③ 환거래 주체와 대상자의 소재지는 외국에 있는 점이 내국환과는 차이가 있다.
④ 내국환에 비해 외환은 선물환제도 이용이 가능하다.
⑤ 외환은 내국환에 비해 화환어음(documentary bill) 또는 화환신용장(documentary letter of credit)으로 결제 가능하다.

2) 외국환 종류

(1) 외화채권

외화(外貨)로 표시된 채권 또는 외국에서 지급 받을 수 있는 채권을 말한다(외국환거래법 제3조 제1항 12호). 예컨대 수출환어음은 지급 수단이며 선하증권은 선적된 화물에 대한 소유권을 주장할 수 있는 채권이다. 반면 보험증서, 예금증서 등은 투자대상으로 유통될 수 없으며 단지 증서로 인해 청구권만을 가지는 채권이다.

(2) 외화증권

외화로 표시된 증권(security) 또는 외국에서 지급 받을 수 있는 증권을 의미한다(외국환거래법 제3조 제1항 8호). 예를 들어, 외화증권으로는 보통채권(Straight bond), 신주인수권부사채(Bond with equity warrant), 주식예탁증서(depositary receipt), 전환사채(Convertible bond), 무기명양도성예금증서(negotiable certificate of deposit) 등으로 다양하게 존재한다.

(3) 대외 지급 수단

외국환거래법 제3조 제1항 13호에 의하면 외화는 외국통화, 외국통화로 표시된 지급 수단 기타 표시통화에 관계없이 외국에서 사용할 수 있는 지급 수단이 된다.

지급 수단은 정부지폐, 은행권, 주화, 수표, 우편환, 신용장, 증권에 해당하지 아니하는 환어음, 약속어음, 우편 또는 전신에 의한 지급지시, 증표, 플라스틱카드, 전자 또는 자기적 방법으로 재산적 가치가 입력되어 불특정 다수 간에 지급을 위하여 통화에 갈음하여 사용할 수 있는 것으로서, 대금을 미리 받고 발행하는 선불카드 등이 있다(외국환거래법 제1항 3호).

3) 외환의 특징

외환은 국가 간 상이한 통화로 인해 다음과 같은 특징을 나타낸다.

① 외환은 국가 간 거래로 인해 교환비율인 환율의 변화가 있는 것이 특징이다. 무역을 영위하는 기업들에게 환리스크가 따르기 마련이다.

② 외환은 국제수지와 국내통화가치에 큰 영향을 미치기 때문에 외환관리제도가 존재한다.

③ 외환은 환어음을 이용하는 경우에 결제기간까지의 시간차에 의해 이자요소가 개입되기도 한다. 송금 방식은 당일 입금되는 경우에는 이자 발생이 없다.

④ 외환은 중앙은행이 없기 때문에 각 은행의 독자적인 예치환거래은행(豫置換去來銀行)을 통해서만 가능하게 되는 특이한 형태를 가진다.

4) 외환시장

외환시장(Foreign Exchange Market)은 협의(狹義)의 개념으로는 외환의 매매(賣買)하는 장소를 의미하고 광의(廣義)의 개념으로는 외환 거래가 지속적으로 이뤄지는 총괄적(總括的) 거래 체계 또는 원리를 말한다. 외환 시장은 다양한 특징을 가지고 있는데, 아래와 같이 간략하게 요약 가능하다.

① 외환시장은 24 시간 연속적으로 거래되는 시장이다.
② 외환시장은 외환규제 완화와 정보통신 발전으로 범세계적 시장이며 신속하게 운영되는 것이 특징이다.
③ 외환거래는 특정 장소가 아닌 장외시장에서 거래가 된다.
④ 환율의 표시는 매도율(offer rate)과 매입율(bid rate)이 동시에 게시된다.
⑤ 외환 시장은 제로섬 시장이기에 특정인은 이익을 실현하고 다른 상대방은 손실을 본다.

2. 환율

1) 환율의 의의

환율(換率, exchange rate)[2)]은 각 국가 간 대금결제에서 자국통화와 외화의

---

2) 한국은행자료(2006): 환율은 우리 돈과 외국 돈의 교환비율로서 외국 돈과 비교한 우리 돈의

교환비율(交換比率)을 의미하며 각국 통화의 가치를 비율로 나타낸 것이다. 경제 원리에 의해 환율도 외환거래가 이뤄지는 외환시장(exchange market)에서 외환에 대한 수요(demand)와 공급(supply)에 의해 결정된다.

2) 환율의 종류

(1) 매입환율과 매도환율

매입환율이란 은행이 거래상대방으로부터 기준통화를 매입할 의사가 있는 가격을 의미하며 거래상대방은 은행에 의해 제시된 가격으로 기준통화를 은행에 매도하게 된다.

매도환율이란 은행이 거래상대방인 고객에게 기준통화를 매도할 의사가 있는 가격을 뜻한다. 즉 고객은 은행이 제시한 가격으로 기준통화를 매입하게 된다.

은행은 매입환율과 매도환율을 동시에 고시하게 되는데 이것을 'Two-way Quotation'이라고 한다. 즉, 수출자는 입금된 달러를 매도할 경우 가장 높은 매입환율을 제시하는 은행이 유리하며, 반대로 달러를 매입하고자 하는 경우에는 높은 매도환율을 제시하는 은행이 유리하다.

(2) 현물환율과 선물환율

외환매매(外換賣買) 계약한 후 해당 외환의 결제가 언제 이뤄지는지에 따라 현물환율과 선물환율로 나눠진다. 첫 번째, 현물환율은 외환매매 계

값어치를 나타내는 것으로 현실적으로 외환시장에서 외환에 대한 수요와 공급에 의해 결정되며 외환의 수요와 공급은 국내물가상승률, 국제수지, 정치, 사회적 안정성 여부, 내외금리차 등의 복합적 요인에 의해 영향을 주고받는다.

약일로부터 제2영업일 이내 자금 결제가 행해지는 외환거래에 적용되는 환율이다. 여기에서 계약체결 당일 결제가 이뤄지는 당일물환율(當日物換率, Value Today Rate), 계약체결일부터 1영업일 이후에 결제가 이뤄지는 익일물환율(翌日物換率, Value Tomorrow Rate), 계약체결일로부터 2영업일 후에 자금결제가 이뤄지는 스팟일물환율(Value Spot Rate)로 나누어진다.

두 번째, 선물환율은 외환 매매 계약 체결일부터 2영업일(Spot Value Date)을 초과하여 일정기간 후에 자금 결제가 이뤄지는 선물환거래에 적용되는 환율이다. 선물환율은 결제일에 따라 1개월물, 3개월물, 6개월물 등으로 구분된다.

(3) 재정환율과 크로스환율

재정환율은 미(美)달러화 이외의 제3국 통화와 자국 통화간의 환율을 의미하며 세계 기축통화인 미국 달러(US dollar)와의 교환비율을 기준으로 산출된다. 일반적으로 미국 통화를 이용하여 외환거래가 형성되므로 자국과 제3의 통화를 직접 비교가 어렵기 때문에 미국 달러를 기준환율로 하고 자국통화 및 특정 제3국 통화를 재정하여 활용된다.

크로스환율은 재정환율을 사용하기 위해서 사용된 자국통화가 개입되지 않으면서 매매기준율의 대상이 되는 통화와 제3국 통화 간 매매환율을 의미한다. 예를 들어, 한국의 관점에서 보면 크로스환율은 미 달러/엔화 등의 경우 기준통화인 미 달러와 엔화 사이의 환율을 뜻한다.

3) 환율의 변동

환율은 경제 원리에 의하여 외환시장의 수요와 공급에 의해 결정되기 때문에 외환시장의 수요와 공급이 변동됨에 따라 환율은 연동하여 변동하게 된다.

환율이 상승하는 경우에는 기준통화에 대해 상대통화의 교환비율이 올라가는 것을 의미하며 기준통화의 가치는 상승하고 상대통화의 가치는 하락함을 의미한다. 예를 들어 EURO(유로)/KRW(원화)가 1,200원에서 1,500원으로 상승하는 경우에는 EURO의 가치는 300원 상승하고 원화의 가치는 300원 하락함을 뜻한다. 다시 말해서 EURO/KRW의 환율 상승은 'EURO의 가치는 상승, 원화가치는 하락'을 말한다.

여기에서 세계 기축통화인 달러가 원화에 비하여 달러가치 상승의 원인을 살펴본다면 아래와 같다. 첫 번째, 한국의 금리인하로 인해 투자자들은 더 높은 금리가 있는 국가로 투자하기 위해 한국에서 미국달러를 매입하여 美 달러 환율이 상승하게 된다. 두 번째, 외국투자자들이 한국 주식시장에서 주식을 매도함으로써 달러를 매입하게 되어 美 달러 환율은 상승된다. 세 번째, 무역수지 적자를 기록함으로써 수출금액보다 수입금액이 늘어나 달러의 유입보다 유출이 많아 美 달러 환율이 상승하게 된다. 네 번째, 글로벌 시장에서 유럽 및 남미 국가들의 재정위기와 금융위기에 직면하면 비교적 안전자산인 달러를 보유하고자 하는 수요가 높아져 美 달러 환율이 상승하게 된다. 마지막으로 미국 연방준비제도이사회(FRB: Federal Reserve Board)의 정책으로 양적 완화 정책을 축소하거나 종료하여 달러의 통화량이 감소하여 美 달러의 수요가 상승하여 환율이 상승하게 된다.

환율이 상승하면 원화의 가치가 하락하고 미 달러의 가치가 상승하여 수출자는 가격경쟁력이 높아지게 된다. 더 낮은 가격으로 새로운 시장에 수출지역을 넓힐 수도 있다. 또한 이미 수출한 경우나 현재 계약되어 있는 단가로 수출하는 경우에는 환율상승으로 대금결제금액이 늘어나 수출자에게는 유리한 상황이 되는 것이다.

반면에 환율이 하락하는 경우에는 수출자에게는 불리한 상황이 된다. 원화는 상승되고 미 달러 가치는 하락이 되기 때문에 이미 수출한 경우에 대금결제금액이 원화로 전환될 때 금액이 하락하게 된다. 이러한 경우 환율에 의해 손실이 발생하기도 한다. 또한 수출자에게는 원화의 가치상승에 의해 가격경쟁력을 잃게 되어 달러의 가격을 높여야 하는 상황이 되어 시장에서 경쟁력을 상승하는 원인이 되기도 한다. 이처럼 무역거래에 있어 환율의 변동은 매우 큰 영향을 미치는 결정인자라고 할 것이다.

4) 한국의 환율구조

한국은 과거 고정환율제도, 단일변동환율제도, 복수통화 바스켓제도, 시장평균환율제도를 차례대로 거치면서 현재는 자유변동환율제도를 채택하여 운영하고 있다. 한국의 환율 구조는 아래와 같이 구분할 수 있다.

(1) 매매기준율

고객과 외국환은행과의 외환거래 및 외국환은행 간의 외환 거래에 있어 기준이 되는 환율이다. 미 달러는 외국환 중개회사를 통해 거래가 이루어진 미 달러화 익일물의 거래금액과 환율을 가중평균하여 산출하는 시장평균환율을 통해 매매기준율이 산출된다. 미 달러외의 통화는 외환시장에서 미 달러 외의 통화와 미화와의 매매중간율을 시장평균환율로 재정한 환율을 매매기준율로 한다.

(2) 외국환은행 간 매매율

글로벌 외환시장에서 외국환 은행 간 외환거래에서 적용되는 환율로서 자유롭게 형성되는 환율이다. 이는 대고객 거래에서 환리스크 회피와 외화자금 과부족 조정 등을 위해 이뤄지는 외국환은행 상호간의 거래에서 자유롭게 형성된다.

(3) 외국환은행의 대고객매매율

외국환은행이 고객과의 외환거래에서 적용하는 환율로서 당일의 매매기준율과 외국환 은행 간 매매율을 반영하여 대고객매매율을 결정하게 된다. 여기에서 대고객매매율은 전신환매매율과 현찰매매율로 구분된다.

① 전신환매매율은 환어음의 결제를 전신(電信, Telegraph)으로 할 때 적용되는 환율로서 전신에 의해 외환이 결제되는 경우 외환이 1일 이내에 송달되기 때문에 외환의 송달기간에 대한 금리(interest rate)는 고려하지 않는 순수한 의미의 환율이라고 해석한다.

② 현찰매매율은 외국환은행과 대고객간 외화현찰거래에서 적용되는 환율로서 매매율의 폭이 가장 크다. 왜냐하면 외화의 운송, 반입의 비용이 크고 자산의 운용 면에서도 비수익적이다. 그러한 이유로 현찰매도율은 가장 높고 현찰매입율은 가장 낮기 때문이다.

3. 환리스크 관리

1) 환리스크의 의의

환리스크는 미래의 예측하지 못한 환율변동에 의해 수출자 또는 수입자가 외화표시 자산 또는 부채의 가치가 변동하는 경우 원화로 환산한 자산의 가치가 감소하거나 갚아야 할 부채가 증가할 수 있는 위험을 의미한다.

2) 환리스크의 종류

환리스크의 종류는 환산환리스크, 거래환리스크 및 영업 환리스크로 구분이 된다.

첫째, 환산환리스크는 외화로 표시된 자산과 부채를 재무제표상 기록하는 경우 환율변동으로 원화환산 금액이 변동하게 되는 위험을 의미한다.

둘째, 거래환리스크는 외화로 표시된 계약을 체결한 후 대금이 결제될 때까지 기간 중 발생하는 환율변동으로 원화로 환산한 금액인 변동하게 되는 위험을 일컫는다. 즉 계약시점과 결제시점의 차이로 인해 환차손이 발생할 수 있는 위험을 의미한다.

셋째, 영업환리스크는 예측하지 못한 환율변동으로 기업의 판매량과 판매가격 등에 영향을 주어 영업이익이나 현금흐름에 차질이 발생할 수 있는 위험을 의미한다.

3) 환리스크에 영향을 미치는 요인

환리스크는 여러 가지 영향을 받게 되는데 대표적으로 외환포지션의 규모, 환율변동성과 보유기간 등에 특히 영향을 많이 받게 된다.

(1) 외환포지션

외환포지션은 일정시점에서 경제 주체가 외화표시 자산과 부채의 차이 또는 외환매입액과 외환매도액의 차이를 나타낸다. 외환포지션의 규모가 클수록 환리스크의 크기는 커지게 된다.

외환포지션의 종류로는 오픈 포지션(롱포지션, long position) 또는 숏포지션(short position)으로 구분되고, 스퀘어포지션(square position)으로 나눠진다.

첫째, 롱포지션은 외화표시 자산이 매입액이 많아 매도액을 초과하는 상태를 의미한다. 롱포지션에서는 환율이 상승하는 경우에는 환차익이 발생하는 경우이다. 둘째, 숏포지션은 매도액이 매입액보다 많아 매도액이 초과하는 상태를 나타낸다. 숏포지션의 경우 환율이 하락하는 경우에 환차익이 발생하는 점에서 차이가 있다. 셋째, 스퀘어포지션은 환율변동에 의해 영향을 받지 않으므로 균형 포지션이라고도 불린다. 현실적으로 스퀘어 포지션은 실현되기 어려운 포지션이라고 할 것이다.

(2) 환율변동성

환율변동성이 크면 클수록 외화표시 자산 또는 부채의 가치가 크게 변동하므로 부담하게 될 환리스크의 크기는 더욱 커진다. 이러한 의미에서 환율의 변동성은 환리스크의 주요한 변수로 여겨진다.

(3) 보유기간

외환 거래에 있어 외화표시 자산 또는 부채의 보유기간이 길면 길수록 환율의 변동으로 인한 외화표시 자산 또는 부채의 가치변동성은 높아지게 되어 외화를 소유하고 있는 경제 주체의 환리스크의 크기는 커진다.

4) 환리스크 관리

환리스크 관리는 환율 변동으로 발생될 수 있는 환차손을 최소화하거나 환차익을 극대화하기 위해 활용하는 관리 방법을 의미한다. 환리스크 관리 방법으로는 아래와 같이 두 가지 방법이 대표적이다.

(1) 대내적 관리기법

대내적 관리기법은 기업이 일상적인 영업활동과 관련하여 환리스크 관리를 위해 별도의 추가적인 거래비용 부담 없이 내부적으로 관리하는 방법을 의미한다. 그 대표적인 방법은 아래와 같이 정리 가능하다.

관리기법	구체적 내용
네팅Netting	결제 금액을 상호 상계 처리하고 그 차액만을 정기적으로 결제하는 방법이다.
리딩Leading & 레깅Lagging	외화 자금의 결제 시점을 의도적으로 앞당기거나Leading 지연시키는 Lagging 것이다.
매칭Matching	기업 또는 개인이 외화 자금을 통화별, 만기별로 일치시키는 것으로 다국적 기업의 본사와 지사 간 환거래에서 많이 사용된다.
가격정책 pricing policy	수출입 상품 가격을 환율 변동에 연계하여 조정하거나 수출입 표시 통화를 조정하는 방법이다.
자산부채종합관리 Asset, Liability, ALM	환율의 미래 전망에 따라 외화 자산을 늘리거나 부채를 조기 상환하는 방법이다.
포트폴리오 전략 Portfolio management	외화를 1개가 아닌 다수의 통화 바스켓을 구성하여 통화 간 환율 변동 효과를 상쇄시키는 방법이다.

(2) 대외적 관리기법

① 선물환거래

선물환거래(先物換去來, Forward Exchange Transaction)는 외화 표시된 자산 또는 부채의 급격한 환율변동위험을 피하기 위해 미리 약속해서 정한 장래의 일정한 시기에 일정 금액의 외화를 매입하거나 매도 가능하도록 계약하는 외환거래이다. 이는 일반적으로 환리스크를 헤지(hedge)하기 위한 목적과 투기적 목적으로 사용된다.

선물환율은 선물환거래에 적용되는 가격인데, 이것은 기본적으로 현물환율을 기준으로 두 통화 간 이자율 차이를 반영하여 산출된다. 선물환거래는 원천적으로 일정 기간 후에 양 통화를 교환하게 되기 때문에 그 기간 동안 이자율이 높은 통화는 이자율이 낮은 통화보다 더 높은 이자수익을 얻는다. 그러므로 동일한 조건하에서 고금리통화는 현물환율보다 불리한 선물환율을 형성하고 저금리통화는 현물환율보다 유리한 선물환율을 적용하는 것이 일반적이다.

저금리 통화의 선물환율이 현물환율보다 유리해진 교환조건을 프리미엄(Premium)이라고 일컫고, 고금리 통화의 선물환율이 현물환율보다 불리해진 교환조건을 디스카운트(discount)라고 부른다.

선물환율을 계산하기 위해 스왑레이트(Swap rate)를 사용하는데, 현물환율에서 디스카운트(-) 또는 프리미엄(+)되는 숫자로서 두 통화의 이자율 차이를 환율로 표시한 것이다. 스왑레이트를 이용한 선물환율 계산식은 아래와 같다.

선물환율=현물환율 +/- 스왑 레이트(Swap rate)

환율을 Bid rate(매입율)－Offer rate(매도율)로 이중(二中) 고시하는 경우 스왑레이트의 Bid값이 Offer값보다 큰 경우 현물환율에 스왑레이트를 차감하여 선물환율을 계산한다.

반면에 Bid값이 Offer값보다 작은 경우에는 현물환율에 스왑레이트를 더하여 선물환율을 산출한다.

아래와 같이 스왑레이트를 이용하여 선물환율을 계산 방법을 요약이 가능하다.

• 〔Bid rate(매입율) 〉 Offer rate(매도율)〕

→ 선물환율 = 현물환율 - 스왑레이트(선물환 디스카운트)

• 〔Bid rate(매입율) 〈 Offer rate(매도율)〕

→ 선물환율 = 현물환율 + 스왑레이트(선물환 프리미엄)

여기에서 현물환율이 선물환율보다 큰 경우에는 양국 간 금리에 있어서 기준통화의 금리가 높다는 것을 의미한다. 예를 들어 EURO/KRW가 1,300원이고 유로화(기준통화) 금리가 2.5%, 원화(피고시통화) 금리가 4.5%인 경우에는 선물환율(5개월 만기 선물환율)을 구하기 위해서는 피고시 통화금리와 기준 통화금리의 차이를 현물환율에 곱해서 산출하는 것이다. 이를 공식으로써 아래와 같이 정리해 볼 수 있다.

선물환율＝현물환율＋현물환율×(피고시 통화금리－기준통화금리) ×기간(개월수/12 또는 일수/360)

즉, 선물환율＝1,300＋1,300×(4.5%－2.5%)×(5/12)

＝1,300＋10.83

＝1310.83

위의 예시를 계산한 결과 선물환율이 1,310.83원으로 현물환율(1,300원)보다 높게 나타났다. 이는 기준통화(유로화)의 금리가 피고시 통화금리(원화) 보다 낮다는 것을 의미한다. 기준통화금리가 피고시통화금리보다 낮은 경우 선물환율은 현물환율보다 높아진다는 것을 확인할 수 있다.

② 역외 선물환 거래(NDF: Non Deliverable Forward)

역외 선물환 거래는 계약 시 설정한 만기일에 사전에 약정(約定)한 통화를 인도, 인수하는 일반적 선물환거래와 다르게 만기에 계약원금을 교환하는 것이 아니라 약정한 선물환율과 만기 시 현물환율 간 차액만을 정산하여 지정통화(일반적으로 美 달러)로 결제하는 거래를 일컫는다.

NDF 매입계약을 체결하면 만기일에 환율이 상승하여 만기 시 현물환율이 계약환율보다 높다면 상대방으로부터 차액을 수령 받는다. 일반적으로 미국 달러로 차액을 받게 된다. 만약 반대로 NDF 매입계약 체결에서 만기일에 환율이 하락하면 만기 시 현물환율이 계약환율보다 낮다면 상대방에게 차액을 지급해야 한다.

NDF 매도계약을 체결하면 만기일에 환율이 상승하여 만기 시 현물환율이 선물환율보다 높다면 상대방에게 차액을 지급해야 한다. 만약 만기일에 환율이 하락하여 만기 시 현물환율이 선물환율에 비해 낮다면 상대방으로부터 차액을 수령한다.

③ 통화선물거래

통화선물거래(通貨先物去來, Currency Futures)는 선물환거래와 같이 일정한 통화(通貨, currency)를 장래의 일정 시점에서 약정가격으로 매입, 매도하는 금융선물거래를 의미한다.

통화선물거래는 거래하는 사람의 신용도에 관계없이 모두 증거금을 납부해야 하며 증거금의 종류는 개시증거금, 유지증거금 및 추가증거금이 있다. 개시증거금은 선물거래에 있어 첫 주문을 할 때 내는 증거금이다. 유지증거금은 선물계약을 하는 동안 보유해야 하는 최소한의 증거금을 의미한다. 추가증거금은 선물가격 변동으로 증거금 수준이 유지증거금 밑으로 하회하는 경우 개시증거금 수준만큼 추가로 납부하는 증거금이다.

통화선물거래는 거래소라는 공식적인 기관에서 불특정 다수 간 호가에 의해 거래가 이루어지지만, 선물환거래는 특정 당사자 간 합의에 의해 장외시장에서 거래된다. 한편 통화선물거래는 만기일, 거래단위 등 거래조건이 표준화되어 있지만, 선물환거래는 양 당사자 간 거래조건을 협의 하에 설정이 가능하다. 또한 통화선물거래는 증거금과 일일정산을 통해 청산소가 계약이행을 보증함으로써 상호 간 신용위험이 없지만, 선물환거래는 청산소가 없어서 상호 간 신용위험에 노출이 된다.

④ 통화옵션거래

통화옵션거래는 특정한 통화를 미래의 시점에 미리 약정환율로 매도 또는 매입 권리를 매매하는 거래를 의미한다. 이러한 점에서 통화옵션거래는 선물환거래와는 비슷하게 인식할 수도 있으나 차이점은 아래와 같다.

첫 번째, 통화옵션거래와 선물환거래는 미래 환율을 고정 함으로써 미래의 불리한 환율변동으로 발생될 위험을 회피하게 해 준다. 하지만 선물환거래는 통화옵션거래와 달리 미래 환율이 유리하게 조성되는 경우에도 계약에 약정된 의무를 이행해야 하므로 유리한 환율변동으로 인한 이익을 누리는 것은 불가능하다.

두 번째, 통화옵션거래는 옵션매수자가 환율변동에 따라 유리한 경우에는 옵션을 행사하고 이익을 누릴 수 있으며 불리한 경우에는 권리행사를 포기할 수 있다. 그러므로 미래 환율변동에 따른 손실위험을 회피하고 옵션매수자에게 유리한 환율상황에 대해 이익을 가질 기회를 갖게 된다.

통화옵션거래에서 옵션(option)은 아래와 같이 두 가지로 크게 구분해서 설명 가능하다.

옵션 구분	관련 내용 설명
콜옵션 Call option	미래에 약정한 행사 가격(환율)으로 일정 외화를 매입할 수 있는 권리를 말하며 **콜옵션 매입자**는 일정한 프리미엄을 지급하여 만기일 내에 권리 행사를 통하여 약정된 환율로 매입하는 권리를 가진다. **콜옵션 매도자**는 일정한 프리미엄을 받고 난 후 콜옵션 매입자가 권리 행사하는 경우 외화를 매도해야 한다.

옵션 구분	관련 내용 설명
풋옵션 Put option	미래에 약정한 행사 가격(환율)으로 일정 외화를 매도할 수 있는 권리를 말하며 **풋옵션 매입자**는 일정한 프리미엄을 지급하여 만기일 내에 권리 행사를 통하여 약정된 환율로 매도하는 권리를 가진다. **풋옵션 매도자**는 일정한 프리미엄을 받고 난 후 풋옵션 매입자가 권리 행사하는 경우 외화를 매수해야 한다.

옵션가격에 영향을 미치는 결정 요인은 현물가격, 행사가격, 기초자산의 가격변동성 및 옵션만기일까지의 잔존기간 등이 있다. 아래의 정리된 표는 옵션가격의 결정 요인과 옵션가격과의 관계를 간략하게 보여준다.

Description	현물 가격 (시장가격)	행사 가격	기초자산의 가격 변동성	옵션 만기일까지 잔존 기간
콜옵션 가격	양의 관계	음의 관계	양의 관계	양의 관계
풋옵션 가격	음의 관계	양의 관계	양의 관계	양의 관계

콜옵션 가격은 현물가격이 높을수록 콜옵션의 가격은 높아진다. 또한 기초자산의 가격변동성이 클수록, 옵션만기일까지 잔존기간이 길수록 콜옵션 가격은 더 높아진다. 반면에 행사가격은 콜옵션 가격과는 음의 관계를 보여 행사가격이 낮아지는 경우에 콜옵션 가격은 상승하는 관계에 있다.

풋옵션 가격은 행사가격이 높을수록 풋옵션의 가격은 높아진다. 또한 기초자산의 가격변동성이 클수록, 옵션만기일까지 잔존기간이 길수록 풋옵션 가격은 더 높아진다. 반면에 현물가격은 풋옵션 가격과는 음의 관계에 있으며 현물가격이 낮아지는 경우에 풋옵션 가격은 상승하게 된다.

⑤ 기타

그 외의 대외적 관리기법은 아래와 같이 통화스왑거래와 환변동보험 등이 있다. 그 중 통화스왑거래는 양 거래당사자가 계약 일에 약정한 환율에 따라 통화를 상호 교환하는 외환거래이다. 일반적으로 단기적 환리스크의 헤징(hedging) 수단이 아니며 중, 장기적(1년 이상의 시점) 환리스크 헤징수단인 것이다.

다음으로 환변동보험은 수출거래로 인해 발생 가능한 환율변동에 대한 위험을 헤징하기 위해 미리 외화금액을 원화로 확정 시켜 환율변동의 위험을 헤징하는 보험 상품이다. 일반적으로 1년 이상의 중·장기 수출에서 발생할 수 있는 환리스크를 헤징하기 위한 보험이다. 이는 중·장기적 수출에서 선물환거래 방식으로 환리스크 관리가 용이하지 않는 경우에 환변동보험은 많이 이용된다. 환변동보험의 주요 이용주체자는 신용도가 낮고 기업규모가 작은 중소수출기업이다.

환변동보험은 수출기업과 무역보험공사가 미리 환율을 정해놓고 결제시점의 환율이 사전에 정한 환율(보장환율)보다 높은 경우 수출기업으로부터 환차익을 환수하고 결제시점 환율이 보장환율보다 낮은 경우 그 환차손만큼 기업에게 보험금을 지급해 준다.

일반적으로 중소수출기업은 미래 환율이 하락할 것을 예상하고 환변동보험에 가입하고 있으며, 만일 미래 결제 시점에서 환율 하락에 따른 환차손 발생하는 경우 환변동보험의 보장환율에 의해 환차손만큼 환수 가능하다. 이것으로 인해 중소수출기업은 환리스크 관리를 할 수 있는 것이다.

학습 문제

1. 외국환의 개념에 대해 설명하라.

2. 환율의 종류에 대해 기술하라.

3. 환리스크 관리기법 중에서 대내적 관리기법을 설명하라.

4. 환리스크 관리기법 중에서 대외적 관리기법을 설명하라.

제6부
클레임과 상사중재

제1장

무역 클레임

1. 무역 클레임 개념

클레임의 의미는 당연한 권리를 요구, 청구 또는 주장 가능한 것을 의미하지만 원칙적으로 무역거래의 클레임은 피해자가 가해자에게 손해배상을 청구하는 것이다. 다시 말하자면 무역거래 당사자 중 일방이 고의나 과실로 계약의 일부 또는 전부를 이행하지 않음으로 인해 발생된 손해를 구제받기 위해 상대방이 손해배상을 청구하는 것이 클레임이다.

무역거래에서 클레임은 대체로 선적 지연, 상품의 품질 및 수량, 선적불이행 등으로 수입자가 수출자에게 제기하는 경우이며 수출자가 수입자에게 클레임을 제기하는 것은 대금결제 불이행, 대금결제 금액 등의 관련된 문제이다.

2. 클레임의 원인

1) 선적 관련 클레임

국제무역 진행에 있어 많은 문제가 내재되어 있는 것이 사실이다. 무역은 주로 항공기나 선박으로 운송을 진행하기 때문에 물품을 공항이나 항구로 가는 중에 화물 파손이나 포장재의 손상 등으로 일차적으로 제품의 훼손이 발생하기도 한다. 또한 화물을 운송수단에 옮겨 싣는 중에 물품의 파손이나 낙하 등의 문제가 발생하여 클레임이 발생하기도 한다. 해상과 항공 선적 진행 중에 기상 악화, 기기 결함에 따른 문제로 물품의 전손이나 파손이 발생하기도 한다. 이에 따른 물품 손상 및 훼손에 대해 수입자가 수출자에게 금전적인 보상을 요구하게 된다.

선적과 관련되어 계약서에 명시된 일자 내 선적 불이행에 따른 수입자의 손실이 발생하기도 한다. 계약서 작성 시 상호 가능한 일정으로 협의를 하는 것이 우선적으로 중요하며 만약 일정 내 선적이 불가한 사정이 발생한 경우에는 지체 없이 수출자는 수입자와 협의하여 일정을 조율해야 향후 더 큰 클레임과 재정적 손실을 예방할 수 있다.

2) 결제 관련 클레임

결제와 관련된 클레임은 주로 수출자가 수입자에게 제기하는 경우가 대부분이다. 무역은 원천적으로 대금 결제에 대한 두려움과 불확실성이 크게 높은 비즈니스의 형태이다. 수입자가 계약서에 상호 합의한 일정 내 입금을 하지 않거나 정확한 금액이 아닌 송장 금액보다 적은 금액을 입금하는 경우에 수출자는 수입자에 대하여 클레임을 제기하게 되는 것이다.

신용장 개설을 통한 무역 진행에 있어 수출자는 신용장에 나와 있는

데로 서류를 준비하여 은행에 네고를 진행하였으나 개설은행에서 수입자가 고의에 의해 서류 하자를 핑계로 입금을 미루는 경우에는 무역 결제에 있어 크게 곤란한 상황인 것이다. 이러한 결제에 있어 문제가 야기되는 문제를 예방하기 위해서는 무역 진행에 앞서 수입자의 신용도와 업계 평판 등을 조사하여 진행하는 것이 차후에 문제 소지를 막을 수 있는 방법 중 하나일 것이다.

3) 마켓 클레임

무역상 시장 상황이 좋지 않을 때 수입자가 사소한 하자를 걸어서 클레임을 제기하는 것이 마켓 클레임(Market claim)이라고 한다. 만약 수입국의 시장 가격 폭락한다면 수입자는 상업송장 및 기타 운송서류의 조그마한 하자를 문제 삼아 대금 지급을 거부하는 경우도 있다. 호황기에는 관습적으로 허용되던 서류상의 사소한 하자의 경우도 불경기가 되면 클레임을 제기하기도 한다. 그러므로 수출자는 이러한 문제의 소지에 대비하여 철저한 서류 작성과 여타 다른 문제가 발생할 부분을 미리 찾아내어 대비하는 것이 더욱 필요하다.

4) 계약 불이행 관련 클레임

수출자와 수입자는 사업 개시 전 사전에 계약서를 상호 합의 하 체결하게 된다. 통상적으로 매번 계약서를 작성하기도 하지만 특수한 형태의 사업은 최초에 사업상 모든 내용을 다루는 일반 계약서를 상호 체결하고 수출 및 수입을 진행하는 경우도 많다. 이런 경우에 Warranty term(하자보증기간), Payment term(결제기간) 및 required shipping term(요청선적기한) 등의 주요한 부분을 체결하였으나 시간이 지나면서 차츰 계약을 위반하거나 일방적으로 변경하는 경우도 실제 무역거래는 자주 발생하기도 한다. 만약 이러한 계약사항을 지키지 않은 경우에는 수출자나 수입자는 해당 부분을 지적하면서 클레임을 제기하는 형태이다. 이러한 계약상 위반을 하지 않기 위해서는 상호 계약 시 철저한 검토와 협의를 거쳐 합의를 해야 하며, 한 번 맺은 계약은 무슨 일이 있어도 지키려는 신의성실의 원칙으로 최선을 다해야 한다.

5) 클레임 청구 내용

(1) 대체품 청구

수입자는 수입상품의 품질과 수량이 계약상 합의한 바와 같이 공급이 되지 않은 경우에는 클레임을 제기하게 된다. 이 때 수출자에게 수입자는 계약서와 다른 만큼의 대체품을 요청하거나 추후 선적분에서 부족한 수량만큼을 실어줄 것을 요청하는 형태이다. 이런 경우에는 상호 신뢰가 있고 단골거래인 경우가 많다.

(2) 매매계약의 취소 또는 해약

매매계약을 완전 취소하거나 잔여계약을 해약하는 경우이다. 계약서상 약정한 기일에 미선적하는 경우 선적중지요청과 동시에 계약 자체를 취소하면서 계약 불이행에 대한 손해배상금을 별도 요청하는 클레임이다.

(3) 손해배상금 청구

수출자 또는 수입자가 상대방의 고의나 과실로 인해 입은 손실을 금전적으로 보상해 달라고 요청하는 것이다. 무역거래에 있어 클레임 청구 중 금전보상이 가장 많다. 왜냐하면 환차손, 운임의 미회수, 수수료의 미지급 등은 금전 외에는 보상할 방법이 거의 없기 때문이다. 또한 대체품으로 해결될 수 있는 클레임이지만 수입국 시장 상황이 좋지 않은 경우에는 금전 보상을 더 선호하기 때문일 것이다.

(4) 대금 지급 거절

수입자가 수입물품을 확인한 후 하자가 있다고 판단하고 대금지급을 거절하는 클레임 제기 형태이다. 신용장 거래에서는 독립성, 추상성에 의해 수입자는 반드시 결제를 해야 하지만 무신용장 방식인 인수도조건(D/A: Document Against Acceptance)의 경우에는 기한부조건으로 물품을 수입하는 것이어서 대금지급거절과 같은 클레임이 제기되기도 한다. 이에 대비하여 수출자는 철저한 품질관리 및 선적 진행으로 하자가 발생하지 않도록 주의해야 하며, 첫 비즈니스 진행시 수입자가 신뢰성과 사업성을 계약전 확인하는 것은 필수조건이다.

3. 클레임 제기 및 해결

1) 클레임 제기

클레임을 제기하기 위해서는 계약서에 합의한 바와 같이 적합한 절차에 따라 제기해야 법률상 보상을 받을 수 있다. 무역계약시 계약서상 클레임에 관련된 내용이 있는 경우에는 약정한 바대로 클레임을 제기하면 된다. 만약 계약서에 언급이 없는 경우에는 클레임은 국제상관습, 국제규칙, 국내법 등을 적용하게 된다.

클레임 제기를 위해서는 클레임 진술서, 손실명세서, 검사보고서 등의 증명자료가 있어야 한다. 클레임 진술서에는 클레임의 원인, 클레임 대상이 되는 거래내용 및 명세, 클레임의 해결 방법 등이 기재되어야 한다. 손해배상 청구를 위한 손실명세서를 세부적으로 작성하여 거래 상대방에게 명확하게 송장금액과 배상금액을 표시하고 손실의 구체적 내역과 부대비용도 기재한다. 추가적으로 국제적으로 권위 있는 검정기관의 검사보고서와 같은 증빙자료는 클레임의 정당성을 높인다.

2) 클레임 접수

무역거래의 상대방으로부터 클레임이 제기되면 클레임의 제기내용을 검토한 후 상대방에게 해당 내용에 대해 해결방안과 확인을 위한 요구사항을 전해야 한다.

클레임에 대한 통지를 접수한다면 클레임이 계약서에 명기된 약정된 기간 내에 제기되었는지를 검토해야 한다. 약정 기간이 지난 뒤에 제기된 클레임은 법적인 시효를 상실했다고 보는 것이 타당하며 클레임을 거절할 수도 있다.

클레임진술서에 언급된 내용을 정확하게 확인해야 하며 클레임이 정당성을 갖추고 있는지 검토하기 위해 아래의 사항을 우선순위로 파악해야 한다.

① 클레임이 적법한 기간 내 제기되었는지 여부

② 하자를 증명하는 객관적 증빙자료인지 여부

③ 본인이 클레임의 직접 책임당사자인지 여부

④ 클레임이 계약조건의 미비로 인한 것인지 여부

⑤ 공인검정기관이 인정한 물품검사인지 여부

⑥ 하자의 정도가 계약상 또는 관습상 허용되는지 여부

⑦ 손해배상청구액이 합리적 산출근거에 기초한 것인지 여부

⑧ 해당 계약의 특성을 충분히 감안한 것인지 여부

⑨ 기타 제기한 내용이 계약서상 조건에 부합한지 여부

클레임의 내용을 조사한 후 클레임 분석 내용과 해결방안에 대해 최대한 빠른 시일 내 상대방에게 전달해야 한다. 해결과정에서 첫 대응은 향후 해결방향을 정하는 것으로서 상당히 중요하므로 클레임을 접수한 기업의 입장을 정확하게 전해야 한다.

클레임 대응에 있어서 상대방과 지속적으로 거래할 당사자일 경우 또는 거래관계를 계속 유지하고자 하는 상대방인 경우에는 최대한 상호 이해 가능하고 우호적 해결태도를 견지하는 것이 필요하다.

반면에 상대방의 의도가 불분명하고, 사소한 하자로 클레임을 제기하는 마켓 클레임(Market claim)에 대해서는 합리적 반대 자료를 작성해서 대응해야 한다. 책임당사자의 애매모호한 답변이나 클레임을 인정하는 것 같은 의사표시는 자칫 클레임 처리에 있어 불리해 질 가능성이 높아 주의를 요한다.

제2장

상사중재

1. 대안적 갈등 해결

대안적 갈등 해결은 재판외의 다양한 갈등 해결 수단을 총칭하는 명칭이다. 무역거래에서 발생하는 분쟁을 법원의 재판에 의하지 않고 다른 방법으로 해결하는 제도이다. 대표적인 방법이 알선, 조정, 중재 등이 있다.

법원에서 해결하지 않고 다른 방법으로 중재하는 대안적 갈등 해결은 아래와 같은 장점이 있다.

① 분쟁당사자 간 합의를 존중한다. 즉 ADR은 재판을 하지 않고 합의에 의해 절차를 개시하고 분쟁해결을 유도한다.

② 개인의 비밀이 보장된다. ADR은 절차를 공개하지 않아 개인의 비밀, 영업상 비밀이 보장되는 장점이 있다.

③ 시간과 비용의 절감을 가져온다. 소송과 다르게 ADR에서는 변호사를 반드시

대리해야 할 필요가 없다. 또한 일심(一審)으로 해결되는 경우가 많아 시간과 비용이 절감된다.

④ 전문성이 보장된다. 법관에 의한 판단이 아니라 분쟁의 내용에 따라 해당 분야의 전문가들이 판정하기 때문에 분쟁의 전문성이 담보된다.

2. 알선

알선은 객관적이고 공정한 제3자의 개입으로 분쟁 중인 당사자 간 합의가 이루어지도록 조언하고 분쟁을 해결하는 방법이다. 제3자는 단순히 당사자의 일방 또는 쌍방의 의뢰로 클레임에 개입하지만 형식적 절차를 거치지 않는다. 만약 알선의 경우 당사자들의 협력이 없이는 실패할 가능성이 높다. 알선이 성공한다면 쌍방의 비밀이 보장되고 거래관계를 계속 유지한다는 것이 장점이다. 하지만 알선은 쌍방의 자발적 합의를 통한 해결이기에 그 효력은 법률적 구속력이 없다. 만일 당사자 간 합의가 이루어지지 않는다면 불가피하게 중재로 해결하거나 소송으로 가야 한다.

알선은 일반적으로 중재합의가 없는 경우에 이용되고 있으며 한국에서는 대한상사중재원의 직원이 개입하여 쌍방의 의견을 경청하고 해결합의를 조언하거나 타협을 유도한다. 알선 절차에 소요되는 모든 경비는 전부 무료이다.

3. 조정

조정(Mediation)은 당사자 일방 또는 쌍방의 요청으로 객관적이고 공정한 제 3자를 조정인으로 선정한 후 조정인이 제안한 조정안을 양 당사자들이 합의함으로써 클레임을 해결하는 것이다. 알선은 형식적 절차를 거치지 않지만 조정은 절대적으로 조정인을 선정하는 공식적 절차를 거친다.

일반적으로 조정인은 해당 분야에 전문적 지식을 갖추고 경험이 풍부한 전문가로 구성된다. 조정인은 전문적 지식을 바탕으로 거래관행, 상관습 등을 적용하여 쌍방이 만족할 만한 조정안을 제안하여 스스로 양 당사자들이 해결하도록 도와준다.

대한상사중재원에서는 대외무역법에 의거한 무역분쟁조정과 「부품·소재 전문기업 등의 육성에 관한 특별조치법」에 의거한 신뢰성분쟁조정을 시행하고 있다.

(1) 무역분쟁조정

무역분쟁조정은 대외무역법에 의거하여 아래의 분쟁이 발생한 경우 대한상사중재원에서 조정위원회를 구성하여 분쟁에 관한 적합한 조정안을 제시하여 분쟁을 처리하는 절차이다.

① 무역거래자 상호간 또는 무역거래자와 외국 업체 간에 물품 등의 수출, 수입과 관련하여 분쟁이 발생한 경우(대외무역법 제44조 제4항)
② 선적전 검사와 관련하여 수출업자와 선적전 검사기관간에 분쟁이 발생한 경우(대외무역법 제45조 제2항)

대한상사중재원에서는 조정사건을 접수한 뒤 7일 이내에 조정위원들 중에서 3인을 조정위원으로 위촉하여 조정위원회를 구성한다. 조정위원회 구성이 완료되면 20일 이내 조정위원회를 개최하여 분쟁내용을 검토한다. 이를 통해 당사자가 적절한 합의에 이르도록 조정안을 제안해야 한다. 이때 양 당사자들은 조정안을 접수한 이후 7일 이내 수락여부를 서면으로 조정위원회에 통지해야 한다.

당사자들간 조정회의 중 합의에 이르거나 조정안 제시에 따라 모두 수락한 경우 조정이 성립한다. 이 때 합의서가 작성되며 그 순간부터 효력이 발생된다. 만일 양 당사자가 합의대로 이행하지 않는 경우에는 이후 중재, 소송 절차에서 그대로 인용될 가능성이 크다.

(2) 신뢰성분쟁조정

신뢰성분쟁은 신뢰성보장사업과 관련해서 발생되는 분쟁을 의미한다. 다시 말해서, 신뢰성인증을 득(得)한 부품, 소재를 이용하여 제품을 생산하거나 생산된 제품을 사용(使用)한 자가 그 부품, 소재의 하자(瑕疵) 발생으로 손해를 입은 경우, 신뢰성 보장사업자, 지정평가기관, 지정인증기관, 피보험자 혹은 기타 이해 관계자 간 발생하는 분쟁을 말한다.

신뢰성보장사업과 관련된 분쟁은 전문적인 지식을 요하기 때문에 최대한 조정에 의하여 신속한 해결이 되도록 유도한다. 대한상사중재원에서는 사건이 접수와 함께 3인의 조정인을 선정하고 조정부를 구성한다. 조정회의를 통하여 양 당사자들은 자신의 입장을 개진하고 조정인들은 법률관계, 사실관계에 대한 검토 및 양 당사자가 원만하게 분쟁을 해결하도록 의견을 제시한다. 조정부는 분쟁해결합의를 위해 서면으로 조정안을 작성하여 양 당사자에게 수락을 권고한다. 당사자들은 조정안 수락권고를 받은 때에 이를 수령한 날로부터 10일 이내 수락 여부를 통지해야 한다. 양 당사자가 모두 수락의사를 나타낸 경우 조정안에 따라 조정이 성립된 것으로 해석한다.

4. 상사중재

상사중재(arbitration)는 분쟁 당사자들의 신청에 의해 법관이 아닌 객관적이고 공정한 제3자를 중재인으로 선정하고 중재인의 판정으로 종국적으로 복종함으로써 쌍방의 분쟁을 원만하게 해결하는 방법이다.

중재의 특징은 아래와 같이 정리할 수 있다. 중재는 민간인에 의한 자주적인 분쟁해결방법이며 중재인은 해당 분야의 전문지식을 갖춘 전문가들이며 해당 분쟁의 성격과 특징에 따라 분쟁당사자들에 의해 선정된다.

① 중재는 양 당사자의 신청으로 성립된다. (조정은 일방도 가능함)
② 당사자들이 법원 소송절차에 의하지 않고 자신들이 클레임을 해결하는 것이므로 중재계약이 되려면 재판을 받을 권리 포기를 의미한다.

대한상사중재원에서 하고 있는 중재는 법원과 비교해서 장점이 있는데 아래와 같이 요약 가능하다.

① 분쟁당사자들은 자신들의 분쟁에 적합한 중재인 선정이 가능.
② 분쟁을 신속하게 해결 가능하고 시간과 비용이 절감됨.
③ 중재판정은 외국에서도 효력이 인정되고 집행이 보장됨.
④ 비공개리에 진행되어 사업상 비밀이나 회사 명성도 유지 가능.

1) 중재합의

중재는 분쟁당사자들이 상호 합의한 중재합의에 의거하여 성립되는데 중재합의는 법정소송을 배제하고 중재에 의해 분쟁을 원만히 해결하도록 쌍방의 중재를 합의하는 중재계약을 의미한다. 즉 중재계약은 당사자 간 합의를 전제로 하고 법원에 의해 재판받을 권리를 포기해야 하며 제 3자인 중재인의 판정에 복종하는 것을 원칙으로 한다.

2) 중재절차

중재절차는 중재계약으로 명시해 놓을 수도 있으나 당사자 간 합의가 없거나 의사가 불분명한 경우에는 상사중재규칙에 따른다. 상사중재규칙에 의한 절차는 아래와 같이 간략하게 요약 가능하다.

① 중재신청: 당사자는 대한상사중재원(사무국)에 중재 신청

② 중재신청의 접수통지: 사무국은 중재신청서 접수우 중재규칙 제10조의 규정에 적합한지 파악하고 양 당사자에게 접수되었음을 통지함과 동시에 중재인 선정을 의뢰함으로 중재절차 개시됨(이때 피신청인측에 중재신청서 1부를 보냄)

③ 답변서 제출 및 반대신청: 피신청인은 수령일로부터 국제중재 30일 이내(국내중재 15일 이내)에 사무국에 답변서를 제출해야 한다. 피신청인이 반대하는 경우 반대의 중재신청도 가능함.

④ 중재판정부 구성: 1인 혹은 수인의 중재인으로 구성됨

⑤ 심리절차: 비공개를 원칙으로 하며 허가를 받은 자는 심문 출석 가능함.

⑥ 중재판정: 심리종결일로부터 30일 이내 판정. 중재절차 시 주장되었으나 중재판정에 포함되지 아니한 청구에 대한 추가판정은 60일 이내 추가판정한다.

제7부
국제마케팅

제1장

정치적 환경 분석

1. 정치적 환경 개념

진출하고자 하는 국가의 정치적 환경을 정확히 파악하고 이해하는 것은 선행되어야 할 필수적인 활동이다. 정치적 환경은 매우 광범위한 범주를 포함하므로, 국제마케팅 수행 시 필요한 범위 내에서 핵심 요소를 선별하여 분석하는 것이 무엇보다 중요하다.

이러한 맥락에서 진출 대상국의 정치체제를 이해하고, 정치적 위험을 체계적으로 검토 및 평가하는 것은 매우 중요한 의의를 지닌다. 만약 진출국의 정치적 위험성을 충분히 파악하지 못한 채 진출을 단행할 경우, 재산의 몰수나 사업 철수와 같은 예기치 못한 부정적 결과를 초래할 수 있다. 따라서 정치적 위험이 큰 국가로의 진출 시에는 해당 위험을 효과적으로 관리하거나 최소화할 수 있는 대응 방안을 반드시 마련해야 한다.

2. 정치 체제

정치 체제는 여러 기준에 따라 다양하게 분류될 수 있으나, 본서에서는 설명의 명확성을 위해 크게 민주주의 국가와 전제주의 국가의 두 유형으로 구분하여 서술하고자 한다.

첫째, 민주주의 국가는 삼권분립을 핵심 원리로 한다. 행정부, 입법부(국회), 사법부(법원)가 각각 행정권, 입법권, 사법권을 분담하며, 각 기관은 상호 침해를 방지하기 위해 독립적으로 기능하고 엄격한 견제와 균형이 이루어진다. 또한 주권은 국민에게 귀속되며, 국민의 투표를 통해 정권 교체가 가능하다. 정치 권력은 주권자인 국민의 의사를 실현하기 위해 행사된다. 대표적인 예로는 미국, 대한민국, 주요 유럽 국가 등이 있으며, 이들 선진국은 대체로 정치적 안정성을 특징으로 한다.

둘째, 전제주의 체제는 일종의 독재 체제로, 단일 지도자 또는 소수 집단이 국가의 모든 권력을 집중적으로 보유한다. 이에 따라 정치적 및 법적 안정성이 상대적으로 낮은 경향을 보인다. 전제주의 체제는 주로 공산주의, 신정주의, 우익 독재 등 다양한 형태로 나타나며, 정치적 위험성이 높은 국가에서 주로 관찰된다. 대표 국가로는 쿠바, 북한, 일부 아프리카 및 남미 국가 등이 포함된다.

3. 정치적 위험

1) 정치적 위험의 개념

정치적 위험은 정치적 불안정과 구별되는 개념이다. 정치적 불안정이란, 여당과 야당 간의 심각한 대립으로 입법 절차에 차질이 발생하거나, 대통

령 탄핵과 같은 정치적 중대 이슈로 인한 혼란 상태를 의미한다. 반면, 정치적 위험은 쿠데타나 독재정치의 출현 등으로, 전제국가로 체제가 변모함에 따라, 외국 기업을 대상으로 한 탄압이나 영업 제한 등 비상식적인 정부 조치가 발생하는 경우를 지칭한다. 정치적 위험은 아래와 같이 여러 형태로 구분할 수 있다.

첫째, 정치적 위험은 거시적 위험과 미시적 위험으로 분류할 수 있다. 거시적 위험이란 전쟁, 테러, 쿠데타 등과 같이, 한 국가 전체의 비즈니스 환경이 마비되는 상황을 의미한다. 이에 반해 미시적 위험은 특정 산업을 대상으로 한 정치적 규제나 탄압, 예를 들어, 외국 기업에 대한 영업 제한, 철수 요구, 과도한 세금 부과 등 비논리적인 조치를 포함한다.

둘째, 정치적 위험은 자산 위험과 운영 위험으로 나누어 설명할 수 있다. 자산 위험은 현지 국가의 정부가 자산 동결, 몰수, 철수 등과 같은 조치로 외국 기업의 자산에 직접적 피해를 주는 경우를 의미한다. 반면, 운영 위험은 현지 국가가 외국계 기업에 제품 판매 제한, 수출 의무화, 또는 내국인 고용 비율 상향 등과 같이, 기업의 정상적 운영을 제약하는 각종 정책을 펴는 경우를 일컫는다.

셋째, 현지 진출 기업의 미래 현금흐름에 부정적 영향을 미치는 정치적 위험도 존재한다. 정부가 내부 문제를 외부로 전가하고자, 다국적 기업이나 외국계 기업을 대상으로 민족주의적 발언이나 이익 독점, 자국 산업 붕괴의 원인으로 지목하는 등의 행위가 발생하면, 이는 불매운동이나 영업 방해로 이어져 현금흐름의 불확실성을 심화시키고 기업 활동에 심대한 영향을 미칠 수 있다.

2) 정치적 위험의 유형

국제마케팅에서 진출국에서 직면하는 정치적 위험의 유형은 일반적으로, 4가지로 구분된다(Leontiades, 1985, 『*Multinational Corporate Strategy: Planning for World Markets*』).

첫째, 경영 관리의 내국화 위험성이다. 이는 정부 정책에 따라 외국계 기업의 경영권을 내국인에게 이전하도록 유도하거나, 임원 및 직원 중 내국인 비율을 일정 수준 이상으로 높이도록 강제하는 조치를 의미한다. 외국인 주재원 수를 제한하는 방침도 이에 포함된다.

둘째, 자본의 내국화 위험성이다. 이는 현지 기업의 소유권에 있어 외국인 지분을 제한하거나, 내국인에게 단계적으로 지분을 이양하도록 요구하는 조치, 또는 내국인과의 합작투자 형태로만 사업을 허용하는 경우를 의미한다.

셋째, 외국기업의 운영상 규제에 따른 정치적 위험성이다. 예를 들어, 외국기업의 수익과 자산에 대해 특별세를 부과하거나, 정부 구매 정책에서 외국기업에 대해 차별적으로 적용하는 경우가 있다. 또한, 외국 제품에 대한 가격 통제, 마케팅 활동에 대한 정부 행정 규제 등도 여기에 해당한다.

넷째, 자산 손실의 위험성이다. 이는 현지 정부가 본국 또는 모회사로의 자금 이전을 제한하거나 금지하는 정책, 국유화, 재산 몰수, 강제적인 계약 재협상 및 일방적인 계약 파기 등이 포함된다. 이러한 유형은 정치적 위험 중 가장 과격하고 비상식적인 범주에 해당한다.

4. 정치적 위험의 측정

진출하고자 하는 국가의 정치적 위험은 상당히 다양하고 그 범위가 상상을 초월할 정도로 넓다. 만약 진출국의 지역이 광범위한 큰 대륙의 국가라면 그 정치적 위험의 영역은 생각보다도 훨씬 복잡하다.

또한 정치체계가 본국과 다른 체제를 보유할 때는 매우 이해하기 어려운 상황에 봉착할 수도 있다. 이러한 측면에서 해외 진출을 추진하는 기업들은 실제로 정치적 위험성에 대해 측정이 필요하며 미리 방지하는 노력이 필요하다. 다음과 같이 정치적 위험성을 두 가지 방법으로 측정하는 방법을 소개하고자 한다. 그 방법은 대표적으로 델파이기법(BERI system: Business Environment Risk Index system)과 계량적 방법(PSSI: Political System Stability Index)으로 나눠지며 아래와 같이 해석할 수 있다.

1) BERI system

BERI 시스템은 매년 45개국을 선정하여 100명의 전문가로 구성된 심사위원회에서 특정국의 정치적 변수에 대해 평가하도록 하는 것이다. 첫 번째 평가 단계 후에 각 심사위원으로부터 평가가 종합된 보고서를 전달받아 이것을 기준으로 자신들의 초기 평가 자료를 수정한다. 이 후에 몇 차례 평가를 거친 후에 최종 단계에서 특정 국가의 정치적 위험을 최종 평가하는 것이다.

BERI 시스템의 평가 항목과 가중치는 아래와 같이 15가지로 구성되어 있으며 특정 국가의 정치적 위험성을 평가하는 척도로 사용된다.

2) 계량적 방법(PSSI)

정치적 위험을 평가하는 방법은 여러 가지가 있는데, 현지 방문(Grand tour), 전문가 집단으로부터 고문(old hand)을 활용하는 방법, 앞서 언급한 델파이 기법 등의 질적 조사 방법이 있다. 최근의 정치적 위험성을 평가하는 방법으로 계량적 방법을 사용하고자 하는 측정 방법들이 개발되어 많이 활용되고 있다. 따라서 해외 진출을 위해 질적 조사 방법과 계량적 조사방법을 혼합하여 정치적 위험을 측정하는 것이 바람직하다.

PSSI는 크게 사회경제적 지수, 사회적 갈등지수 및 정치과정 지수를 계량화하여 15개의 독립변수를 통하여 시계열 분석을 통해 종합적인 정치적 위험지수를 도출하는 방식이다. 이러한 평가항목을 통하여 최대한 객관적이고 계량적인 방법으로 정치적 위험성을 측정하고자 하는 방식이다.

위의 질적측정 방법과 계량적 측정 방법으로 정치적 위험성을 진출국에 대해 다양한 각도에서 살펴봄으로써 투자 가능성을 타진하고 최대한 정치적 위험성이 낮은 국가를 선정하는데 의의가 있다. 또한 몇 개의 국가 중에서 상대적으로 정치적 위험성이 낮은 국가를 채택해야 할 경우 객관적인 평가로 선택이 가능하므로 여러 각도의 다각화된 방법은 정치적 환경을 이해하는데, 절대적으로 중요한 절차가 되는 것이다. 한 국가에 대한 정치적 위험을 도출하여 미리 방지하는 측면도 동시에 있으므로 위험을 최대한 나열하는 것은 큰 의미가 있다고 본다.

제2장

경제적 환경

1. 글로벌경제환경

세계 경제는 국가 간에 상호 연계되어 있으며, 각국의 경제는 이러한 세계 경제와 밀접하게 연결되어 있어 세계 경제 주체와 환경 변화에 더욱 크게 영향을 받는다. 특히 세계 시장에 대한 수출 의존도가 높은 국가는 세계 경기 침체나 세계적 유행병(팬데믹)과 같은 상황에 더욱 취약하며, 심각한 경제적 위기에 직면할 가능성이 높다.

따라서 해외 진출 국가를 선정하고 비즈니스를 전개하기 위해서는 세계 경제 환경에 대한 충분한 이해가 선행되어야 한다. 이러한 세계 공통의 경제적 조건을 우선적으로 파악하는 것은 매우 중요하며, 세계 경제의 변화는 개별 국가 경제에 직간접적으로 영향을 미친다는 점에서 그 의의가 크다.

1) 글로벌가치사슬(Global Value Chain)

글로벌 가치사슬(Global Value Chain, GVC)의 개념은 최초로 맥킨지 컨설팅(McKinsey Consulting)에 의해 제안되었으며, 이후 하버드대학교의 마이클 포터(Michael Porter) 교수가 이 개념을 발전시켜 대중적으로 널리 알렸다. 현대 기업 운영에서는 기업이 독자적으로 모든 활동을 수행하는 것이 사실상 불가능하며, 상품과 제품의 설계, 구매, 생산, 유통, 판매, 폐기에 이르는 전 과정이 통신 및 운송 기술의 발달로 인해 긴밀하게 연결되어 있다.

글로벌 경제 환경에서 각 기업은 더 높은 부가가치를 창출하기 위해 비교우위를 보유한 공급업체를 전 세계적으로 발굴하고, 우수한 제품과 서비스를 제공하는 기업들과 긴밀하게 연계하여 비즈니스를 수행하고 있다. 이러한 맥락에서 하나의 기업 활동에 붕괴나 지연이 발생할 경우, 그 기업으로부터 공급을 받는 다른 기업들도 직접적으로 영향을 받을 수 있다. 따라서 세계 경제는 고도로 상호 연계되어 있으며, 개별 기업이 독립적으로 비즈니스를 영위하기는 현실적으로 불가능하다. 이는 크고 작은 여러 문제를 통해 상호 영향을 주고받는 글로벌 가치사슬의 특성을 명확히 인식해야 함을 의미한다.

2) 지역적 경제통합

세계의 경제 주체들은 각자의 이해 관계에 따라 경제적 통합을 통해 이익을 극대화하거나 경쟁 우위를 확보하기 위해 노력한다. 경제통합의 형태는 그 심화 정도에 따라 자유무역협정(Free Trade Agreement, FTA), 관세동맹(Customs Union), 공동시장(Common Market), 경제연합(Economic Union) 등으로 구분할 수 있다.

자유무역협정(FTA)은 회원국 간 상호 합의에 따라 역내 국가 간 관세를 철폐하거나 쿼터제(quota)를 폐지하는 것을 주요 내용으로 하며, 이는 경제통합의 가장 기초적인 단계에 해당한다. 관세동맹은 자유무역협정의 범위에 더해 회원국 간 공동의 대외관세 체계를 도입하는 단계이다. 공동시장은 노동, 자본, 원재료 등 생산요소의 이동에 대한 제한과 규제를 완전히 철폐하는 것을 특징으로 한다. 마지막으로 경제연합은 단순한 생산요소의 자유로운 이동을 넘어서, 회원국 간 경제정책의 조정 및 통합까지 포함하는 고도의 협력 단계를 의미한다.

현재 여러 국가가 경제연합 단계까지 경제통합을 달성하였으며, 대표적인 사례로는 유럽연합(European Union, EU)과 북미자유무역협정(North American Free Trade Agreement, NAFTA) 등을 들 수 있다. 이와 같은 경제통합의 궁극적인 목적은 자국 산업의 이익을 극대화하고, 타국에 비해 상대적 경쟁 우위를 확보하는 데 있다.

더불어, 이러한 지역 경제통합(regional bloc)은 앞으로도 더욱 가속화될 것으로 전망된다. 따라서 진출하고자 하는 국가가 이러한 지역 통합체에 속해 있는지와 향후 통합의 전망을 함께 고려하는 것은 매우 중요한 환경분석 요소라 할 수 있다.

3) 다자간 무역협상

글로벌 경제 환경에서는 다수의 국가가 참여하는 국제기구 및 협정의 내용과 이들이 각국 정부의 경제정책에 미치는 영향에 대한 깊이 있는 이해가 필수적이다. 이러한 국제기구 및 협정은 진출하고자 하는 국가의 선택 및 비즈니스 운영 전반에 절대적인 영향을 미치기 때문이다.

세계 경제 질서에 중대한 영향을 미치는 대표적 국제기구로는 세계무역기구(World Trade Organization, WTO)가 있다. WTO는 1995년, 오랜 협상 끝에 출범하였으며, 이전의 관세 및 무역에 관한 일반협정(GATT: General

Agreement on Tariffs and Trade, 관세 및 무역에 관한 일반협정)을 대체하였다. WTO는 세계적으로 자유무역의 촉진, 시장 개방, 무역장벽 해소를 목표로 하는 권위 있는 국제기구로, 세계 무역 질서의 형성과 운영을 담당하며, 무역 분쟁 해결의 기준점이 되는 다자간 협정 체계를 제공하고 있다.

이와 더불어, 최근 글로벌 경제에서는 탄소 감축과 지구온난화 방지를 위한 다양한 환경 협정의 중요성이 드러나고 있다. 이른바 '제2의 우루과이 라운드'로도 불리는 그린 라운드(Green Round)는 1991년 미국 상원의원 M. Maucus가 처음 제안하였으며, 환경과 무역의 연계를 중심으로 한 다자간 협상의 결과로 체결된 협정이다. 또한, 2021년 1월부터 발효된 파리협약(Paris Agreement) 등 국제 환경 협정은 제품의 생산, 포장, 판매 등 전 과정에 걸쳐 실질적 영향을 미칠 수 있으므로, 해외 진출 시 반드시 고려해야 할 경제적 환경 요인으로 간주한다.

2. 특정국가 경제 환경

진출하고자 하는 국가의 경제 전반에 대한 자세한 경제 환경 분석은 우선적으로 선행되어야 하는 요소이다. 일반적으로 아래의 경제 환경 분석이 이뤄지며 최대한 정확한 정보를 파악하는 것이 중요한데, 후진국의 경우에는 자료의 양이 부족한 단점이 있고 선진국의 경우 자료의 양이 방대하지만, 자료 간 기준의 동일성이 확보되었는지를 반드시 확인할 필요가 있다.

1) 거시적 경제 분석

진출 국가의 거시적 경제를 분석하기 위해서 그 국가의 경제체제와 시장 발전단계 및 국제수지 등을 확인해 보는 것이 필요하다. 거시 경제를 진단하는 항목은 여러 가지가 존재하지만, 이 책에서는 아래의 세 가지 측면에서 한정해서 소개하고자 한다.

(1) 경제체제

국가의 경제체제는 크게 자본주의 경제체제, 사회주의 경제체제, 그리고 혼합경제체제로 구분된다.

첫째, 자본주의 경제체제는 자원 배분이 시장에 의해 이루어지며, 자원의 소유권 또한 민간에 귀속된다. 이에 따라 경제 주체의 자율적 활동을 통해 공급과 수요가 결정되고, 가격은 시장 내에서 공급과 수요의 변동으로 자유롭게 형성된다는 특징을 가진다. 자본주의 경제체제는 미국, 일본, 주요 유럽 선진국 등에서 대표적으로 도입·발전되어 온 보편적인 경제체제이다.

둘째, 사회주의 경제체제는 자원의 소유권이 국가에 한정되며, 모든 경제 활동이 국가 계획에 따라 분배 및 집행된다. 민간이 자원을 소유할 수 없고, 국가가 생산·공급·뷰배 등 경제 전반을 직접 통제한다. 북한, 쿠바, 구소련 등은 사회주의 체제의 대표적 사례로 꼽힌다. 최근에는 자원 배분의 비효율성과 생산성 저하라는 문제점으로 인해 사회주의 경제체제는 세계 경제에서 성공적으로 기능하지 못한 체제로 평가받고 있다.

셋째, 혼합경제체제는 시장 경제의 한계와 부작용을 보완하기 위해 일부 계획경제적 요소를 도입·운영하는 체제이다. 대부분의 국가는 자본주의 경제체제를 전적으로 고수하기보다는, 일정 부분 계획경제의 이점을 반영하여 경제 질서를 유지하려는 경향을 보인다. 이는 자본주의 경제체제에 내재된 구조적 모순과 폐단을 완화하기 위한 불가피한 정책적 대안이라고 볼 수 있다.

(2) 시장발전단계

진출 국가의 시장 발전 단계를 세부적으로 명확히 파악하는 것은 기업의 전략 수립에 있어 매우 중요한 요소이다. 이는 해당 국가가 후진적인 경제 단계에 있으면, 고가의 제품이나 고품질의 상품으로는 성공 가능성이 작으며, 시장의 수준에 부합하는 마케팅 믹스 전략이 필요하기 때문이다.

시장 발전 단계는 1인당 국민소득(GNI per capita)을 기준으로 저소득 국가, 하위 중소득 국가, 상위 중소득 국가, 고소득 국가로 구분할 수 있다. 이때 시장 발전 단계의 소득 구분(Income group)은 OECD 자료에 근거한다. 참고로 GNI는 Gross National Income(국민총소득)의 약어이며, 'GNI per capita'는 1인당 국민소득을 의미한다.

첫째, 저소득 국가는 1인당 국민소득이 미화 1,005달러 이하인 국가를 말한다. 이러한 국가들은 산업 구조가 주로 1차 산업에 집중되어 있으며, 문맹률이 높고 외국 원조에 대한 의존도가 높으며, 정치적으로도 불안정한 경향을 보인다. 대표적으로 아프리카 국가들이 이에 해당한다.

둘째, 하위 중소득 국가는 1인당 국민소득이 미화 1,006달러에서 3,955달러 사이에 해당한다. 산업화가 초기 단계에 있는 이들 국가는 대부분 노동집약적 산업에 의존하며, 소비재 시장 역시 성장의 초기 단계에 있다.

셋째, 상위 중소득 국가는 1인당 국민소득이 미화 3,956달러에서 12,235달러에 해당한다. 제조업이 주 산업을 이루며, 노동임금이 급격히 상승하고, 문맹률이 낮으며, 수출지향적인 경제 구조를 갖는다. 또한 고등교육에 대한 수요가 높아지고, 인구의 도시 유입 현상이 두드러지는 점을 보인다.

넷째, 고소득 국가는 1인당 국민소득이 미화 12,236달러 이상인 국가로, 서비스 산업의 비중이 높고, 신제품 개발과 혁신이 산업 경쟁력의 핵심 요소로 작용한다. 특히 정보와 지식이 국가 경제 경쟁력의 원천으로 인식된다.

(3) 국제수지

경상수지(經常收支)는 무역수지, 무역외수지(서비스수지 및 소득수지), 그리고 경상이전수지를 모두 반영하여 산출되는 한 국가의 국제수지를 의미한다. 한 국가의 경상수지를 분석함으로써, 해당 국가의 현재 무역 규모와 무역 구조를 파악할 수 있으며, 수출지향적 국가인지 또는 수입 의존도가 높은지 여부 등도 확인할 수 있다. 이는 국가 경제의 거시적 관점에서 경제 규모 및 정책적 시사점을 제시한다. 아래에서는 무역수지, 무역외수지(서비스수지와 소득수지), 경상이전수지에 대해 구체적으로 설명하고자 한다.

첫째, 무역수지는 상품의 수출액에서 수입액을 차감한 값으로, 일정 기간(통상 1년) 동안 해당 국가가 상품 거래를 통해 얼마의 수익을 올렸는지를 나타낸다. 수출이 수입을 초과하면 무역수지 흑자를 기록한다고 하며, 반대로 수입이 수출보다 많으면 무역수지 적자가 발생하게 된다.

둘째, 무역외수지(서비스수지와 소득수지)는 외국과의 서비스 거래 및 소득 거래에서 들어온 수입과 나간 지급의 차이를 의미한다. 서비스수지와 소득수지는 다음과 같이 세부 항목으로 구성된다. 무역외 수입에는 외국인 관광객의 국내 소비로 인한 외화 수입, 해외 투자로부터의 이자 수입, 국적 선사의 국제 운송 수입, 또는 국내 거주자가 해외에서 단기간(1년 이내) 근로를 통해 얻은 임금 등이 포함된다. 반면, 무역외 지급에는 한국이 외국에 지급한 운임, 대외 채무에 대한 이자, 해외여행 경비, 단기 고용된 비거주자에게 지급한 임금 등이 해당한다. 한국의 경우, 무역외수지는 해외투자자에 대한 배당금 및 이자 지급, 외국 선박회사에 대한 운임 지급, 해외여행 관련 경비 등이 수입을 웃돌아 대부분 적자를 기록하는 경향이 있다. 만약 수입이 지급을 초과하면 무역외수지 흑자가 된다.

셋째, 경상이전수지는 거주자와 비거주자 간에 대가 없이 주고받은 이전거래의 수지를 의미한다. 주요 항목으로는 해외 거주 교포가 친인척에게 송금한 자금, 자선단체 또는 종교기관의 국제적 기부금, 정부 간 무상원조 등이 있다.

2) 시장 규모와 소비자 분석

특정 국가의 경제 환경을 정확히 파악하기 위해서는 시장 정보뿐만 아니라 소비자 규모와 소비자 행동에 대한 체계적인 분석이 필수적이다. 거시적 경제 환경에 대한 분석만으로는 시의적절한 의사결정을 내리기에 한계가 존재한다. 따라서 시장의 규모를 효과적으로 파악하기 위해서는 인구수, 인구 분포, 그리고 인구 증가율 등의 지표를 시계열적으로 분석해야 한다. 아울러 소비자의 소득 수준과 구매력을 자세히 평가한다면, 현재 소비자 수준뿐만 아니라 향후 예상 수요까지 도출할 수 있다.

(1) 인구수와 인구 분포

진출 대상국의 인구수는 제품 유형에 따라 시장 규모의 잠재력을 가늠하는 데 중요한 기초 자료가 된다. 예를 들어, 인구수가 많고 경쟁 기업이 상대적으로 적은 소비재 시장의 경우, 해당 국가의 시장 잠재력은 상당히 크다고 평가할 수 있다. 인구 분포 역시 중요한 변수로, 연령대별로 선호하는 제품군이 다르게 나타나기 때문이다. 특히 10대와 20대 연령층이 인구의 큰 비중을 차지하는 국가에서는 화장품, 문구류, 아이스크림 등 특정 소비재 시장의 성장 가능성이 높다고 판단할 수 있다.

(2) 소비자 소득수준과 구매력

진출 대상국 소비자의 소득 수준을 파악하기 위해서는 1인당 국민소득

(Gross National Income, GNI) 등의 지표가 유용하게 활용된다. 평균 소득 수준이 낮은 국가는 자동차와 같은 내구재 소비에 있어서 저가형 제품이나 중고 제품에 대한 수요가 클 것으로 예상된다. 반대로, 소득 수준이 높은 시장에서는 가격보다는 품질과 고급 브랜드에 대한 선호가 강하므로, 고급 브랜드의 시장 진출 전략이 효과적일 수 있다.

또한 소비자의 실제 구매력을 분석하기 위해서는 구매력 평가(PPP: Purchasing Power Parity)와 같은 구매력 지수를 활용하는 것이 적합하다. 이는 물가 수준, 생필품 가격, 주거비용 등을 고려하여 실제 구매 가능한 재화의 양을 측정함으로써, 해당 국가의 생활수준을 더 정확히 평가하는 데 이바지한다.

3) 사회 인프라 구축 정도

진출국의 사회 인프라 구축 수준을 선행적으로 아는 것이 필요하다. 왜냐하면 비즈니스를 수행하면서 기반 시설의 수준에 따라 물류비용의 차이가 발생하고 이에 따라 원가가 달라지기 때문이다. 또한 진출하는 산업에 따라 인프라 구축 산업에 직접적으로 참여할 수도 있기 때문이다. 예를 들어 건설업이나 건설장비 관련 산업이라면 인프라의 구축이 필요한 국가라고 하면 좋은 시장의 요건이 되는 것이다. 그러므로 시장 경제 환경의 파악에 따른 미래 전망으로서 예상되는 요구사항과 필요한 부분을 시장과 업계에 적절하게 제시할 때는 진출국에서 성공할 가능성을 크게 높인다고 할 것이다.

3. 경제 환경 분석의 중요성

진출하고자 하는 국가의 경제 환경을 체계적으로 분석함으로써, 기업은 더욱 정교한 마케팅 전략을 수립할 수 있다. 이러한 절차를 바탕으로, 경제 수준에 적합한 제품 개발이 가능해지며, 마케팅 믹스 요소들의 효과적 적용을 통해 시장의 소비자 수준과 요구를 만족하는 판매촉진 전략을 마련할 수 있다.

만일 시장 진출 시 해당 국가의 경제 환경을 충분히 분석하지 않고 자국의 일반적인 방법을 그대로 적용할 경우, 성공을 기대하기 어렵다. 진출국의 경제 상황을 고려하지 않은 마케팅 믹스 전략은 소비자의 요구를 제대로 충족시키지 못할 뿐만 아니라, 구매력이 뒷받침되지 않는 고가 제품을 시장에 도입함으로써 소비자로부터 외면받을 가능성이 높다. 따라서, 진출 대상국에 대한 거시적 경제 환경과 그 국가의 소비자 특성에 대한 면밀한 사전 분석이 반드시 선행되어야 한다.

제3장

사회·문화적 환경

1. 사회·문화적 환경 개념

진출국의 사회적·문화적 체계와 구성은 대체로 고유한 의미를 지니며, 국가별로 다른 형태로 나타나는 경우가 많다. 이러한 특성으로 인해, 해외 시장에 진출하고자 하는 기업은 해당 시장의 문화적 및 사회적 특성을 반드시 충분히 파악해야 한다.

사회·문화적 환경을 이해하기 위해서는 문화, 준거집단, 사회계층 및 가족과 같은 요소를 체계적으로 분석할 필요가 있다. 이들 요소는 사회·문화적 환경의 일반적인 개념적 틀을 구성하므로, 정확한 이해가 필수적이다.

국가별로 사회와 문화는 다양하며, 이들은 인식체계를 형성하는 핵심 기준이 된다. 경우에 따라 진출국가의 문화적 요소를 간과하고 자국 중심의 일방적 접근법을 취하는 경우, 기대한 성과를 거두지 못하는 사례가 자주 발생한다. 예를 들어, 한 다국적 기업이 영국 시장에 진출하여 통조림 수프 제품을 광고하였으나 현지 시장에서 긍정적인 반응을 얻지 못한 사례가 있다. 해당 광고에서는 아들이 어머니에게 통조림 수프를 사달라고 조르는 장면이 강조되었으나, 영국 문화에서는 자녀가 부모에게 조르는 행위가 예의에 어긋나는 것으로 인식되어 부정적인 반응을 초래하였다. 또한, 영국에서는 어머니가 통조림 수프를 제공하는 것이 가족의 건강 식단이라는 긍정적 이미지로 받아들여지지 않는다는 점 역시 간과한 것으로 결국 제품의 성공으로 이어지지 못하였다.

2. 사회·문화적 환경의 종류

1) 문화

진출 국가의 문화(culture)를 설명하는 방법에는 여러 가지가 있으나, 일반적으로 언어와 숫자, 종교, 미적 감각, 물질에 대한 태도 등에서 나타나는 차이를 분석함으로써 해당 문화의 특성을 파악할 수 있다.

첫째, 언어와 숫자의 기호학적 사용은 국가별로 다르게 나타난다. 한 문화권에서 긍정적으로 받아들여지는 단어나 표현이 다른 문화권에서는 매우 부정적이거나 불쾌하게 해석되는 경우가 있다. 예를 들어, 중국 사회에서 선물로 book(書, 书), umbrella(傘, 伞), clock(鐘, 钟)을 주는 것은 매우 부적절하다. 이는 각 단어의 중국어 발음이 각각 'shu', 'san', 'zhong'으로, 'shu'는 패배·불운을, 'san'은 산산조각 혹은 해체를, 'zhong'은 죽음 혹은 종말을 연상시키기 때문이다. 이처럼 언어와 숫자의 기호적 의미를 충분히 고려하지 않으면, 선물이나 제품 출시 시 의도치 않은 문화적 오해를 초래할 수 있다.

또한, 숫자에 대한 인식 역시 문화권에 따라 다르다. 중국에서는 '8'이 행운을 상징하는 반면, '4'는 '死(죽을 사)'와 음이 유사하여 불길하게 여겨진다. 영미권에서는 '13'이 불운을 상징하는 숫자로 받아들여진다. 이처럼 진출 국가의 언어나 숫자와 관련된 기호적 의미를 미리 파악하는 것은 매우 중요하다.

둘째, 종교는 각국 국민의식과 생활양식을 지배하는 주요 인식체계로, 문화를 이해하는 데 핵심적 역할을 한다. 진출국의 종교적 특성을 존중하고, 비즈니스상 유의사항을 숙지하는 것은 필수적이다. 예를 들어, 종교별로 특정 음식이나 언어가 금기로 여겨질 수 있다. 현지인과의 식사 자리에서 제공하는 음식이나, 종교적 신념의 대상이 되는 존재(신, 동물, 물건 등)에 대한 경솔한 언급이나 행동은 현지 문화에 심각한 모욕감을 줄 수 있다. 예컨대, 인도 힌두교 문화에서는 소고기가 철저히 금기시되므로, 인도인을 대상으로 한 영업 활동에서 소고기 제공은 엄격히 피해야 한다.

셋째, 미적 감각 역시 국가별로 크게 다르다. 색상에 대한 의미만 해도 지역마다 현저히 다르다. 예를 들어, 스페인에서는 '빨간색'이 열정의 상징이며, 플라멩코 무용수들도 주로 빨간색 의상을 착용한다. 반면, 중국에서는 빨간색이 복과 행운을 상징한다. 그러나 일부 국가에서는 빨간색이 피를 연상시키기 때문에 부정적인 의미로 인식되기도 한다.

넷째, 물질에 대한 태도 역시 국가·민족별로 다르다. 예를 들어, 힌두교 카스트 제도 중 바이샤 계급은 물질을 다루는 것을 긍정적으로 여기며, 물질적 축적과 사업 활동에 적극적인 자세를 보인다. 반면, 불교 문화권에서는 '무소유'를 최고의 덕목으로 삼아 물질에 대해 부정적 인식이 강하다. 한편, 기독교나 유대교 문화에서는 건전한 부의 추구가 긍정적으로 받아들여지며, 제품의 포장이 깨끗하고 반짝일수록 품질이 우수하다고 인식하여 구매 욕구가 높아지는 경향이 있다.

2) 준거집단

한 국가의 문화를 이해하기 위해서는 해당 사회의 준거집단(Reference Group)을 파악하는 것이 중요하다. 국가마다 모범으로 삼거나 생활의 기준으로 여기는 집단 또는 인물들이 존재한다.

예를 들어, 종교적 성향이 강한 사회에서는 종교 집단의 최고 권위자들이 준거집단의 역할을 할 수 있고, 어떤 사회에서는 전문가 집단이 사회적 기준점으로 기능하기도 한다.

이러한 준거집단의 소비 행동은 대중에게 상당한 영향력을 미치며, 이들의 소비 성향과 가치관을 자세히 이해하는 것은 성공적인 시장 진입 전략 수립에 중요한 시사점을 제공한다.

예를 들어, 해당 사회의 전문가 집단이 중시하는 가치와 일치하는 기업 활동을 전개함으로써, 긍정적인 기업 이미지를 구축할 수 있으며, 이는 판매 확대에도 직접적으로 이바지할 수 있다.

3) 사회계층

진출 대상국의 사회계층(Social Class) 구조를 정확하게 분석하는 것은 마케팅 믹스 전략 수립에 있어서 핵심적인 실마리를 제공한다. 각 국가의 사회계층은 특유의 소비 양식과 문화적 속성을 나타내며, 경제적 요인이나 종교적 요인에 따라 다양한 형태로 구분된다.

예를 들어, 인도의 카스트 제도는 브라만, 크샤트리아, 바이샤, 수드라의 네 계급으로 나뉘며, 이는 사회적 신분을 운명적으로 수용하는 문화적 뿌리로 자리 잡고 있다. 한편, 자본주의 국가에서도 자본 보유 규모에 따라 하위 계층, 중간 계층, 상위 계층 등으로 구분되며, 이러한 사회계층 분포의 불균형 정도가 사회의 건강성에 영향을 미치기도 한다.

따라서 사회·문화적 관점에서 각 국가의 사회계층 구성과 그 비율을 분석함으로써, 신제품 개발, 가격 정책, 유통 경로, 광고 수준 등의 마케팅 믹스 요소를 효과적으로 설계할 수 있다. 사회계층 구조 분석은 글로벌 마케팅 환경에서 필수적인 분석 항목으로 간주하며, 이를 간과하고 자기중심적으로 마케팅 믹스를 적용할 경우, 성공 가능성이 현저히 낮아질 수 있다. 사회·문화적 환경 분석에서 사회계층에 대한 사전적이고 정밀한 분석은 반드시 선행되어야 한다.

4) 가족

국가별 가족(Family)의 구성 형태와 인원수는 시간적·지역적 요인에 따라 크게 달라진다. 예를 들어, 한국의 경우 과거에는 대가족 중심의 구조가 일반적이었으나, 1960~70년대 이후 급속한 도시화와 산업화에 따라 핵가족화가 빠르게 진전되었다. 이처럼 한 국가의 가족 형태와 인원 변화는 기업의 마케팅 믹스 전략 설계에 중요한 정보를 제공한다.

진출국의 현재 가족 구성뿐만 아니라, 미래의 가족 구조 변화에 대한 전망도 중요하다. 왜냐하면 현행 가족 구조가 장기적으로 지속될 것인지는 도시화, 교육, 산업 변화 등 다양한 요인에 따라 변동될 수 있기 때문이다. 따라서 현재의 가족 구조뿐만 아니라, 변화의 방향성과 속도 역시 자세히 분석할 필요가 있다.

또한, 가족 내 의사결정 과정과 주요 결정권자의 파악도 중요하다. 소비활동에서 주요 의사결정 권한이 누구에게 있는지, 및 가족 구성원 개개인의 참여 정도는 국가 혹은 민족마다 다르게 나타난다.

특히, 여성의 소비 의사결정 참여와 그 영향력은 사회적·문화적 배경에 따라 다를 수 있으므로, 진출국의 현황과 변화 추이에 대한 정확한 분석이 필요하다.

이러한 요소들을 충분히 고려하지 않을 경우, 효과적인 마케팅 전략 수립은 어려울 수 있다. 가족은 개인의 소비 습관과 태도 형성에 큰 영향을 미치는 요인이며, 가족에 대한 심층 분석을 통해 보다 적절한 마케팅 믹스 구성이 가능해진다.

제4장

법률적 환경

1. 법률적 환경 개념

진출 국가에서 기업을 운영하면서 해당 국가의 법적 체계와 그 내용의 차이를 명확히 인식하는 것은 매우 중요한 사항이다. 법은 각 국가와 민족의 역사, 생활양식을 규정하고 그 보호는 최소한의 안전장치 역할을 한다. 따라서 각국의 법률은 다른 내용을 담고 있으므로, 현지 비즈니스를 영위할 때는 체계적이고 명확한 사전 지식에 기반하여 활동해야만 적절한 법적 보호를 받을 수 있고, 불필요한 분쟁도 효과적으로 예방할 수 있다.

2. 국제법 개요

근대적 국제법은 17세기 유럽의 베스트팔렌조약(1648년)에서 비롯된다. 이 조약은 각국을 주권국으로 인정하고 종교의 자유 원칙을 확립했으며, 근대 국제법의 효시로 평가받는다. 베스트팔렌조약의 체결로 신성로마제국과 교황의 영향력은 급격히 약화하였고, 각국은 주권국으로서 동등한 입장에서 국제관계를 형성하며 현재의 국제법 질서가 자리 잡게 되었다.

현재 국제사법재판소는 네덜란드 헤이그에 있으며, UN 산하 사법기관으로 1946년부터 운영되고 있다. 이곳에서는 국가 간 분쟁이 다루어지며, 판결 시에는 국제조약과 국제관습법, 문명국가에서 인정하는 일반법의 원칙, 관련 판례, 그리고 국제적으로 저명한 학자들의 견해 등이 종합적으로 고려된다.

3. 국제법의 체계

국가별로 적용되는 법 체계는 다양하나, 일반적으로 다음의 세 가지로 분류할 수 있다.

1) 성문법

성문법 체계는 로마법에 근거하여 발전한 시스템으로, 독일, 프랑스 등이 대표적 적용 국가에 해당한다. 모든 법 조항이 문서로 작성되어야 법정에서 인정 및 집행될 수 있으며, 법규의 문서화가 중요한 특징이다.

2) 관습법

관습법 체계는 법전에 명시된 규정보다 관례, 전통, 판례 등에 근거하여 판결이 내려진다. 영국, 미국, 캐나다 등 영미권 국가에서 주로 채택되고 있다. 특히 지적재산권 관련 분쟁에서 최초 등록 원칙보다는 실제 '사용' 여부가 법적 보호에 중요한 기준으로 작용한다.

3) 이슬람법

이슬람법(Islamic Law)은 이슬람 경전인 코란(Koran)에 근거한 법 체계로, 주로 중동 국가에서 적용된다. 이슬람법에서는 법이 인간이 아닌 신(알라)에게서 유래한 것으로 간주한다. 대표적으로, 개인 간 이자 지급이 원칙적으로 금지되며, 도박이나 알코올 관련 사업도 엄격히 규제된다. 이러한 규제들은 금융, 투자, 유통 등 다양한 사업 영역에 중대한 영향을 미치기 때문에, 관련 분야 진출 시에는 이슬람법에 대한 심층적 이해가 필수적이다.

4. 법적 관할권

글로벌마케팅을 수행하는 과정에서 크고 작은 법적 분쟁이 발생할 가능성은 상당히 높다. 따라서 기업은 사업 초기 또는 계약 체결 시, 해당 분쟁 발생 시 적용될 국가의 법적 관할권을 계약서에 명확히 기재해야 한다. 만약 관할권을 불명확하게 설정할 경우, 분쟁 발생 시 각 당사자가 자국에 유리한 법 적용을 주장하며 분쟁이 장기화할 수 있다.

이러한 법적 관할권 문제는 계약서 또는 양해각서(MOU) 등에 당사자 간 합의로 구체적으로 명시해야 하며, 분쟁 발생 시 적용 법과 소송 법원을 사전에 확정해 두는 것이 바람직하다.

5. 법률 분쟁 해결

비즈니스를 하다 보면 의도치 않게 분쟁이 발생할 수도 있다. 법적 분쟁에 앞서 최대한 상호 간 합의를 통해 문제 해결을 하는 것이 가장 현명하고 빠른 해결의 지름길이 된다. 상호 합의로 문제 해결을 할 때에 장기적인 신뢰관계와 비즈니스 관계를 형성할 가능성이 상당히 높다. 하지만 부득이하게 법적으로 분쟁을 해결해야 하는 경우가 있다면 소송에 앞서 중재를 통해 원만하게 문제 해결을 하는 방법도 있다. 소송은 사실 시간적, 비용적인 면에서 상당한 손실이 쌍방 간 크다고 할 것이며, 장기적인 거래로 이어지는 것은 어렵다고 본다. 또한 소송으로 가는 경우에는 비즈니스상 이미지가 실추되어 다른 사업에도 악영향을 줄 수도 있어 주의가 상당히 필요하다. 그러므로 상호 합의가 되지 않는다면 최대한 중재기관을 통해 신속한 처리가 더 나은 방법이 되기도 한다.

1) 중재

국제 진출 과정에서 해외 마케팅을 수행하는 중에는 다양한 크고 작은 분쟁이 발생할 수 있다. 이러한 분쟁에 직면했을 때, 모든 문제를 법적 소송을 통해 해결하는 것은 시간적·비용적 측면에서 상당한 부담이 따른다. 이에 따라, 제3의 기관인 중재기관을 통한 중재 절차를 활용하여 분쟁을 해결하는 사례가 많다. 중재는 여러 측면에서 이점이 있는데, 특히 소송에 비해 절차가 신속하게 진행되고 비용 부담이 적다는 점이 중요한 장점으로 작용한다.

국제 중재에 핵심적인 협약은 1958년의 UN에서 체결한 뉴욕협약으로 해외 중재판정의 인정과 집행에 관한 협약이다. 이 협약은 전 세계 107개 국가에서 협약에 가입하였으며 주요 내용은 아래와 같다.

뉴욕협약의 주요 내용

① 중재가 발생하고 판정이 난 경우에는 그 판정을 인정하고 집행해야 한다.

② 조약국들은 중재판정에 불복의 사유로 제한적 사항으로 국한한다는 것에 합의하였다.

③ 조약국들은 국제협약으로서 중재조항을 합의하면 당사자들은 중재를 이용하겠다는 약속을 지켜야 한다.

2) 소송

법적 분쟁의 해결 방법으로 앞서 중재 절차에 대해 살펴보았다. 당사자 간의 합의 또는 중재를 통해 원만히 해결하는 것이 가장 바람직하지만, 양측의 입장이 첨예하게 대립하여 타협이 어려울 때는 법적 소송 절차를 통해 해결할 수밖에 없다.

국제마케팅에서 한 국가 내에서 발생하는 법적 분쟁은 해당 국가의 법정에서 해결하면 되지만, 분쟁이 여러 국가에 걸쳐 발생할 때는 각국의 법률 규정에 따라 판단해야 하므로, 복잡한 법적 절차와 해석 과정을 거칠 수밖에 없다. 이 과정에서 각국 법률의 다른 해석이 장애가 될 수 있으며, 정치적 판단이 개입될 우려도 있다. 또한, 법적 소송의 처리 속도 역시 각국 법원의 사정에 따라 크게 달라질 수 있다. 이러한 점을 고려할 때, 국제마케팅 활동에서 발생하는 법적 문제를 가급적 소송까지 가져가기보다는, 당사자 간의 합의를 통해 원만히 해결하도록 적극적으로 노력하는 것이 바람직하다.

아울러, 매매계약 체결 시나 사업 초기의 양해각서 작성 단계에서, 손해배상 청구 또는 법적 갈등 발생 시의 처리 절차와 적용 법률, 관할 국가(또는 장소)를 명확하게 규정하는 것이 필요하다. 이는 추후 발생할 수 있는 분쟁의 소지를 사전에 방지하기 위해 반드시 합의해야 할 필수적인 사항이다.

6. 국제경영 및 물류 관련 법적 문제

1) 라이센싱(licensing) 부여

국제마케팅에서 해외 진출 전략 중 라이센스(license) 제공은 수출보다 한층 더 적극적인 전략에 해당한다. 라이센스 제공자(licensor)는 라이센스 수혜자(licensee)에게 상표, 특허, 기술 또는 기타 무형자산 등의 사용 권한을 부여하고, 그 대가로 로열티(royalty)를 수취한다. 다시 말해, 라이센스 제공자가 수혜자에게 자사의 상표 및 기술을 활용하여 영업 활동을 수행할 수 있도록 허용하고, 이에 대한 사용료를 받는 구조이다.

라이센스를 제공할 때 법적 보호를 받기 위해서는, 다음과 같은 사항들을 명확하게 관리하는 것이 필요하다.

라이센싱 계약상 주의사항

① 단순한 제조권리만 제공 여부 또는 제조 포함하여 이용 및 판매 권리까지 제공 여부를 명확하게 기재해야 함.

② 이전되는 자산의 가격 결정 방법 포함.

③ 라이센싱 계약에서 제공되는 구체적인 자산 기재.

④ 제공받은 기술을 제 3자에게 다시 라이센싱 가능 여부 합의.

⑤ 독점적 권리 제공 여부 포함.

⑥ 기술 수혜자의 판매 범위 결정 언급.

⑦ 제품과 제조과정의 이용분야도 명확히 기재.

위와 같이 라이센싱 과정에 필요한 사항은 여러 핵심적인 사항이 있어 세심한 계약 체결이 우선적으로 선행되어야 한다.

2) 지적재산권 보호

지적재산권은 특허(patent), 상표권(trademark), 저작권(copyright) 등 다양한 형태로 분류된다.

특허(特許)는 발명품, 기술, 절차 등을 개발한 특정인의 권리를 보호하기 위해 일정한 법적 권리나 포괄적인 법률관계를 설정하는 제도를 의미한다.

상표권은 등록된 상표를 특정 상품에 사용할 수 있는 배타적 권리로, 보통 10년간 법적 보호를 받으며 10년 단위로 갱신이 가능하다. 상표권을 침해하거나 도용하면 상표법에 따라 형사 처벌을 받거나, 민사소송을 통해 손해배상이 청구될 수 있다.

저작권은 인간의 사상이나 감정을 창작물로 표현한 경우, 저작자에게 독점적이고 배타적인 권리를 부여한다. 저작권은 저작자의 생존 기간은 물론, 사후 70년까지 법적으로 보호된다.

지적재산권 보호를 위한 국제법은 1883년 산업재산 보호를 위한 최초의 국제협약인 '파리조약'으로 시작되었다. 이어서 1886년에는 '베른조약'이 체결되어, 민사 및 형사상 책임과 처분이 가능해졌다. 유럽 사회에서 지적재산권 보호에 대한 요구가 강화되면서, 1978년 유럽특허협력조약(European Patent Convention, EPC)이 채택되었으며, 이 조약의 특징은 한 번의 특허 신청으로 모든 회원국에 20년간 효력이 인정된다는 점이다. EPC는 1963년 체결된 '스트라스부르크 조약'을 모태로 하여 발전하였다.

현재 국제적으로 통용되는 주요 지적재산권 보호 규범으로는 1995년 세계무역기구(WTO)가 채택한 '무역관련 지적재산권에 관한 협정(Agreement on Trade-Related Aspects of Intellectual Property Rights, TRIPS)'이 있다. TRIPS 협정의 주요 내용은 특허권의 최소 20년 이상 보장과 저작권의 50년 이상 보호 등이 포함된다.

해외 진출 시에는 진출 국가에서 상표권 획득 가능 여부를 반드시 확인해야 하며, 최대한 신속하게 현지에서 상표 등록을 마칠 필요가 있다. 또한, 해당 국가의 법제와 등록 절차를 충분히 숙지하고 준비하는 것이 바람직하다. 특허와 저작권 보호가 필요한 경우에도 현지 법령에 대한 충분한 이해를 전제한 체계적 준비와 대응이 필수적이다.

3) 독과점금지

국제시장에 진출하면서, 한 기업의 시장점유율이 과도하게 높아 시장에서 독점적 지위를 획득하는 때를 대비하여, 대부분의 국가에서는 독과점 규제법을 제정하여 운영하고 있다. 그 적용 범위와 강도에는 국가별로 차이가 있으나, 기본적으로 'Antitrust Law(독점금지법)'의 틀 안에서 기업의 독점적 권한 남용을 방지하기 위한 법적 규제가 이루어진다.

따라서 해외 진출을 모색하는 기업은 진출 대상국의 독과점금지법이 어떠한 규정과 가이드라인(guideline), 규제 내용을 포함하고 있는지 사전에 면밀히 검토할 필요가 있다. 아울러 해당 국가에서 시장점유율 또는 독과점적 시장 구조에 대해 구체적으로 어떠한 규제가 적용되는지도 반드시 확인해야 한다. 해외 시장에서의 성공적인 비즈니스를 위해서는 진출국의 법적 환경, 특히 독과점금지법의 적용 범위와 세부 규제 요건에 관한 철저한 연구와 분석이 선행되어야 할 것이다.

제5장

경쟁 환경

1. 경쟁 환경의 개념

기업이 해외 시장에 진출하기에 앞서, 해당 시장의 주요 경쟁사가 누구인지, 그리고 시장의 현재 경쟁 환경이 어떠한지를 정확히 파악하는 것은 사업의 성공 여부를 좌우할 정도로 매우 중요하다.

2. 5-force model

마이클 포터(Michael Porter) 교수가 제시한 파이브 포스 모델(Five Forces Model)은 산업 구조에서 경쟁 상황과 산업의 매력도를 평가하는 대표적인 분석 도구이다. 경쟁 구조를 정확히 분석하는 것은 해당 산업에서 기업이 창출할 수 있는 수익성을 전망하는 데 핵심적인 역할을 한다. 기업이 진출하고자 하는 시장에서 신규 진입자, 기존 산업 내 경쟁, 구매자의 교섭력, 공급자의 교섭력, 그리고 대체재의 위협이 모두 중요한 경쟁 요인에 해당한다. 이러한 요인을 체계적으로 분석함으로써 산업의 매력도를 종합적으로 평가할 수 있다.

현지 시장에서 영업 활동을 전개하는 경우, 경쟁사에 대한 면밀한 분석은 필수적이며, 향후 예상되는 신규 진입자를 예측함으로써 미래의 잠재적 경쟁자를 가늠할 수 있다. 더불어, 현재 제품을 납품하고 있는 공급업체 또한 장래의 잠재적 경쟁자로 간주할 필요가 있다. 이들은 지속적인 공급 과정을 통해 시장 정보, 제품 정보 및 고객층에 대한 실질적이고 고급화된 정보를 확보할 가능성이 높다. 또한, 구매업체 역시 해당 제품을 지속적으로 구매함으로써 축적된 업계 정보와 주요 고객사에 대한 핵심 정보를 바탕으로, 자체적으로 새로운 공급업체를 설립하여 시장에 진입할 경우, 미래의 잠재적 경쟁자가 될 수 있다.

아울러, 공급 중인 제품에 대체재가 시장에 출시될 경우, 해당 제품의 시장 내 입지가 약화하여 공급량이 감소할 가능성이 있으므로 대체재의

출현 또한 중요한 경쟁 요인으로 고려해야 한다. 마지막으로, 산업 내 경쟁의 정도를 명확하게 파악하는 것은 무엇보다 중요하다. 동일하거나 유사한 제품과 서비스를 유사한 품질로 생산하는 기업이 많을수록 소비자층이 중첩되어, 이들이 잠재적이거나 실질적으로 가장 큰 위협이 되는 경쟁자가 될 가능성이 높다.

제6장

시장 세분화

1. 세분화의 개념

시장 진출을 위하여 환경 분석을 선행하는 것은 필수적인 절차이다. 자국과 문화적, 정치적, 경제적 환경이 다른 해외시장에 진출하는 과정에서는 다양한 난관에 부딪힐 수밖에 없다.

따라서 해외시장 진입을 위해서는 환경 분석이 선택이 아닌 필수 요건임을 인식해야 한다.

이와 같이 사회·문화적, 경제적, 정치적, 법률적 환경을 자세히 분석한 후, 해외마케팅 조사를 통해 관련 정보를 수집하고 이를 토대로 국제시장 진출을 위한 마케팅 전략을 수립한다. 국제마케팅 전략을 효과적으로 수립하기 위해서는 해외시장의 세분화가 반드시 전제되어야 한다.

국제마케팅에서 세분화(Segmentation)란, 시장을 기업의 마케팅 활동에 대하여 유사한 반응을 보일 것으로 예상되는 세분시장(segment)으로 나누는 것을 의미한다. 즉, 하나의 시장을 마케팅 믹스 혹은 제품 특성에 따라 서로 다른 요구를 지닌 구매자 그룹으로 세분화하는 과정이다.

2. 글로벌 시장 세분화의 이점

국제시장 세분화를 통해 기업이 얻을 수 있는 주요 이점은 다음과 같다.

첫째, 해외시장 진출 기회를 발굴할 수 있다.

둘째, 해외 고객의 다양한 욕구를 더욱 효과적으로 충족시킬 수 있다.

셋째, 고객의 제품 및 브랜드에 대한 충성도를 증진할 수 있다.

넷째, 세분화를 통해 경쟁기업에 비해 우위를 확보할 수 있다.

다섯째, 세분화를 바탕으로 다른 마케팅 전략과 연계한 국제마케팅 프로그램의 개발이 가능하다.

이처럼 국제마케팅에서 시장 세분화는 다각적인 차원에서 필수적이며, 다양한 이점을 제공하는 핵심 절차이다.

3. 세분화 기준 변수

국제시장의 세분화 기준 변수는 대체로 인구통계학적, 지리적, 사회문화적, 경제발전지표 등으로 분류된다. 각각의 세분화 변수에 대해서는 아래와 같이 요약할 수 있다.

국제시장 세분화의 기준 변수

① 인구통계학적 기준 변수: 나이, 사회계층, 성별 등

② 지리적 기준 변수: 아시아시장, 중동시장, 남미시장, 유럽시장 등

③ 사회문화적 기준 변수: 인종, 종교, 언어 등

④ 경제발전지표 기준 변수: 1인당 국민소득, 철강소비량 등 기타 국제시장 세분화 기준 변수는 여러 가지 기준이 존재한다.

위와 같은 세분화 기준 변수를 활용하여 국제시장을 구분하고 세분화함으로써, 시장별로 차별화된 전략 수립이 가능해진다. 이를 통해 각 시장의 소비자 욕구를 더욱 효과적으로 충족시킬 수 있다.

4. 효과적 세분화 요건

국제시장에서 효과적인 시장 세분화를 실현하기 위해서는 다음과 같은 요건이 충족되어야 함을 반드시 유념해야 한다.

첫째, 세분화 기준이 국제시장에서 측정할 수 있어야 한다. 즉, 세분화의 결과와 관련 지표를 명확히 산출할 수 없다면, 세분화의 실질적 성과를 평가하거나 해외시장에 대한 객관적인 분석이 어렵다.

둘째, 해당 해외시장에 대한 접근 가능성이 확보되어야 한다. 정치적 불안정이나 현지 정부의 정책으로 인해 외국 기업의 조사 및 연구 활동이 원천적으로 제한될 경우, 세분화의 실제 적용이 불가능하다.

셋째, 세분화의 대상이 되는 해외시장은 충분한 규모를 가져야 한다. 만약 시장 규모가 지나치게 협소하다면, 추가적인 세분화의 실효성이 낮아져 마케팅 전략 수립에의 유용성도 제한된다.

넷째, 세분화가 실제로 실행 가능해야 한다. 세분화 기준이 모호하거나 해외시장 내에서 적용 및 관리가 어려운 경우에는 실질적인 세분화 전략의 실행이 제한될 수 있다.

마지막으로, 국제시장의 세분화를 통해 시장 차별화가 가능해야 한다.

만약 해당 시장이 본질적으로 차별적 특성을 보이지 않는다면, 세분화 전략의 효과성 역시 제한될 수밖에 없다.

제7장

국제목표시장 선정

1. 국제목표시장 선정의 개념

시장 세분화 과정을 통해 진출하고자 하는 시장의 전반적 특성과 주요 정보를 체계적으로 파악하는 것은 성공적인 마케팅 활동의 핵심 동력이 된다. 국제목표시장 선정이란, 세분화된 국제시장 중에서 자사 제품과 역량을 바탕으로, 가장 효과적으로 성공할 수 있는 표적시장(Target Market)을 선택하는 전략적 의사결정 과정을 의미한다.

2. 목표시장 전략 고려사항

국제시장에 대한 목표시장 전략을 수립할 때는 다음의 주요 요소를 자세히 고려해야 한다.

첫째, 진출 기업의 자원 분석이 필요하다. 이는 인적·물적 자원을 비롯한 내부 역량이 목표시장에서의 성공에 충분히 이바지할 수 있는지에 대한 평가를 포함한다.

둘째, 진출 예정인 제품 또는 서비스가 해외시장과의 동질성을 갖추고 있는지 검토해야 한다. 설혹 자사 제품이나 서비스의 품질이 우수하다 하더라도, 현지 시장 특성과의 괴리가 클 경우 현지 고객으로부터 외면받을 가능성이 높다.

셋째, 진출 제품의 제품수명주기(PLC: Product Life Cycle)를 고려해야 하며, 해외시장에서 경쟁기업의 제품수명주기도 함께 분석하여 통합적 전략을 도출할 필요가 있다.

넷째, 현지 경쟁사의 경쟁전략에 대한 분석도 필수적이다. 예를 들어, 경쟁사가 비용 집중 전략을 바탕으로 특정 시장 및 고객군을 공략하고 있다면, 동일한 전략으로 단순히 모방하기보다는, 차별화된 시장 접근이나 우월한 생산·판매 조건을 통해 경쟁 우위를 확보하는 전략이 요구된다.

3. 국제목표시장 평가 요인

기업이 타 국가로 진출하면서 목표시장을 평가하는 과정에서는 다각적이고 정교한 접근이 필수적이다. 특히, 시장 세분화 이후 선정된 목표시장에 대한 평가는 더욱 세밀하고 구체적으로 이루어져야 한다. 이러한 맥락에서, 아래와 같은 다양한 평가 요인을 중심으로 표적 시장의 적합성을 판단할 수 있다.

국제목표시장의 평가 요인

① 시장 요인: 진출 기업의 규모와 성장률 분석이 필수적이다. 또한 경쟁기업 파악

이 중요한 평가 요인이 된다.

② 기업 요인: 진출 기업의 목표와 자원을 비교 분석이 필요하다. 추가로 기업의 경쟁 우위와 기존 제품과의 조화 여부는 핵심적인 평가 요인이 된다.

국제목표시장에 대한 평가 요인들은 앞서 제시한 기준에 따라 객관적이고 체계적으로 평가되어야 하며, 이러한 냉정하고 철저한 평가 과정을 통해 실제로 진출하고자 하는 해외시장에서의 성공 가능성이 결정된다고 볼 수 있다.

4. 국제목표시장 전략

세분화된 해외시장에서 진출을 모색하는 기업은 목표시장 선정 이후, 적합한 마케팅 전략을 실행하기 위해 비차별적 표적 전략, 차별적 표적 전략, 그리고 집중적(틈새) 표적 전략 중 하나를 채택하게 된다.

첫째, 비차별적 표적 전략(Undifferentiated Targeting Strategy)은 세분화된 시장 내에서 선정된 목표시장에 대해 모든 시장을 동일하게 간주하고 표준화된 전략을 적용하는 방식이다. 이 전략은 마케팅 비용 측면에서 절감 효과가 크며, 별도의 시장별 전략을 마련할 필요가 없으므로 시간과 비용이 상대적으로 적게 소요된다는 장점이 있다.

둘째, 차별적 표적 전략(Differentiated Targeting Strategy)은 제품 또는 시장별로 독립된 전략을 기획·수립하여 운영성과의 극대화를 도모하는 방식이다. 이는 각 시장 및 제품군별로 고객의 요구와 기대가 다를 수 있음을 반영하여, 차별화된 마케팅 전략을 실행하는 접근이다. 다만, 이 전략은 각 시장 혹은 제품에 특화된 전략과 추가적인 인적·물적 자원의 투입이 필요하므로, 실행 과정에서 비용과 시간이 증가하는 단점이 수반된다.

셋째, 집중적(틈새) 표적 전략(Concentrated/Niche Targeting Strategy)은 기존 시장에서 충분히 충족되지 않은 특정 틈새(niche)시장을 선정하고, 해당 시장에 자원의 집중을 통해 경쟁 우위를 확보하려는 전략이다. 예를 들어, 치킨 시장에서 대부분의 기업이 후라이드치킨이나 양념치킨 등 대표적 상품에 주력하는 가운데, '출장 차량 밧데리 교체 서비스'와 같은 틈새 제품을 집중적으로 공략하는 경우가 이에 해당한다. 실제 '가마로 강정', '알통떡강정' 등 브랜드가 이러한 틈새 전략을 통해 차별화에 성공한 사례라 할 수 있다. 이와 같이, 집중적 표적 전략은 시장에 신제품을 출시하거나 기존 경쟁업체가 미진하게 대응하던 영역을 표적으로 설정하여 선제적으로 공략하는 것이다.

제8장

국제목표시장 선정

1. 국제시장 포지셔닝[1] 개념

해외 시장 진출을 모색하는 기업은 먼저 현지 시장을 세분화한 뒤, 자사의 제품 특성과 내부 역량을 종합적으로 고려하여 목표 시장을 선정한다. 이어서 선정된 목표 시장 내에서 자사 제품과 서비스가 국제시장에서 어떠한 포지셔닝을 취할 것인지를 전략적으로 결정해야 한다. 제품 포지셔닝은 기업의 해외시장 진출 성공 여부에 직결되는 핵심적 요소로 작용한다.

1) Positioning으로 영어로 일반적으로 사용된다.

2. 국제시장 포지셔닝 절차

국제시장에서 기업 제품의 포지셔닝은 현지 시장에서 성공여부를 결정할 만큼 중요한 활동 중의 하나이다. 이러한 점에서 포지셔닝전략에 대한 체계적인 접근이 무엇보다도 중요하다. 기업 제품의 해외시장에 있어서 포지셔닝 전략을 구축하기 위해서는 소비자와 경쟁자의 현황을 분석한 후 경쟁자 중심의 포지셔닝을 검토해야 한다. 그런 다음 자사의 제품에 대한 포지셔닝을 실행하고 시장 반응을 본 다음 재포지셔닝하는 단계를 거쳐야 한다.

3. 국제시장 포지셔닝 유형

세계적 기업이 성공을 도모하기 위해, 일부 기업들은 시장별 특성을 고려하지 않고 통일된 상표 인지도를 구축하는 방식으로 포지셔닝 전략과 마케팅 활동을 전개하기도 한다. 실제로 일부 시장에서는 이러한 일관된 브랜드 이미지를 선호하여 기업 제품에 대해 높은 호감도를 보이기도 한다. 그러나 대부분의 다국적기업은 차별화 전략이나 경쟁 우위에 기반하여 시장의 환경과 특성에 따라 다른 포지셔닝 전략을 수립·실행하는 경향이 크다.

다국적 기업의 포지셔닝 방식은 다음과 같이 다양한 형태로 나타날 수 있으며, 구체적인 형태는 기업의 마케팅 전략에 따라 상이하게 결정된다.

기업이 진출 시장 및 경쟁사를 고려하여 적절하게 제품을 포지셔닝하는 것은 해외시장에서 성공을 결정짓는 핵심 요인이라 할 수 있다. 또한, 각 상황과 소비자 니즈에 부합하는 포지셔닝 전략의 수립은 중요한 의사결정 요소로 작용한다.

농심라면의 중국시장 STP전략

농심은 라면, 스낵 등을 생산·판매하는 식품 전문 업체로서 1965년 9월 18일에 설립된 이래 국민들의 사랑과 성원을 바탕으로 국내 식품업계에서 정상의 자리를 차지하고 있다.

최근 정보화 세계화를 추구하면서 식품산업을 바탕으로 회사의 역량을 최대한 발휘하고, 토탈적인 생활 문화와 서비스를 제공하여 대내외 고객의 건강과 삶의 기쁨을 창조하는 기업이 되고자 최선의 노력을 다하고 있다.

농심은 국내 라면 시장의 최강자로서 70%를 상회하는 압도적인 시장점유율을 확보하고 있다.

주력사업인 라면, 스낵 이외에도 삼다수, 웰치 주스를 비롯한 음료사업에 진출했으며, 무균밥, 만두, 햄 등 가공식품 분야로 최근 활발히 사업 영역을 확장해 나가고 있다.

농심은 회사 설립과 동시에 자체 연구소를 설립, 지속적으로 신제품 개발에 주력했으며, 현재도 100여명의 석·박사들에 의해 연구활동이 이루어지고 있다.

농심의 또 다른 강점은 원가경쟁력이다. 월등한 시장점유율을 근간으로 농심은 안성, 구미에 완전히 자동화된 생산라인을 보유하고 있다.

또한, 중국 현지에 수프 원료를 생산할수 있는 현지 공장을 건설하여 상대적으로 낮은 가격에 수프 원료를 조달(임가공)하고 있다.

한편 농심은 성공적인 국내 사업을 발판으로 자사 브랜드의 세계화에 적극적으로 나서고 있다.

농심은 자체 브랜드의 라면과 스낵을 중심으로 세계 80여 국가에 수출하고 있으며, 보다 장기적인 안목으로 주변국가의 식문화를 연구해 왔다.

이미 중국에는 상해, 청도, 심양에 현지 법인을 설립하였고, 북경, 광주, 도쿄에 3개의 현지 사무소를 운영하고 있다.

판매 수량을 기준으로 세계 최대의 라면 시장으로 평가되는 중국 시장에서 농심은 대도시를 중심으로 이미 3~4위권의 브랜드 인지도를 확보하였으며, 2005년은 중국 사업의 흑자 원년이 될 것으로 기대되고 있다. 북미 지역에서는 LA, 뉴욕, 토론토 등에 지사 및 사무소를 두고 매운맛의 원조로서 시장의 발판을 굳혀 나가고 있으며, 최근에는 미국 사업을 본격화하기 위해 공장을 건설하고 있다.

일본 지역에서는 5개 주요 도시에 판매거점을 확보하고 현지 영업을 확대해

나가고 있다.

본 사례는 농심이 소배재 생산, 판매사업의 중국진출과 관련하여 대표적인 식품 부분에 진출하여 성공적으로 브랜드를 정착시킨 농심라면의 사례를 통하여 중국의 소비재 생산, 판매사업에 진출하고자 하는 기업들의 좋은 모범을 보여주고 있다.

1. 국내 라면 시장의 포화상태

1960년대 초부터 꾸준한 성장세를 보였던 한국의 면류시장이 90년대부터 (-)의 성장을 보이기 시작하였다.

농심라면은 그 당신 면류시장에서 높은 시장점유율을 유지하고 있어 안정적인 시장유지는 가능하였으나 국내시장이 포화상태에 이르게 되자 더 이상 성장기회를 국내에서 얻기는 쉽지 않다고 판단, 장기적 성장을 위해 해외시장의 진출기회를 모색하게 되었다.

반면 1980년대 후반에 형성되기 시작한 중국의 라면시장은 소비규모가 1990년 14억에서 1996년 151억씩으로 급격히 늘어나고 있었다.

반면에 1인당 소비량은 한국, 대만, 홍콩, 일본에 훨씬 못미치는 초기의 라면시장이 형성되어 있는 상태였다.

이처럼 거대한 소비인구와 지속적인 경제성장에 따른 개인소득증가, 낮은 1인당 라면 소비량 등으로 볼 때 중국의 라면시장은 엄청남 매력적인 시장임에 틀림이 없었다. 비록 중국의 소비자 유통이 체계화되어 있지 않고 상거래의 관행이 정착되지 못하다는 단점이 존재하기는 하였지만, 농심의 입장에서는 중국시장의 선점을 위하여 이 같은 기회를 놓칠 수 없는 중요한 시기였다.

2. 중국시장의 STP전략

(1) Segmentation

중국은 13억이라는 세계 제1의 인구를 가진 나라이다.

이 막대한 인구 모두를 대상으로 마케팅을 한다면 기업으로서는 감당하기 힘든 막대한 자금과 시간, 노력이 필요하다.

따라서 어떠한 기업이 중국에 진출하려면 중국이란 나라를 지역별이든 나이별이든 계층별이든 세분화가 있어야 한다.

시장을 세분화하는 방법은 여러 가지가 있겠으나 가장 손쉽게는 연령과 세대에 의해 '신세대층', '중장년층' 및 '노년층'의 3가지 집단으로 나누어 볼 수 있다.

신세대층은 변화에 가장 민감하고 혁신적인 소비성향을 보이는 계층이며, 청장년층은 변화에 적응하며 빠른 현대화 소비경향을 보인다.

또한 60세 이상의 노년 소비층은 그 숫자가 매년 증가하는 추세이며, 개인소득의 증가로 미래의 새로운 소비 주체로 부각할 가능성이 크다.

각 계층별 변화의 양상은 다음과 같다.

① 소비 문화를 선도하는 신세대층

현재 중국의 소비의 주류는 18~35세의 청장년층으로 볼 수 있다. 하지만 주목해야 할 것은 시간이 지남에 따라 지금의 신세대층이 점차 소비의 주류로 부상하고 있다는 점이다. 이들 신세대층은 기성세대와는 판이하게 다른 성장 배경 속에서 자라왔다.

70년대 후반 이후에 출생한 이들은 문화대혁명과 같은 비극적인 역사를 겪지 않았으며, 개혁·개방의 단 과실만을 맛보며 성장해 왔기 때문에 소비 성향이나 라이프스타일 등이 기존 세대보다 훨씬 선진화되어 있는 것이 사실이다.

여기에 더해서 76년부터 시행된 정부의 산아제한 정책으로 인해 형제가 없이 귀하게만 자란 '소황제'의 기질은 기성세대의 근면 검소함과 대비되는 특성으로 볼수 있다.

조사에 의하면 북경의 일반 가정에서는 가구 지출의 약 66%가 자녀에게 집중되고 있는 것으로 나타났으며, 현재까지도 도시 가구 지출의 50~70%가 이 '소황제'를 위한 소비에 쓰여지고 있다. 이러한 현상은 신세대층의 소비행태에 그대로 반영되고 있다. 몇 년 전 '북경 자전거'라는 영화가 있었는데 그 영화를 보면 한 청소년이 자신이 원하는 고급 자전거를 구입하기 위해 아무 죄책감 없이 부모의 돈을 훔치는 장면이 나온다. 이것은 자신이 원하는 것은 꼭 손에 넣어야 한다는 중국 신세대층의 소비 심리를 단적으로 보여준 것이다. 이들의 소비 행위는 더 이상 필요한 것을 구매하는 차원이 아니라 자신과 가족의 삶의 질을 높이고,소비 행위 자체를 즐기는 수단으로 바뀌고 있다.

② 실질적 소비의 주체, 중장년층

기본적으로 구매력을 갖춘 중장년층이 중요한 소비 주체임은 두말할 나위가 없다.

이들은 20여 년에 걸친 경제 개혁을 이끌어낸 주인공이며, 소비의 주체다.

또한 이들은 다시 몇 가지의 세분 집단으로 나누어 볼 수 있다. 온포족, 소강족 등 상대적으로 소득이 낮은 계층은 소비의 성향이 매우 보수적이며 안정적 생활을 지향한다.

반면 소득이 높은 개인사업가, 외국 기업종사자, 전문직, 연예인 등의 계층은 서구 문화를 추구하며 상당히 소비 지향적인 성향을 보인다.

③ 미래의 소비자, 노년층

1996년을 기준으로 중국의 60세 이상 노년층은 이미 1억 1천만명을 넘어섰으며, 2001년에는 약 1억3천만명에 달할 것으로 보인다.

또한 정부가 9월 9일을 '경로의 날'로 제정하고 노인 복지법 등을 개정하는 등, 최근에는 노년층의 사회적 지위도 상승하고 있다.

(2) Targeting

농심 신라면은 소비경향이 크고 안정적인 생활을 하는 소득이 높은 소비자층과 소비력이 강한 신세대를 타깃으로 잡았다.

즉 신라면은 13억 중국 인구 중 6%인 7,800만명에 이르는 고소득층을 겨냥한다.

그 중에서도 농심은 상하이 라면시장만을 선택한다. 상하이 인구는 1,700만명이다. 중국에서 가장 소득이 높은 지역이다.동시에 현대적 유통시장이 가장 발달해 있다.

일반적으로 시장점유율 6%면 시장에서 간신히 살아남는 군소업체에 불과하다. 하지만 막대한 인구를 가진 중국시장이기에 비록 6%이기는 하지만 확실한 타깃 마케팅을 할수 있고 많은 수익을 올릴 수 있는 것이다.

① 지역변수: 중국 상하이 지역

② 인구통계학적 변수

- 사회계층: 상하이의 중상류층
- 소득: 중산층 이상의 일정 소득 이상의 가정
- 나이: 18~35세 신세대층

③ 행동적 변수: 정체성보다는 보다 좋은 품질의 제품을 선호

(3) Positioning

똑같은 제품,똑 같은 품질, 똑같은 성능을 가지고 경쟁사와 판매경쟁을 한다면 그 제품의 판매는 쉽지 않을 것이다.

그러나 자사 제품이 경쟁사 제품보다 우수하거나 다른 용도가 있다면(제품의 차별화: Differentiation) 판매가 용이하게 될것이다.

따라서, 시장세분화를 통해 자사와 경쟁사의 제품력과 품질, 가격 등을 비교하여, 자사의 강점을 차별화하여 Positioning하는 전략은 중요한 마케팅 요소임에 틀림없다.

농심은 신라면은 다른 라면과 달리 매운맛을 강조했고,첫째 경영목표인 고급이지지 심기에 일단 성공했다는 평가를 받고 있다.

소득 수준이 높은 상류계층을 집중 공략한 것이 주효했다고 보여진다.

고소득층을 겨냥한 농심 신라면은 고품질 전략을 시행하였다.

처음 농심 신라면의 진출 도시가 상하이인 것도 상하이가 중국의 도시 중 고소득층이 가장 투텀기 때문이다.

농심은 모든 제품에서 넘버원(No. 1) 브랜드 전략을 지향하고 있다. 넘버원 브랜드 전략을 고수하는 것은 유통업체들과 긴밀한 협력체제를 구축할 수 있기 때문이다.

잘 팔리는 제품은 유통업체에도 이익이 되는 만큼 유통업체 스스로 판매를 늘리려고 애쓴다는 설명이다.

넘버원 제품의 확대가 불황을 이기는 비결인 것이다. 상하이 시장에서도 주요 공략 대상을 대형 할인매장으로 제한했다.

중국에서 월마트나 까르푸 같은 할인매장은 단순한 수퍼마켓 이상으로 의미가 있다. 중류층 이상이 쇼핑하는 장소로 시장에서 오피니언 리더 구실을 한다.

할인매장에서 잘 팔리는 제품은 구전효과가 만만치 않다.덧붙여 중국 내의 '한국브랜드인지도' 식품면에서는 농심이 1위를 차지하는 쾌거를 이뤘다.

또 다른 이유도 있다. 흔히 중국에서 외상 거래는 판매 대금을 뜯기는 지름길이라고 한다.

아니면 외상매출금 회수 때문에 대리점에 끌려 다니는 사례도 적지 않다. 대형 할인매장은 다르다. 대부분 다국적기업이 운영하고 중국 할인매장도 대기업들이 운영한다.

상하이에는 현재 대형 할인매장이 28개 있다. 농심은 현재 할인점, 연쇄점,

대리점 영업을 한다. 할인점과 연쇄점은 외상거래 위주다.

매출채권 회수기간은 평균 40일 정도다. 반면 대리점은 아직 철저한 현금거래다.

S: 라면을 구입하는 소비자들의 개성, 소득수준,라이프스타일,직업,교육수준의 요인에 따라 시장을 세분화

T: 새로운 문물에 거부감을 드러내지 않는 신세대와 실질적인 구매력이 있고 안정적인 소비를 하는 고소득층을 공략, 고소득층이 발달되어 있으며, 새로운 제품에 대한 거부감이 별로 없는 편인

대도시로 지역을 공략

P: 뛰어난 기술력으로 고급화를 구축하여 고급브랜드라고 생각할 수 있도록 하고 타겟,개방적인 고소득층이기에 가격에 중점

먼저 대금을 갖고 와야 제품을 공급한다. 농심은 상하이 한 곳에만 집중적으로 공략하면서 유통망을 완벽하게 장악할수 있었다.

상하이를 10개 지역으로 분류해 대리점, 연쇄점, 할인점에 대한 모든 자료를 철저하게 분석해 유통전산망을 구축해 놓았다. 상하이 유통중심지인 구베이 까르푸 매장은 인스턴트 식품진열대에는 농심 신라면이 가장 눈에 띄는 좋은 위치를 차지하고 있다. 베이징 국제무역전시센터 옆에 있는 까르푸 매장도 마찬가지다.

슈퍼마켓에서 가장 좋은 진열 위치를 차지한다는 것은 그만큼 잘 팔리는 제품이라는 의미다.

3. 농심의 상하이 지역 진출

농심이 중국진출을 고민하던 1994년 당시는 한국의 식품회사들은 대부분 동북 3성인 길림,흑룡강,요녕 지역에 진출하였다.

그 이유는 그곳에 거주하는 조선족 동포를 통하여 한국 상품에 대한 인지도가 비교적 잘 형성되어 있어 쉽게 접근이 가능했고 판매를 할수 있었기 때문이다.

그 당시 농심이 생산하는 라면도 이미 보따리상 혹은 수출형태로 상당량이 동북 지방에서 소비되고 있어서 동북지역의 진입은 거검확보가 용이하고 물류비절약,단

기간 내 판매량증가 가능성 등 긍정적인 요인이 많았다. 그럼에도 불구하고 동북지역을 포기하고 중국의 심장이라 할수 있는 상하이 지역을 선택한 것은 농심의 전략적 선택이었고, 해외시장에서 농심라면의 신라면 브랜드를 알릴 수 있는 계기가 되었다.

제품생산과 소비지에 따라 선호를 달리하는 중국 소비자들에게는 최고의 소비도시로서 상하이 제품이라는 것이 큰 매력을 가진다.

이처럼 고급 소비재는 상하이에서 승부해야 한다. 상하이에서 성공한 브랜드는 전국적으로 확대하기 쉬우나 지방에서 성공한 브랜드는 전국적으로 판매하기가 쉽지 않다.

이러한 전략적 이유에서 농심은 상하이를 포기할수 없었고, 상하이에 공장을 설립하기로 결정하였다.

4. 농심의 합작투자의 실패와 직접투자를 통한 진출

중국의 관세는 1992년 평균관세율이 43.2%에서 점차 낮아져 1999년 이후 16.78% 수준으로 떨어지기는 했으나, 완제품과 소비제품의 관세율은 여전히 매우 높아서 심한 관세장벽이 구축되어 있는 상황이었다.

1995년 중국 진출 시의 관세율도 매우 높은 수준이었다. 또한 중국 라면 시장은 1,800여 개 업체가 치열하게 경쟁하는 시장이어서 관세로 인해 제품 원가가 올라갈 경우 신라면의 경쟁력은 낮아질 수밖에 없었다. 중국은 외국기업 투자 장려정책으로 인해 각종 제도가 잘 정비되어 있는 편이었다. 저렴한 노동력과 값싼 원재료 확보가 용이하다는 것도 매력으로 작용했다.

또 라면의 신선도 유지기한이 생산 일에서 4개월 이내여서 수출보다는 현지에서 생산하는 것이 더 유리했다.

이러한 이유들로 인해 농심은 중국에 투자를 하기로 결정했다.

농심은 중국 진출 시 위험도가 적은 합작투자로 시작, 자생력을 갖춘 후 직접투자로 전환하는 전략을 선택하였다.

광활한 중국 영토를 커버할 유통망도 부재했고, 단시간 내 중국 국민의 기호를 파악한다는 것도 어려웠기 때문에 중국 현지 시장에 대한 지식을 가진 합작파트너와 협력하는 방식을 선택한 것이다.

파트너는 대만의 왕왕이라는 기업이었다. 이 회사는 이미 전국적인 유통망을 갖고 있었는데, 농심은 이를 통해 신라면을 유통시켜 유통비용을 절감하고자 했던 것이다.

한편 왕왕 측에서는 제과부문에서 라면으로 업종을 확대하고자 했는데,대만 1위 업체인 팅이가 캉스푸 상표로 이미 진출해 있어 이를 따라잡기 위해 중국시장에 전략적으로 접근할 필요가 있었다.

이때문에 1994년 왕왕측에서 먼저 농심에 상하이 합작공장 설립을 건의 하였고, 1995년 양사는 '상해농심왕왕식품 유한공사'를 설립해 중국에 진출하게 된다.

농심과 왕왕은 가각 50:50의 지분을 가지고, 생산은 농심 측이 판매는 왕왕 측이 맡게 되었다.

그러나 농심과 왕왕의 합작은 오래 가지 못했는데, 그 이유는 양측이 동등한 지분을 갖고 모든 의사결정에 있어서 각자 기업의 이익을 추구하다 보니 경영상 충돌이 잦았기 때문이다.

결국 농심은 왕왕의 지분을 인수하여 100% 단독투자를 하게 된다. 농심이 단독 투자를 선택한데에는 다음과 같은 이유가 있었다.

첫째, 1995년 진출 당시보다 중국시장에 대한 시장 지식을 쌓아 자신감을 갖게 되었고, 둘째, 단독투자를 해야 농심의 핵심역량중 하나인 라면 수프 및 면발을 만드는 기술의 유출을 방지할수 있었으며, 셋째, 단독투자 법인형태여야 한국의 본사와 유기적으로 연결되어 빠르게 성장하는 중국시장에 대한 신속한 의사결정을 내릴수 있었기 때문이다.

단독투자로 전환한 뒤 농심이라는 회사 이름을 앞세운 광고와 홍보 활동을 펼친 결과,이 회사는 훗날 제과 시장에 진출할 때도 유리한 입장에 설 수 있었다.

중국 진출 당시 업계에서는 우려의 목소리가 적지 않았다. 중국인의 입맛과 한국인의 입맛이 다르고, 이미 대만 업체들이 생산하는 저가 라면이 시장을 장악하고 있었기 때문이다. 중국인의 입맛에 맞는 라면을 개발할까도 생각했지만, 그런 것들은 중국인들이 가장 잘 만들기 때문에 우리는 우리 입맛으로 승부해야 한다고 결정을 내리고, 가장 자신 있어 하는 제품인 '신라면'을 전면에 내세우게 된다.

당시 중국의 라면 시장은 가격대 별로 크게 양분되는 양상을 보였고,시장에서는 빠른 경제성장으로 중국 소비자들의 가처분 소득도 빠르게 증가하여 고품질 고가격 상품의 수요가 증가하는 상황이었다.

결국 농심은 고가 시장을 목표시장으로 삼게 된다. 즉 13억 중국 인구 중 6%인 7,800만명에 이르는 고소득층을 겨냥하여 대도시의 1,000위안 이상 소득을 올리는 중산층을 대상으로 제품을 판매하기로 한 것이다.

이 계층의 특성은 품질을 한국과 같은 수준으로 유지하는 등 맛과 품질 관리에 노력을 기울였다.

당시 농심은 한국시장에서 검증된 맛과 품질을 가지고 있었으며, 제품 생산에 관해 축적된 노하우가 있었다. 또한 장기간 주변 국가들의 식문화에 대해 연구해 왔으며, 식품제조에 대한 여러 지적재산권을 확보하고 있었다. 반면 농심이 주력제품으로 택한 신라면의 매운 맛을 중국인들은 전통적으로 즐기지 않았고, 이들이 주로 소비하는 제품이 봉지면이 아니 용기면이라는 것, 이미 대만 업체들이 시장을 선점하고 있었다는 것, 그리고 다양한 먹거리가 발달하여 새로운 라면이 침투할 수 있는 여지가 적을지도 모른다는 점에서 불리점을 안고 있었다. 농심에서는 중국 소비자에게 매운 라면이야말로 진정한 라면이라는 것과 라면은 끓여 먹는 것이라는 인식을 심어주기 위해, 진출 초기에 매출액의 절반 정도를 광고에 쏟아부었다. 인쇄광고와 TV 및 시내버스를 활용한 옥외광고를 통해 라면은 끓여 먹어야 제맛이라는 켐페인을 전개했다. 농심의 첫번째 TV광고는 부자가 출연하여 아버지가 "라면은 어떻게 먹어야 맛있지?"라고 물으면 아들은 "당연히 끓여 먹어여 맛있죠."라고 답하는 단순한 내용이었는데, 이를 통해 라면의 조리 방법이 조금씩 바뀌기 시작했다. 또 시식행사를 통해 소비자들이 선입견을 바꾸는 데 주력했다.

매운 맛에 익숙하지 않은 중국인에게 신라면의 맛은 화끈한 맛이었으나, 한번 매운 맛에 빠지면 계속 찾게 된다는 것에 주목한 것이다. 이 때문에 사천성 출신의 덩샤오핑이 즐겨쓰던 말인 "매운것을 먹지 못하면 남자가 아니다"라는 슬로건을 담은 광고를 상해와 북경 시내버스 광고판에 대대적으로 실었다. 이러한 인식 전환 노력으로 인해 농심은 중국 라면시장에서 가진 약점들을 차별화라는 장점으로 전환함으로써 신라면 고유의 이미지를 각인시켰다. 이러한 신라면의 마케팅 노력으로 인해 전체 고급 라면 시장에서는 방편면 대신 라면이라는 이름이 일반명사로 쓰이고 있다.

농심은 또한 브랜드 인지도 상승을 위한 노력을 계속하고 있는데, 중국인들에게 인기가 많은 이창호 9단이 참가하는 '농심 신라면배 세계바둑 최강전'의 개최가 그 대표적인 예이다. 이러한 노력으로 인해 중국 전체 라면시장에서 농심이 차지하는 비율은 2%밖에 되지 않음에도 불구하고,신라면은 상해 지역 라면 브랜드 지명도 3위로 인지도가 상승 중이며, 고가 라면이라는 이미지가 정착되고 있다. 현재 농심은 1.8위안 이상의 고급면 중 봉지면 시장을 40% 정도 차지하고 있는 것으로 파악된다. 농심은 1996년 9월 상해에 첫 번째 해외공장을 설립하여 라면을 생산하기 시작했다. 이 회사가 첫 번째 진출지로 상해를 선택한 이유는 다음과 같다.

신라면의 경우 가격이 상당히 높은 편이어서 법인 소재지는 인구통계학적으로 중산층 이상의 일정 소득을 유지하는 사람들이 많은 지역이어야 했고, 소비자 행태적으로도 가격 민감도가 작고 고품질을 선호하는 사람들이 많은 지역이어야 했다. 여러 도시가 후보에 올랐지만 소비력과 생산유통을 위한 기본 시설 구비 수준들을 고려할 때 상해가 가장 적합한 곳이었다.

진출 당시 상해에는 약 1,700만명의 인구가 거주하고 있었으며, 중국 내에서 현대적 유통이 가장 발달해 있었다. 상해 공장은 대지 1만평, 연 건평 4,300평에 라면 제조설비 4라인을 설치하여 연간 4억개 이상의 생산능력을 갖추고 있다. 한편 상해공장에서의 판매가 본 궤도에 이름에 따라 청도와 심양에도 생산 라인을 설립했다. 1998년 청도에 제2의 농수산물 가공 및 수프생산 공장을 완공한 데 이어, 2000년 11월에 중국 심양에 라면과 스낵 공장을 설립하였다. 심양 공장에서는 새우깡, 양파링, 쫄병스낵 등이 생산된다. 최근에는 이 두 공장의 비중이 점차 확대되고 있다.

5. 농심의 향후 전략

13억이라는 세계 최대 인구와 문화의 유사성, 한류 붐 등으로 성장 가능성이 가장 기대되는 중국은 해외사업의 첫 관문이다. 중국에 이미 진출한 국내식품·외식 기업들은 올해를 분기점으로 삼아 중국 사업확장을 위한 총력전을 벌일 계획이어서 어느 때보다 치열한 격전이 예고되고 있다.

중국, 그중에서도 세계 유수 기업들의 본·지사가 밀집돼 있는 상하이는 글로벌 입맛을 잡을 수 있는 테스트베드이기도 하다.

—출처: N뉴스통신(http://www.groundnews.net), 2022년 10월 28일자

제9장

국제시장 진입 전략

1. 국제시장 진입 전략 개념

기업은 해외 진출 국가를 선정한 이후, 국제마케팅 전략 수립을 위하여 환경 분석을 기반으로 국제마케팅 조사, 시장 세분화, 목표시장 전략, 포지셔닝 전략을 단계적으로 수립하게 된다. 이어지는 단계로서, 기업이 선택할 수 있는 해외 시장 진입 전략에는 수출, 라이센싱, 프랜차이징, 합작투자, 단독투자, 그리고 합병 등의 다양한 방식이 존재한다.

진입 전략의 결정 과정에서 기업은 깊이 있는 고민을 하게 되는데, 이는 선택된 전략이 기업의 향후 성패에 중대한 영향을 미칠 수 있기 때문이다. 따라서 기업들은 자사의 역량과 한계를 고려하여 감당할 수 있는 수준에서 해외 진입 전략을 선정하게 되며, 국제마케팅의 목적에 부합하는 가장 적절한 진입 방식을 선택하게 된다. 또한 진출 대상국의 정치적, 경제적, 사회·문화적, 법률적 환경 등 다양한 외부 요인을 종합적으로 고려하여 해외 진입 방안을 결정해야 한다.

각 진입 방식은 비용, 통제 수준, 그리고 기업의 관여도 측면에서 상이한 특성을 보인다. 예를 들어, 수출은 기업의 관여도와 비용, 통제의 정도가 가장 낮은 진입 방식에 해당한다. 반면, 단독투자나 합병을 통한 진입은 기업의 관여도, 비용, 통제력 측면에서 가장 높은 수준을 요구한다. 이러한 점에서, 개별 해외 진입 방법에 대한 면밀한 이해와 분석은 국제마케팅 전략 수립에 있어 핵심적인 요소임이 분명하다.

국제시장 진입을 위해서는 다양한 조건과 상황을 충분히 검토하고 분석하는 과정이 필수적이다. 기업 내부의 자원과 역량뿐만 아니라, 외부 환경에 대한 다각적 진단을 통해서만 성공적인 해외 시장 진입 전략의 수립이 가능하다. 만약 자금 조달이나 사업의 세부적인 운영 조건 등 주요 사항들을 사전에 충분히 검토하지 못할 경우, 기업은 심각한 위험에 직면할 수 있다. 특히, 시장 진입 조건과 함께 사업 철수의 용이성, 즉 출구 계획(exit plan)의 수립 역시 진입 전략에서 반드시 함께 고려되어야 한다. 각종 불확실성에 대비하는 전략적 계획의 수립은 해외시장 진출을 꾀하는 기업에 핵심적인 사안임에 의심의 여지가 없다.

2. 국제시장 진입 전략 종류

첫째, 국제시장 진입 전략으로 수출이 있다. 수출은 기업이 해외 시장으로 자사 제품을 확대할 수 있는 가장 일반적인 국제시장 진입 전략 중 하나이다. 그만큼 수출을 통한 해외 진출은 기업에 있어 위험이 가장 낮은 해외 진입 전략이다.

수출의 장점으로는, 기업이 규모의 경제를 실현할 수 있고, 경험 곡선 효과를 기대할 수 있어 생산 원가를 낮출 수 있다는 점이 있다. 이러한 원가 경쟁력으로 인해, 기업은 해외 시장에서 판매 가격을 경쟁사보다 낮게 책정함으로써 가격 경쟁력을 확보할 수 있다. 또한, 해외 진출에 따른 위험이 비교적 낮으므로, 기업은 해외 진출에 필요한 많은 인적 자원과 경험이 없어도 수출을 진행할 수 있다.

한편, 수출의 단점도 존재한다. 수출을 지속하고 자사 브랜드를 확장하기 위해서는 현지 고객을 개발하고 판로를 개척하는 데에 있어 제약이 있다. 현지 에이전트(agent)나 수입업자에 대한 의존도가 높아지는 구조가 굳어질 수 있다. 이를 극복하기 위해서는 해외 시장에 대한 더 심층적이고 체계적인 지식 및 분석, 그리고 실행 능력이 필요하다. 더불어, 물류 지식과 통관 시스템에 대한 전문 무역 실무 역량도 반드시 요구된다. 이러한 전문성을 갖춘 기업만이 성공적인 수출을 실현할 수 있다.

둘째, 해외 진입 전략으로 라이센싱(licensing)이 있다. 국제마케팅에서 라이센싱은 기업이 보유한 경쟁 우위 자산 등의 사용 권리를 해외 시장에 양도하고, 그 대가로서 로열티(royalty)를 취하는 해외 진입 전략이다. 즉, 해외에 진출하고자 하는 기업이 라이선서(licensor)가 되어 사용 권리를 판매하면, 라이선시(licensee)는 해당 특허 기술, 상표 또는 노하우 등의 사용 권리를 획득하여 현지 국가에서 합법적으로 영업을 하게 된다. 라이선서는 라이선시와의 계약을 통해 약정된 로열티를 지급받는다.

기업이 해외 진입 방법으로 라이센싱을 체결할 경우, 장단점이 존재한다. 장점으로는, 라이센싱 운영에 많은 인적 자원 및 자본이 필요하지 않아 상대적으로 운영 비용이 적다는 점이 있다. 또한, 현지 국가의 높은 관세율이나 할당제 등의 규제를 회피하며 해외 진출이 가능하다. 많은 다국적기업이 이와 같은 라이센싱을 통해 해외 시장에 진출하여 성공적으로 운영하고 있다.

반면, 라이센싱의 단점으로는 현지 국가에서의 통제력이 크게 제한된다는 점이 있다. 라이센싱 계약을 통해 안정적으로 로열티 수입을 얻을 수 있지만, 라이선시가 빠르게 기술을 습득할 경우 계약이 조기에 종료될 수 있고, 새로 획득한 기술로 시장에 경쟁자로 진입하게 되면 라이선서는 시장에서의 지위를 상실할 가능성이 높다. 이를 방지하기 위해서는 크로스 라이센싱(cross-licensing) 등 상호 기술 교환을 통해 비즈니스 방어 수단을 마련해야 한다. 또한, 라이센싱 계약은 로열티에 의존하는 수익 구조이므로, 다른 해외 진입 전략에 비해 수익성이 상대적으로 낮은 편이다.

미국의 대표적인 건설장비 기업인 캐터필러(Caterpillar)는 자체 브랜드(CAT®)를 라이선시(licensee)가 사용할 수 있도록 브랜드 라이선싱 계약을 체결하여, 패션, 장갑, 자동차 용품, 가정용품 등 다양한 분야로 브랜드를 확장하고 있으며, 라이센싱을 통한 글로벌 진출을 추진하고 있다.

셋째, 프랜차이징은 라이센싱 계약의 한 유형이다. 일반적으로 제조업보다는 서비스업을 중심으로 이루어지는 해외 시장 진입 전략이다. 프랜차이징은 넓은 의미에서 프랜차이저(franchiser)가 프랜차이지(franchisee)에게 표준화된 제품, 경영 시스템, 브랜드 패키지 등 일체의 자산을 제공하는 방식이다. 즉, 프랜차이저는 제품, 서비스, 그리고 기타 관련 경영 시스템을 제공하고, 프랜차이지는 현지 국가에서 인력, 시장 지식 및 자본을 결합하여 사업을 운영한다.

프랜차이징은 적은 자본과 인력으로 해외에 진출하는 데 적합하다. 프랜차이저가 지식, 제품, 브랜드 자산을 제공하고, 프랜차이지가 현지 시장에 대한 지식과 기업가 정신을 더해 현지에서 영업을 확장할 수 있으므로, 다양한 현지 여건을 극복할 수 있다. 또한, 현지 기업이 프랜차이즈를 수용해 운영함으로써 현지 정부로부터 우호적 대우를 받을 수 있다는 이점도 있다. 이는 프랜차이지가 현지에서 직접 인력을 고용하고 서비스를 제공하기 때문에 현지 정부가 긍정적으로 평가하게 된다는 점에서 비롯된다.

한편, 프랜차이징 운영에도 단점이 있다. 프랜차이저와 프랜차이지 간 목표의 다름으로 인해 갈등이 발생할 수 있다. 예를 들어, 프랜차이저는 시장 확대나 제품 다양화를 추진하고자 하지만, 프랜차이지가 현 상태를 유지하려는 경우 목표 간 충돌이 나타날 수 있다. 또한, 프랜차이지의 기회주의적 행동을 방지하기 위해 프랜차이저가 지속적으로 감시와 감독을 수행해야 하며, 만약 프랜차이지가 동의 없이 지적재산권을 외부로 누설할 때 큰 문제가 발생할 수 있다. 이러한 관리의 필요성은 프랜차이저에게 추가적인 부담으로 작용한다.

넷째, 합작투자는 진출하고자 하는 국가에서 기업이 현지 기업과 공동으로 사업을 수행하는 해외 진입 방법이다. 해외 진입 전략에서 합작투자는 수출, 라이센싱, 프랜차이징에 비해 더 확장된 진입 방법(more extensive entry mode)으로 간주한다(Green & Keegan, 2020). 즉, 예를 들어 한국의 모기업이 베트남에 진출할 경우, 베트남 현지 기업과 공동으로 사업을 운영하기로 계약을 체결하고 수행하는 것이 이에 해당한다.

합작투자를 통해 진출 기업이 얻을 수 있는 주요 이점은 다음과 같다.

① 미지의 국가로 진출함에 따라 상당한 위험이 존재하지만, 신뢰할 수 있는 현지 기업과 공동 사업을 수행함으로써 위험을 분담할 수 있으므로 개별 기업의 부담이 다소 완화된다.

② 서로 다른 가치사슬상의 경쟁 우위를 결합하여 시너지 효과(synergy effect)를 창출할 수 있다. 즉, 현지 기업이 보유한 경쟁 역량(국제마케팅 역량, 생산능력 등)과 진출 기업의 본원적 경쟁 우위를 결합함으로써 현지 시장에서 더 높은 역량을 발휘할 수 있다.

③ 진출 기업이 보유하지 못한 역량을 현지 기업이 보완함으로써 서로 win-win 효과를 누릴 수 있다. 예를 들어, 현지 기업이 우수한 기술력과 생산 능력을 보유하고 있으나 재정적 역량이 부족한 경우, 상대 기업이 재정 자금을 투자하여 합작회사를 설립함으로써 상호 보완을 통해 현지 시장 점유율을 대폭 확대할 수 있다.

반면, 합작투자가 수반할 수 있는 단점은 다음과 같이 요약될 수 있다.

① 합작투자를 체결한 두 기업 간에 목표와 이해 관계가 달라 갈등이 발생할 수 있다. 만약 현지 기업과 진출 기업이 미래 성장에 대한 기대이익에 상당한 격차를 보이는 경우, 상호 책임 소재나 목표의 괴리로 인해 갈등이 촉발될 수 있다.
② 이익 배분에 대한 견해 차이로 인해 의견 충돌이 발생할 수 있으며, 이익 분배를 통제하고 조정하는 데 추가적인 비용이 소요된다.
③ 합작투자 과정에서 업무 수행 중 사회적·문화적 차이로 인해 의견 충돌 또는 원활하지 않은 소통이 발생하여 갈등이 심화할 위험이 있다. 예를 들어, 실무적 의사결정을 비교적 신속히 처리하는 문화와, 중대한 사안까지 최고경영자가 모두 결정하는 문화가 공존할 경우, 실무 차원에서의 충돌 가능성이 높다.
④ 현재 합작투자를 수행하는 기업이 향후 경쟁자가 될 위험도 존재한다. 상호 핵심 역량을 쉽게 습득한 후, 장래 특정 시점에서 합작관계를 청산하고 현지 시장과 제3시장에 진출하여 직접 경쟁하는 사례가 빈번하게 발생한다. 이러한 위험을 사전에 방지하기 위해서는, 상호 피해를 예방할 수 있는 법적 안전장치 마련이 필수적이며, 이에 관한 내용을 계약서에 명확히 기재하고 상호 체결하는 것이 매우 중요하다.

다섯째, 단독투자는 기업이 해외시장 진입 시 수출, 라이선싱 또는 합작투자를 통해 경험을 축적한 이후, 사실상 최종적으로 선택하는 해외시장 진입 방식에 해당한다. 단독투자는 해외 직접투자(Foreign Direct Investment, FDI)의 형태로, 해외 현지 국가에 공장이나 영업소 등을 설립하고 직접 경영을 통해 기업을 운영하는 것을 의미한다.

해외 직접투자(FDI)를 통한 단독투자 결정을 위해서는, 공장이나 영업소 설립을 전담할 현지 전문가의 확보와 더불어, 법률 및 정치적 요소를 관리할 조직의 구성, 그리고 외환 관리를 책임질 인력과 충분한 재정 자원의 확보가 필요하다. 또한 현지 시장에 대한 심층적 이해와 마케팅 능력을 갖춘 경영자가 반드시 선임되어야 한다. 생산 공장 설립의 경우, 독자적 기술관리와 공정 설계·관리를 책임질 인적 및 물적 기반 시설이 충분히 구축되어야 하며, 이러한 주요 기업 가치사슬을 체계적으로 이끌어갈 인적 자원, 경영 시스템과 조직 역량이 있는 기업만이 단독투자를 통해 현지 시장에서 성공적으로 생존할 수 있다.

단독투자를 통한 해외 진출은 이처럼 많은 선행 요건이 필요하여 실행이 쉽지 않으나, 현지화 전략을 효과적으로 시행하여 성공한 사례 또한 다수 존재한다. 그 이유는 단독투자가 기업에 제공하는 다양한 이점 때문이다. 첫째, 단독투자를 통해 현지에 기업이나 공장을 설립할 경우, 현지 정부로부터 일정 부분 호의적인 정책적 혜택과 경제적 지원을 받을 수 있다. 특히 개발도상국을 중심으로, 많은 국가에서 공장 설립 및 기업 유치를 위한 자금 및 법률 서비스를 제공하고 있다.

둘째, 현지 생산설비 구축과 적극적인 현지화 전략을 통해 현지 소비자들로부터 긍정적 반응을 얻을 가능성이 높다. 현지화된 경영을 통해 소비문화에 자연스럽게 편입되어 자국 기업으로 인식될 수 있으며, 현지 경영자와 노동자를 고용함으로써 일자리 창출 효과도 기대할 수 있다.

셋째, 현지화 전략을 성공적으로 수행한 기업은 현지 기반 시설 구축 사업이나 각종 정부 구매프로그램 입찰에 참여가 가능해지고, 현지 기업과 동등한 지위를 확보함으로써 차별을 받지 않게 된다.

마지막으로, 현지에서 생산 시설을 설립함으로써 사실상 현지 시장 보호를 위한 관세 및 할당제도를 극복할 수 있다. 예를 들어, 베트남 시장진출의 경우, 현지 생산을 통해 고율 관세를 회피하여 가격 경쟁력을 확보할 수 있다. 또한, 중량이나 부피가 큰 제품의 높은 물류비용을 수출이 아닌 현지화로 극복함으로써 시장 점유율을 확대하고 높은 수익을 실현할 수 있다. 이를 위해서는 정확한 시장 분석이 반드시 선행되어야 한다.

이처럼 많은 장점에도 불구하고, 단독투자는 다음과 같은 단점도 내포하고 있다. 첫째, 진출에 따른 위험을 기업이 독자적으로 부담해야 하므로, 해외 진출에 수반되는 모든 위험과 비용을 기업이 전적으로 책임져야 한다. 둘째, 진출 국가의 다른 문화에 적응하는 부담을 기업이 홀로 감당해야 한다. 이는 법률, 외환 관리, 정치적 위험 등 다양한 문화 및 제도적 변수를 폭넓게 포함한다. 이와 같은 복합적 손실 우려는 단독투자 방식의 본질적 한계임을 유념할 필요가 있다.

따라서, 단독투자 방식의 장단점을 사전에 치밀하게 파악하고 대비하는 것이 매우 중요하다. 단독투자는 과감한 현지화 전략을 통해 기업의 사업을 크게 확대할 수 있는 가장 적극적인 해외시장 진입 전략으로 평가된다. 시장별로 현지화 전략이 필요할 경우, 적극적 투자와 현지 생산시설 구축을 통해 장기적으로 막대한 수익 창출이 가능하다. 다만, 진출 시장의 환경, 경쟁사의 마케팅 전략, 사회·문화·경제적 여건을 정밀하게 분석해야 하며, 소비자 시장에 대한 체계적이고 효과적인 해외 마케팅 조사도 필수적으로 이루어져야 한다. 이러한 계량적·객관적 조사에 기반하여 경영진의 전략적·과감한 투자가 이루어질 때, 국제적 기업으로의 도약 및 현지 소비자

욕구 충족이 가능하다. 또한, 기업은 국제마케팅 믹스를 시장 현황에 맞추어 실행함으로써 효과적인 글로벌 마케팅 전략을 완성할 수 있다.

제10장

국제시장 마케팅믹스 전략

1. 국제시장 마케팅믹스 개념

해외 현지 시장에 대한 환경 분석과 이를 기반으로 한 해외시장 마케팅 조사를 수행한 기업은, 이를 바탕으로 구체적인 국제시장 마케팅 전략을 수립하게 된다. 국제마케팅믹스(International Marketing Mix)는 국내 마케팅 전략에 비해 훨씬 더 복합적인 양상을 띨 수밖에 없다. 이는 환경적 측면에서 다른 시장에 제품을 소개하고 판매해야 하는 과제에 직면하기 때문이다.

국제마케팅믹스란 진출국 시장에서 해외 고객의 요구를 충족시키기 위하여, 시장에 적합한 제품을 경쟁사보다 더 경쟁력 있는 가격으로, 설득력 있고 효과적인 홍보 활동을 통해 알리고, 가장 효율적인 유통 경로를 통해 제품을 판매하는 등 다양한 마케팅 전략 요소를 융합하는 활동을 의미한다.

국제마케팅믹스는 주로 제품 전략, 가격 전략, 유통(Place) 전략, 그리고 홍보(Promotion) 전략으로 구성된다. 이 네 가지 요소 중 어느 하나라도 해외

시장에 적합하지 않을 경우, 기업의 해외 영업 활동에서 성공을 기대하기는 매우 어렵다. 이는 각 마케팅 믹스 전략의 적절한 조합이 곧 기업의 영업 활동에서 경쟁 우위 창출의 핵심적 기반이 되기 때문이다.

2. 국제마케팅믹스의 구성 요소

국제마케팅믹스를 구성하는 요소로는 네 가지가 있으며, 구체적으로는 제품 전략, 가격 전략, 유통 전략, 홍보전략이 있다.

첫째, 국제시장 제품 전략이다. 해외시장은 국내시장과 차이가 매우 크기 때문에, 기업이 신규 또는 기존 제품을 시장에 출시할 때 제품의 속성, 시장 적응성, 세계적 상표 자산의 여부 등을 고려해야 한다. 기존 제품을 그대로 확장하여 시장에 진출할지, 또는 새로운 제품을 개발하여 해외시장에 맞는 제품 속성으로 포지셔닝할지는 시장 상황에 따라 정교하게 접근해야 하며, 이를 통해 해외시장에서 성공적으로 매출 신장을 기대할 수 있다.

둘째, 국제시장 가격 전략이다. 해외시장에서는 가격이 핵심적인 결정 요소가 되는 경우가 많다. 가격은 종종 제품 자체나 품질의 수준을 나타내는 지표로 활용된다. 기업이 해외시장에서 효과적으로 마케팅 전략을 수행하기 위해서는 시장 분석과 경쟁자 분석을 통해 현지에서 통용되는 가격 수준을 파악하는 것이 매우 중요하다. 이를 바탕으로 제품 및 품질의 포지셔닝에 부합하는 적절한 가격을 결정해야 소비자의 선택을 받을 수 있다. 제품과 품질, 서비스가 우수하더라도, 지나치게 높은 가격 정책이나 시장 특성에 맞지 않는 가격 설정은 실패로 이어질 수 있으므로, 세심한 시장 분석에 기반한 가격 정책 수립이 핵심적인 마케팅 활동이 된다.

셋째, 국제시장 유통 전략이다. 기업은 진출 국가에서 제품을 어떻게 전시·진열하고, 주문 접수 후 어떤 운송수단으로 배송할 것인지를 결정해야 한다. 또한, 소비자에게 최종적으로 전달되는 유통방식이나 판매 장소 등을 명확하게 설정해야 한다. 소비자들이 손쉽게 제품을 구매할 수 있도록 유통 구조를 설계하는 것이 필요하며, 최근에는 팬데믹과 같은 상황에 따라 온라인 주문 및 신속 배송 방식처럼 유통의 혁신이 현지 시장 상황에 맞게 요구되기도 한다.

넷째, 국제시장 마케팅 커뮤니케이션 전략이다. 진출하는 국가의 소비자는 국내 소비자와 성향이 크게 다를 수 있으므로, 이러한 차이를 반드시 고려하여 경쟁사와 차별화된 홍보전략을 수립할 필요가 있다. 현지의 사정에 따라, 판매 촉진을 위한 다양한 마케팅 커뮤니케이션 방법이 더욱 효과적일 수 있다. 예를 들어, 국가와 제품 특성에 따라 SNS, 쿠폰 발행, 인적 판매 활동 등이 TV·라디오 광고보다 효과적인 시장이 있으며, 때에 따라 신문이나 잡지를 통한 홍보가 가장 적합할 수도 있다.

3. 국제시장 제품 전략

기업에서 판매하고 있는 제품에 대해 편익의 차원에서 분류하면 기능적 편익과 심리적 편익으로 구분된다. 기능적 편익은 실용적인 효용을 의미하며, 심리적 편익은 제품을 사용함으로써 소비자는 자신의 지위를 표시하는 편익으로 인식한다는 것이다.

1) 제품의 분류

국제경영을 함에 있어 세계적 기업에서 제품을 분류할 때는 일반적으로 세 가지 기준이 사용된다.

첫째, 구매 습관을 기준으로 분류할 때는 크게 선매품(選買品), 편의품(便

宜品), 전문품(專門品)으로 구분한다. 여기서 선매품(shopping goods)은 구매 전에 가격, 품질, 욕구 등에 대한 적합성을 자세히 검토한 후에 구매하는 제품을 의미한다. 반면, 편의품(convenience goods)은 소비자가 이미 완전히 잘 알고 있으며, 최소한의 노력으로 쉽게 구매하고자 하는 제품을 지칭한다. 전문품(specialty goods)은 제품의 특성이 두드러져, 상표와 상점의 명성 및 신용에 의존하여 구매가 이루어지는 제품을 말한다.

둘째, 제품의 사용 용도에 따라 산업재(産業材, industrial goods)와 소비재(消費財, consumer goods)로 구분할 수 있다. 제품이 산업적 목적에 활용될 때는 산업재에 해당하며, 반대로 제품이 일상생활에 사용될 때는 소비재로 분류된다.

셋째, 제품의 품질 평가 시점에 따라 탐색재(探索材, search goods), 경험재(經驗材, experience goods), 신뢰재(信賴材, credence goods)로 구분한다. 탐색재는 제품의 특징이나 특성을 구매 전에 쉽게 확인하거나 측정할 수 있는 제품을 의미한다. 예를 들어, 컴퓨터나 전자제품은 사용설명서 등을 통해 세부 사양과 특성을 쉽게 파악할 수 있다. 경험재는 구매 이전에는 그 특징이나 품질을 정확히 알기 어려운 제품으로, 예를 들어 의류, 식품, 화장품 등은 실제 사용 후에야 특성을 확실히 알 수 있다. 신뢰재는 소비자가 제품의 효용성과 가치를 스스로 판단하기 어려운 제품을 지칭하며, 대표적으로 의료인이 제공하는 의료서비스가 이에 해당한다. 의료서비스는 소비자가 의료인의 전문성에 대한 신뢰를 기반으로 이용하게 되므로, 해당 행위의 효용성을 소비자가 직접 평가하기 어렵다. 이와 같이 의료서비스, 법률서비스, 고급 공연예술 서비스 등은 경제학에서 신뢰재로 분류된다.

2) 글로벌 제품 관련 고려 요소

(1) 제품 속성 결정

첫째, 제품 품질 결정이다. 기업은 자사 제품의 품질 수준, 품질 일관성, 그리고 지각된 품질을 정확히 파악하여야 하며, 시장 진출 시에는 결정된 품질 수준에 대해 책임 있게 관리하는 것이 필수적이다. 기업의 역량에 부합하도록 품질을 설정하고, 이에 대한 체계적 품질 관리를 철저히 이행해야 한다.

둘째, 제품 특징 결정이다. 기업은 자사가 제조하거나 판매하는 제품의 사양과 주요 특징을 명확하게 정의하고, 독창적인 사양을 동시에 결정하여, 해당 제품의 차별화된 특성을 소비자가 명확히 인식할 수 있도록 해야 한다.

(2) 브랜드 결정

국제경영에서 다국적 기업이 국제시장에 자사 제품을 출시하는 경우, 제품의 명칭이자 정체성을 나타내는 브랜드를 결정하는 것이 필수적이다. 이에 따라, 효과적인 브랜드 선정 시 고려해야 할 주요 사항을 다음과 같이 고찰할 수 있다.

첫째, 브랜드의 개념은 제품에 대한 인식표(tag)로 볼 수 있다. 소비자는 브랜드를 통해 생산자를 인식하게 되고, 기업은 제품 및 브랜드에 대한 배타적 사용권을 확보함으로써 법적 보호를 받게 된다.

둘째, 브랜드의 계층적 구조는 기업브랜드(corporate brand), 패밀리브랜드(family brand), 그리고 개별브랜드(individual brand)로 구분된다.

① **기업브랜드**는 기업명을 그대로 브랜드로 활용하는 방식이다. 이는 단순하면서도 강력한 이미지를 부여할 수 있으며, 브랜드 개발 비용이 최소화되고 다른 제품군에도 손쉽게 확장 적용이 가능하다는 점에서 마케팅 비용 절감 효과가 크다. 그러나 기업 이미지가 훼손될 경우, 그 부정적 인상이 제품 이미지에도 전이될 위험이 있으며, 기존 기업브랜드의 강한 이미지 탓에 신제품 확장 시 예상치 못한 부정적 결과가 발생할 수도 있다. 대표적으로 삼성은 기업명을 브랜드로 사용하는 사례에 해당한다.

② **패밀리브랜드**는 동일 제품군 또는 유사한 제품 품목에 하나의 브랜드를 공통으로 사용하는 전략으로, 소비자에게 강한 통합적 이미지를 제공하는 목적을 가진다. 이 전략의 장점은, 제품군 내 단일 품목의 성공이 전체 상표 평판을 강화하여 마케팅 비용을 절감할 수 있다는 점이다. 다만, 일부 품목에서 부정적 인상이 발생할 때 전체 패밀리브랜드 이미지에 악영향을 미칠 수 있다는 단점이 있다.

③ **개별브랜드**는 특정 제품군별로 독립적인 브랜드를 부여하는 방식으로, 주로 생활용품 기업에서 활용된다. 이 전략의 주요 강점은, 타 제품군에서 발생한 부정적 이미지의 연쇄적 영향을 최소화할 수 있다는 점이다. 반면, 각 개별브랜드에 대해 별도의 마케팅 비용이 추가로 소요되기 때문에 기업으로서는 비용 부담이 증가하는 한계가 있다. 예를 들어, 현대자동차는 'GENESIS(제네시스)'와 같이 개별브랜드를 사용하여 별도의 광고 및 마케팅 활동을 수행한다. 이 경우, 기업의 전체 이미지가 부정적이라 하더라도 개별브랜드는 독자적 인식이 가능하지만, 그만큼 마케팅비용이 상승하는 단점이 존재한다.

4. 브랜드자산

브랜드자산(brand equity)이란, 기업이 제품에 브랜드를 부여함으로써 추가되는 가치를 의미한다. 브랜드자산을 통해 기업은 기업 가치를 제고하고 시장점유율을 확대하며, 매출 신장을 달성할 수 있다. 브랜드자산의 향상은 기업의 생존능력과 경쟁 우위 제고에 중요한 역할을 한다.

1) 브랜드자산의 구분 요소

브랜드자산은 브랜드인지도(brand awareness)와 브랜드연상(brand association)으로 구분된다. 브랜드인지도는 브랜드 재인(recognition)과 브랜드 회상(recall)을 포함한다. 브랜드 재인은 소비자가 시각적으로 제품을 인지하는 능력을 의미하며, 브랜드 회상은 청각적 요소를 통해 제품이 연상되는 현상을 의미한다. 즉, 글로벌 마케팅에서 마케터(marketer)는 제품이 고객에게 시각적 또는 청각적으로, 효과적으로 전달되도록 하여, 제품 가치를 향상시키고 브랜드가 하나의 자산으로 자리매김하도록 한다.

이와 함께, 브랜드연상은 제품 범주 및 속성과 관련된 연상 작용으로 기능성과 효용성에 대한 연상뿐만 아니라, 제품과 직접 관련이 없는 원산지, 용도, 사용자 등과도 연결된다. 또한 브랜드연상은 기업의 이미지를 상기시키는 역할도 한다. 판매 전문가는 제품과 직접적으로 연관되거나 속성과 무관한 요소, 그리고 기업 이미지를 자연스럽게 결합해 브랜드연상이 효과적으로 형성될 수 있도록 해야 한다.

2) 브랜드자산의 이점

기업이 브랜드자산을 보유함으로써 누릴 수 있는 이점은 다음과 같다.

첫째, 고객의 브랜드 충성도를 확보하여 고객이 지속적으로 해당 제품을 구매하도록 유도할 수 있다.

둘째, 브랜드 인지도를 제고함으로써 장기적인 고객 확보가 가능하다.

셋째, 제품에 대한 지각된 품질이 자연스럽게 형성되어 향후 마케팅 믹스와 결합할 때 시너지를 창출할 수 있다.

넷째, 브랜드는 고객에게 긍정적 이미지를 연상시키는 작용을 일으킬 수 있다.

3) 브랜드자산 유지 조건

브랜드가 시장점유율과 지배력을 유지하기 위해서는 다음과 같은 조건을 충족해야 한다.

첫째, 브랜드가 서비스, 제품, 장소 등을 통해 구체적으로 구현되어야 한다. 즉, 브랜드는 소비자에게 실질적이고 구체적으로 인식될 수 있어야 한다.

둘째, 브랜드가 효과적으로 의사 전달될 수 있어야 한다. 이를 통해 소비자는 브랜드에 대한 이해와 내면화를 강화하게 된다.

셋째, 브랜드는 소비자에 의해 행동과 실천으로 활성화되어야 한다. 즉, 소비자가 브랜드를 통해 가치를 체감하고 이를 실제 소비행동으로 연결하는 것이 중요하다.

넷째, 브랜드 체계의 접점에 있는 구성원에 의해 실행되어야 한다. 즉, 브랜드 콘셉트, 상표 이름과 상징, 그리고 제품 또는 서비스에 접하는 담당자들이 브랜드를 '살아있는 체계(living system)'로 구현해야 한다.

5. 글로벌 제품포지셔닝의 요인

글로벌 시장에서 기업은 자사 제품을 소비자 인식 속에 효과적으로 위치시키는 전략을 통해 경쟁 제품과의 차별화를 도모한다. 즉, 기업이 선정한 목표시장에서 해당 제품을 적합한 위치에 배치함으로써 글로벌 시장에서 경쟁 우위를 확보하는 것이다.

1) 제품 편익에 따른 구분

포지셔닝 전략에서는 제품의 편익이나 특성에 따라 제품을 구분한다. 제품의 경제성, 신뢰성, 내구성 등 특정 특성을 강조하여 소비자 시장에서의 포지셔닝을 가능하게 한다. 예를 들어, 스웨덴의 자동차 기업 볼보(Volvo)는 안정성을 핵심 제품 편익으로 내세워 소비자 인식 속에 '안정성이 뛰어난 차량'으로 자리 잡고 있다. 또한 스타벅스는 '사이렌오더' 방식을 통해 소비자들이 굳이 줄을 서서 주문하지 않고도 음료를 손쉽게 구매할 수 있는 편의성을 강조함으로써, 구매 편의성 측면에서 차별화된 포지셔닝 전략을 구사하고 있다.

2) 제품 품질과 가격의 구분

세계 시장에서의 제품 포지셔닝에 있어, 제품의 품질과 가격은 매우 중요한 요인이다. 제품의 품질을 고품질로 설정하고, 기업의 내부 역량으로 해당 품질 수준을 유지할 수 있다면, 고품질 이미지를 내세워 해외 시장에 진출하는 것이 적합한 전략이 될 수 있다. 또한, 가격 측면에서는 경쟁사의 가격 정책과 시장 상황을 자세히 분석하여 고가격 전략 또는 저가격 전략 중 적절한 방식을 선택해야 한다. 진출 대상 해외시장이 고수익을 창출할 수 있는 시장인지, 혹은 경쟁이 치열하여 가격에 민감한 시장인지를 판단하여 이에 맞는 가격 전략을 구사해야 한다.

3) 사용자와 사용의 요인

글로벌 제품 포지셔닝 전략에서는 주요 사용자(user)와 사용 목적(use)에 대한 고려가 핵심 요인으로 작용한다. 해당 제품의 주요 사용자층 및 사용 상황을 명확히 파악하는 것이 중요하다. 예를 들어, 말보로(Marlboro) 담배는 강한 니코틴을 선호하는 남성층을 주요 표적으로 삼고, 광고에서 카우보이가 농장에서 담배를 피우는 이미지를 활용하여 강한 남성성을 강조한다. 이는 제품 사용자와 이미지를 효과적으로 연계한 포지셔닝 사례이다. 또한, 할리 데이비슨(Harley-Davidson) 오토바이는 일상에서 벗어나 속도를 즐기고자 하는 용도에 초점을 두어, 주말에 도로를 질주하는 소비자의 경험을 부각한다. 이처럼 사용자와 사용 목적에 맞는 포지셔닝을 통해, 제품이 고객의 욕구를 충족시켜 줄 수 있음을 강조한다.

4) 하이테크와 고감도 제품의 특성

국제경영을 실시하는 가운데 세계 시장에서 하이테크(high-tech)와 고감도(high-touch) 제품은 동일한 이미지를 강하게 제시하는 것이 효과적일 때가 많다. 하이테크 제품, 예를 들어 컴퓨터, 휴대전화, 전기자동차 등은 세계적으로 동일한 이미지와 광고 메시지를 활용함으로써 고객에게 일관되고 강력한 인상을 남길 수 있다. 고감도 제품인 화장품, 향수, 패션 제품 등 또한 전 세계적으로 통일된 광고 이미지와 비주얼을 선보임으로써 소비자에게 친근감을 주고, 상표가치를 전달하는 데 효과적이다.

6. 제품 전략 선정

글로벌 제품 전략은 제품과 마케팅 커뮤니케이션의 관계에서 확장, 적응, 그리고 결합 전략으로 설정할 수 있다. 즉, 기존 제품을 해외 진출 시장으로 확장하거나, 현지 시장에 맞게 적응하는 방식이 있으며, 이 두 가지 방식을 결합하여 전략을 수립하는 것도 가능하다.

아래의 〈그림〉은 제품의 글로벌전략(Green & Keegan, 2020)의 4가지 형태를 보여준다.

전략 2: 제품확장 - 커뮤니케이션 적응 전략 (Product Extension-Communication Adaptation)	전략 4: 동시적응 전략 (Dual Adaption)
전략 1: 동시확장 전략 (Dual Extension)	전략 3: 제품적응 - 커뮤니케이션 확장 전략 (Product Adaptation-Communication Extension)

출처: Green & Keegan(2020), "Global Marketing", 10th edition, Pearson Education.

〈그림〉 글로벌 제품 전략 유형

1) 전략 1: 동시확장 전략

동시확장 전략은 기업이 국내시장을 벗어나 해외에 진출할 때 가장 널리 활용되는 제품 전략 중 하나로, 기존의 제품을 활용하고 국내시장과 동일한 광고 및 판매 촉진 방식을 적용하는 전략이다. 이 전략은 네 가지 전략 중 가장 높은 수익성을 기대할 수 있다. 그 이유는 기존 제품과 커뮤니케이션 전략을 변형 없이 타 시장에 전개하기 때문이다. 예를 들어, 코카콜라의 경우 기존 제품을 그대로 채택하고, 이미 제작된 광고를 진출국 시장에도 그대로 적용한다. 이러한 방식은 현지 소비자들에게 글로벌 광고를 통한 브랜드에 대한 호기심과 세계적 브랜드 이미지, 그리고 동일한 맛에 대한 기대감을 심어 줄 수 있다. 단, 이 전략의 성공을 위해서는 해당 시장 소비자의 특성을 선제적으로 파악하여, 필요시 시장별로 전략을 차별적으로 조정할 필요가 있다.

2) 전략 2: 제품확장 - 커뮤니케이션 적응 전략

제품확장-커뮤니케이션 적응 전략은 기존 제품을 그대로 외국시장에 도입하면서, 현지 시장의 특성에 맞추어 새로운 광고를 제작·적용하는 전략이다. 이 전략은 동시확장 전략에 비해 마케팅 비용이 다소 증가하지만, 기존 제품을 계속 활용한다는 점에서 진입 장벽을 낮출 수 있는 장점이 있다. 또한 현지 시장의 소비자 특성과 문화에 대응하여 광고를 조정함으로써 제품의 매력을 더욱 효과적으로 전달할 수 있다. 예를 들어, 한국에서는 스쿠터가 주로 레저용 또는 음식 배달용으로 쓰이지만, 동남아시아 시장에서는 주로 출퇴근용으로 활용된다. 이 경우, 한국 스쿠터를 동남아 시장에 선보일 때 기존 제품을 유지하면서도 광고에서는 출퇴근 시의 안전성과 편안함 등 현지 소비자가 중요하게 여기는 기능을 강조하는 것이 효과적이다. 이처럼 제2 전략은 동일 제품을 바탕으로 현지에 적합한 광고를 통해 판매를 증진하는 방식이다.

3) 전략 3: 제품적응 - 커뮤니케이션 확장 전략

제품적응-커뮤니케이션 확장 전략은 시장별로 조건에 맞게 제품을 변형 또는 새롭게 개발하여 출시하되, 광고와 판매촉진 활동은 기존의 것을 최소한의 조정으로 대부분 그대로 유지하는 전략이다. 예를 들어, 규제나 기후 조건 등 국가별 차이가 큰 경우, 타이어 제조기업은 각국의 요구와 환경에 맞춰 제품 세부 내용을 다르게 한다. 예컨대 북유럽 시장에는 한겨울의 혹독한 기후에도 성능이 저하되지 않는 겨울용 타이어를 출시한다. 이와 같이 제품은 현지 환경에 맞게 적응하지만, 광고와 판촉은 기존 제작물을 약간의 수정만 거쳐 활용함으로써 추가적인 제작비용이 상대적으로 적게 든다.

4) 전략 4: 동시적응 전략(Dual Adaption)

동시적응 전략은 시장별 소비자 특성과 시장 외·내부 환경의 차이가 뚜렷하게 나타날 때, 제품과 광고 모두를 현지화하여 적용하는 전략이다. 즉, 모국과 크게 다른 환경이나 소비자 특성이 발견되는 시장에서는 기존 제품과 광고를 그대로 사용하는 것이 아니라, 현지에 맞게 새로운 제품을 개발하고, 현지 문화와 소비자 특성에 부합하는 광고 및 판촉활동을 전개한다. 예를 들어, 식품 산업에서는 소비자의 입맛이 국가별·시장별로 크게 다르므로 현지의 기호에 맞춘 제품 개발이 필요하다. 동시에, 다른 문화적 배경을 고려한 특화된 광고와 판촉 전략도 함께 마련되어야 한다. 이처럼 동시적응 전략은 제품과 마케팅 커뮤니케이션 모두를 현지 시장과 소비자 특성에 맞춰 적합하게 조정함으로써, 국제마케팅의 성공 가능성을 높이고 효과적인 현지화를 실현할 수 있다.

7. 신제품 개발 전략

1) 신제품 유형

신제품의 유형은 일반적으로 모방형, 변화형, 혁신형, 응용형으로 크게 구분된다. 모방형 신제품은 기존 제품과 유사한 형태나 기능을 모방하여 개발되는 제품을 의미한다. 이러한 방식은 개발 비용이 상당히 소요될 수 있으나, 소비자에게 강한 반향을 일으키기에는 한계가 있다.

변화형 신제품 개발은 기존 제품의 기능이나 외관 등에 변화를 주어, 서로 다른 제품으로 재탄생시키는 것을 의미한다. 긍정적으로 변화된 제품은 소비자에게 신선한 반향을 일으킬 수 있지만, 개발 과정에서 상당한 비용이 추가로 발생할 수 있다.

혁신형 신제품 개발은 기존 제품과는 완전히 다른 혁신적인 형태나 기능을 도입하여, 기존의 틀을 완전히 깨는 제품을 의미한다. 이 유형은 새로운 패러다임을 창출할 정도로 시장에 혁신을 불러올 수 있다. 예를 들어, 아이폰을 통해 최초로 출시된 스마트폰은 대표적인 혁신형 신제품에 해당한다. 이러한 혁신형 신제품은 시장에서 선풍적인 인기를 얻을 수 있으나, 기존 생산설비와 마케팅 전략 전반에 걸친 근본적인 변화를 요구하므로, 높은 비용과 위험 요소를 수반한다.

마지막으로, 응용형 신제품 개발은 기존 제품의 디자인과 기능 중 긍정적인 요소를 기반으로, 일부 기능이나 디자인을 추가 또는 응용하여 새로운 제품을 개발하는 형태를 의미한다. 이 방식은 상대적으로 비용 부담이 낮고, 안정적인 시장 운영이 가능하다는 장점이 있다. 다만, 신제품의 응용 범위가 미미하여 시장에서 뚜렷한 차별화를 제공하지 못하면, 시장점유율 확대나 매출 증대 효과를 기대하기 어렵다.

2) 신제품 성공 요건

신제품이 성공적으로 시장에 정착하기 위해서는 아래의 요건을 갖춰야 할 것이다.

① 고객의 요구(needs)를 잘 파악해야 한다.
② 기술적 우위를 가진 제품을 개발해야 한다.
③ 기업역량에 부합한 제품을 개발해야 한다.
④ 혁신적 제품이 되어야 시장의 반응을 이끌 수 있다.
⑤ 최고 경영진의 전폭적인 지원이 이뤄져야 한다.

3) 신제품 개발 전략 유형

신제품 개발 전략은 크게 두 가지로 구분할 수 있다. 첫째, 선제 전략(Proactive Strategy)은 경쟁자에 앞서 신제품을 개발하여 시장의 선도자로서 임무를 수행할 수 있도록 하는 전략이다.

둘째, 대응 전략(Reactive Strategy)은 일반적으로 모방 전략, 방어 전략, 그리고 '보다 나은 두 번째' 전략으로 세분된다. 모방 전략은 선도 기업의 제품을 모방하여 시장에 진입하는 방식을 의미한다. 방어 전략은 경쟁사의 신규 제품 출시에 대응하여, 해당 제품의 단점을 부각하거나 자사 제품과의 비교를 통해 시장 내 우위를 확보하고자 하는 전략이다. '더 나은 두 번째' 전략은 신규 출시된 제품을 참고하여, 이를 기반으로 더 우수한 서비스와 제품을 개발함으로써 시장에서 차별화된 가치를 제안하는 전략을 말한다.

4) 신제품 개발 절차

신제품 개발 단계를 체계 없이 진행하는 경우, 성공 가능성이 매우 낮다. 따라서 기업은 일반적으로 다음과 같은 절차를 거쳐 신제품 개발을 추진한다.

첫째, 아이디어 개발 단계가 있다. 이 단계에서는 신제품이 시장 기회를 효과적으로 활용할 수 있는지 검토한다. 아이디어의 원천은 고객, 내부 직원, 경쟁 기업 또는 유통업자 등 매우 다양할 수 있다. 따라서 기업은 신제품 아이디어를 획득하기 위하여 열린 자세로 비즈니스에 임하고, 각 경제 주체로부터 문제점이나 기회를 신속히 인식하고 적극적으로 활용할 필요가 있다.

둘째, 아이디어 평가 단계가 이루어진다. 아무리 혁신적이고 우수한 아이디어라도, 자사 제품, 유통 체계, 마케팅 전략 등과 일치하지 않는 경우 실제 신제품 개발로 이어지기 어렵다. 일반적으로 이 단계에서는 제품 개념(product concept)의 개발과 테스트(test)가 수행된다. 기업의 목적, 마케팅 전략, 내부 역량과의 일치 여부를 검토하여 긍정적 평가가 이루어질 때 다음 단계로 진입하게 된다.

셋째, 사업성 분석과 제품 개발 단계이다. 기업의 판매 전문가는 신제품 개발과 관련하여 면밀한 사업성 분석을 해야 한다. 즉, 해당 신제품 개발이 기업의 손익 구조에 긍정적인 영향을 미치는지, 그리고 장기적으로 지속 가능한 경쟁 우위를 제공하는지 종합적으로 평가해야 한다. 이러한 분석 결과, 기업에 중장기적으로 긍정적 효과가 기대될 경우, 기술적 타당성, 생산 가능성 및 대량 유통 가능성 등을 함께 검토한 후 실제 제품 개발에 착수하게 된다.

넷째, 제품 개발이 완료되면 시험마케팅 단계가 진행된다. 소비재 제조 기업의 경우, 다음 세 가지 대표적인 시험마케팅 방법이 활용된다.

① **표준시험시장법**: 전체 표적시장을 대상으로 하는 것이 아니라, 대표성이 있는 특정 지역을 선정하여 신제품 마케팅 활동을 하고, 그 성과를 측정·분석하는 방법이다.

② **통제시험시장법**: 일부 점포를 선정하여, 상점주의 허락으로 시험마케팅을 하는 방법이다. 선정된 상점에서는 사전에 계획된 가격, POP(점내 촉진, Point-of-

Purchase promotion) 등 다양한 변수를 통제·적용하여 그 결과를 평가한다. 이와 같이 시험적으로 통제된 상점은 '안테나 샵(Antenna shop)'이라고도 한다.

③ **모의시험시장법**: 선정된 표본 소비자에게 신제품과 대안 제품에 대한 광고 및 판매촉진을 실시하고, 실제로 구매가 가능하도록 비용을 지원한다. 연구자는 이 실험을 통해 소비자들이 신제품 및 대안 제품을 어느 정도 구매하는지 측정하며, 이를 기반으로 신제품의 시용(試用) 구매 수준과 광고·판매촉진의 효과를 정량적으로 평가한다.

5) 신제품 수용과 확산

신제품의 수용(adoption)과 확산성(diffusion)을 높이는 요인은 다음과 같다. 첫째, 신제품이 시장과 기업의 목적에 부합성이 높은 경우이다. 둘째, 신제품이 시용(試用) 가능한 경우이다. 신제품을 시장에 표본 형태로 제공하여 시험적으로 사용할 수 있도록 할 때, 소비자들은 해당 신제품에 대해 친근감을 느끼게 된다. 셋째, 신제품이 경쟁사 제품 대비 상대적으로 뛰어난 이점을 보유한 경우이다. 경쟁사에 비해 뚜렷한 우위를 가진 신제품은 수용과 확산성을 제고하는 효과가 있다. 넷째, 신제품의 이미지, 기능, 정보 등이 단순할수록, 소비자들이 시장에서 더 쉽게 인식할 수 있으며, 이는 곧 구매로 이어질 가능성을 높인다. 다섯째, 신제품에 대한 활발한 의사소통 경로(예: 인터넷, SNS 등)가 존재할 경우, 시장 내에서 신제품의 수용과 확산성이 더욱 증대된다.

해외 시장에서 기업 신제품의 수용 시기는 소비자 개인별로 다르게 나타난다. 신제품 출시 시점을 기준으로 수용과 관련하여 소비자를 다섯 개 그룹으로 구분할 수 있으며, 이에 따라 혁신수용자(Innovators), 조기수용자(Early Adopters), 초기 다수자(Early Majority), 후기 다수자(Late Majority), 혁신 지체자(Laggards)로 분류된다. 각 그룹의 특성은 다음과 같다.

첫째, 혁신수용자(Innovators)는 신제품이 출시되자마자 즉시 구매하는 경향을 보이는 소비자 집단이다. 이들은 강한 도전정신과 모험심을 바탕으로 높은 위험을 감수하며 새로운 제품을 수용한다.

둘째, 조기수용자(Early Adopters)는 제품 구매에 있어 독자적인 판단을 내리고, 신제품의 전망을 스스로 평가하여 구매하는 소비자층이다. 이들은 일반적으로, 의견선도자(Opinion Leader)로 불리며, 신제품이 제공하는 경제적 효익과 가치에 높은 비중을 두고 구매를 결정한다.

셋째, 초기 다수자(Early Majority)는 조기수용자가 제품을 구매한 이후에 신제품을 수용하는 소비자 집단이다. 혁신적 성향보다는 점진적 변화를 선호하며, 실용주의적 태도를 갖고 신제품에 대해 신중한 접근을 보인다. 일반적으로 초기 다수자는 광고나 인적 판매원에 의해 제공되는 정보를 수용하고, 큰 영향을 받는다.

넷째, 후기 다수자(Late Majority)는 초기 다수자나 조기수용자들에게서 제공되는 정보에 의존도가 높다. 그러나 광고나 인적 판매원 중심의 정보에는 상대적으로 낮은 매력을 느끼며, 혁신적이거나 급격한 변화보다는 기존의 방식 유지를 선호한다. 또한, 경쟁 우위를 추구하기보다는 경쟁의 열위에 처하는 것을 피하려는 경향이 강하다.

다섯째, 혁신지체자(Laggards)는 혁신적 신제품을 가장 마지막에 수용하는 소비자 집단이다. 이들은 주로 고연령층이거나 사회적 지위가 낮은 계층에 속한다. 혁신지체자를 설득하여 신제품을 수용하게 하는 것은 매우 어렵고, 비용도 상당히 많이 소요된다. 실제 신제품 마케팅에서는 혁신지체자를 주된 목표로 삼지 않고, 다른 그룹의 소비자를 주요 대상으로 설정한다.

제11장

국제시장 가격 전략

1. 국제시장 가격 개념

국제시장에서의 가격은 현지 진출국에서 제품이 갖는 가치를 의미한다. 가격은 다층적인 함의를 내포하고 있으며, 경제적 차원에서 국제시장에서 제품의 가치를 표현하고 교환비율로 활용되기도 한다. 또한 사회적 차원에서 현지 진출국에서 가격은 사회적 신분과 계층을 나타내는 지표로 기능한다. 예를 들어, 고급 승용차의 고가격은 특정 사회계층의 고위층만이 접근할 수 있는 것으로 의미가 부여된다.

국제시장에서도 경제학의 기본 원리에 따라 수요량과 공급량에 의해 가격이 결정된다. 그러나 국내시장과 달리 국제시장의 가격은 다양한 요인에 의해 변동성을 보인다. 예를 들어, 환율 변동 때문에 동일한 가격으로 수출하더라도 현지의 환율 상황에 따라 가격이 급격히 상승하거나 하락할 수 있다. 또한 현지 진출국의 경제정책에 의한 관세나 기타 세금의 인상으로 동일 가격이 정책적 요인에 의해 변화되기도 한다. 이러한 국제시장의 가격변동에 미치는 영향 요인들은 후속 연구에서 더욱 세부적으로 다루기로 한다.

국제시장에서 제품에 따라 가격탄력성은 다르게 나타날 수 있다. 필수품의 경우 가격이 상승하더라도 소비자의 수요량은 심하게 감소하지 않는다. 그러나 사치품의 경우 경기침체로 인해 가격이 상승하면 수요량이 현저히 감소한다. 이러한 경제 원리는 국제시장에도 같이 적용된다. 그러나 국내시장과 국제시장에서 제품별 인식에는 차이가 존재할 수 있다. 만약 전자제품(예: 휴대전화)을 필수품으로 인식하는 국제시장의 경우 가격이 상승하더라도 수요량이 많이 감소하지 않는다. 반면, 휴대전화를 사치품으로 인식하는 국제시장에서는 가격이 상승하면 수요량이 급격히 감소할 수 있다. 따라서 시장별 가격탄력성은 현저한 차이를 보인다.

세계 시장에서 가격 전략의 목적은 다음과 같이 다각적으로 분석된다. 첫째, 국제시장에서 기업이 가격 전략을 설정하고 조정하는 목적은 이익극대화를 위한 것이다. 해외에 진출한 기업은 시장별 특성에 따라 가격을 차별화하거나 조정하여 이익을 최적화한다.

둘째, 국제시장에 진출한 기업은 가격 전략을 적절히 구사하여 생존력을 제고하는 것을 목적으로 한다. 시장 환경에 부적합한 가격 전략을 설정하면 기업의 지속할 수 있는 영업을 담보하기 어렵다.

셋째, 현지에 진출한 기업은 경쟁기업의 가격 정책을 고려하여 가격 전략을 수립하고 조정함으로써 시장 확대를 목적으로 한다. 즉, 소비자 시장환경에 대한 이해와 경쟁기업의 현황 파악을 통해 최적화된 가격 전략으로 시장 확대를 추구한다.

넷째, 국제시장에서 가격 전략을 수립하는 목적 중 핵심적 요소는 기업이 고품질의 제품을 가장 합리적인 가격으로 제공하는 데 있다. 기업이 시장에서 생존하기 위한 가장 중요한 요소는 품질을 통한 고객 만족이라

할 수 있다. 제품의 가치를 평가하는 핵심 지표가 가격이므로, 국제시장의 경쟁 환경과 제품원가를 종합적으로 고려한 최적의 조합을 구성하는 것이 국제시장 가격 전략의 본질이다. 이를 위해서는 기업의 내·외부 환경에 대한 체계적인 분석이 핵심적이다.

2. 국제시장 가격 결정 유형

첫째, 원가 중심 가격 결정이다. 국제시장에서 가격을 결정하는 것은 매우 복잡하고 어려운 과정이다. 이는 고려해야 할 요소가 다양하며, 부적절한 가격정책으로 인해 기업이 상당한 손실을 보거나 시장의 혼란을 초래할 수 있기 때문이다.

이러한 관점에서 기업이 국제시장에 신규 제품 또는 기존 제품의 확장 전략을 통해 진출할 때 가격을 결정하는 데 있어 기준이 되는 것이 총원가이다. 즉, 해당 제품을 제조하는 데 소요되는 모든 제조원가 및 기타 제반 비용까지 포함한 계산에 바탕을 둔 가격 결정이 원가 중심 가격 결정이다.

총원가를 산정하기 위해서는 기업의 정확한 원가계산이 기본이며, 관련 유통비용과 마케팅비용 등의 모든 제반 비용까지도 계산에 포함하여야 한다. 이러한 합리적인 원가분석을 바탕으로 기업의 목표 수익률을 포함하여 해외 진출국 시장에 가격을 제시하는 방법이다.

둘째, 경쟁 중심 가격 결정이다. 국제시장 진출을 위해 가격 전략을 적절히 수립하는 것은 매우 중요하다. 특히 국내시장과 전혀 다른 환경인 국제시장에서는 가격의 기준을 합리적인 방법으로 선택하는 것이 중요하다. 시장에서 성공적인 전략을 구사하기 위해 시장환경분석은 우선적으로 수행되는 활동 중 하나이다. 여기서 경쟁환경분석은 국제마케팅의 기본적 분석요소이다. 경쟁기업의 가격 파악을 통해 가격 전략을 설정하는 것이 경쟁 중심 가격 결정 방법이다.

경쟁기업의 가격은 해당 시장에서 형성된 자연스러운 가치평가를 보여주는 기준이 된다. 따라서 세계 시장에서 해당 제품의 경쟁자가 존재한다면 경쟁 중심 가격 결정 방법은 상당한 의미가 있다.

셋째, 통합적 가격 결정 방법은 원가 중심과 경쟁 중심 가격 결정을 혼합하는 방법이다. 기업의 원가만을 중심으로 가격을 결정하는 것은 세계 시장에서 큰 혼란을 초래하기도 하고 기업의 이익극대화 달성을 어렵게 한다. 또한 원가에 대한 정확한 평가 없이 경쟁기업이 형성한 가격으로 공급하는 것은 기업의 지속적인 영업활동과 성장가능성을 저해한다.

이러한 관점에서 통합적 가격 결정은 정확한 원가계산을 바탕으로 시장에서 해당 제품을 공급하고 있는 경쟁기업의 가격을 참고하여 가격을 결정하는 것이 합리적이다. 즉, 통합적 가격 결정으로 설정된 가격은 기업의 생존력을 높이고 지속적인 영업을 가능하게 한다.

넷째, 소비자 중심 가격 결정이다. 기업의 제품을 소비하는 주체는 소비자들이다. 세계 시장에서 소비자들의 제품에 대한 평가와 수요를 바탕으로 가격을 결정하는 방법이다. 이러한 관점에서 기업이 제품에 대해 직접 지각된 상품가치를 소비자에게 직접 조사하는 방법으로 소비자들이 느끼는 가치를 토대로, 합리적으로 가격을 결정하는 것은 기업의 생존력과 지속적인 성장을 가능하게 한다. 즉, 소비자의 제품에 대한 가치평가를 분석하고 제품에 대한 수요 형태를 파악하여 합리적으로 가격을 결정하는 방법이 소비자 중심 가격 결정 방법이다.

3. 국제시장 가격 결정 요인

첫째, 환율이 가격에 영향을 미친다. 국제시장이 국내시장과 구별되는 특징은 환율의 영향을 받는다는 점이다. 수출기업이 시장에 적합하고 경쟁기업보다 경쟁력 있는 가격을 설정하였다고 하더라도 현지 국가의 경제 여건으로 인해 환율이 급격하게 변화하는 경우 시장 가격은 크게 요동칠 수 있다.

이러한 특징으로 인해 수출기업은 환율을 지속적으로 관찰해야 하며 변화 양상에 따라 차별적으로 대응해야 한다. 만약 외환리스크를 무시하고 고려하지 않는다면 미래의 기업 손실에 대비할 수 없다. 또한 지속적인 환율 하락 또는 상승 기조가 지속된다면 그에 상응하는 가격 조정을 신속하게 단행해야 한다. 이에 앞서 국제마케팅에 있어 매매계약 체결 시 이러한 급격한 환율 변동에 대비하여 계약서상 조항을 명시함으로써 가격 조정이 상호 합의로 가능하게 해야 한다.

둘째, 추가비용이 가격 결정에 영향을 미친다. 국내마케팅에 비해 국제마케팅에서는 추가비용이 반드시 원가계산에 반영되어야 한다. 이는 국제간 비즈니스에서 발생할 수 있는 비용이 상당히 많기 때문이다. 예를 들면 관세, 유통비용, 보험료 및 기타 세금 관련 비용 등이 있다.

해외마케팅에서는 여러 가지 명목으로 추가 비용이 발생하므로 매매계약 체결 이전에 현지 국가로 수출하는 경우 추가로 드는 비용에 대한 세부적인 검토가 필요하다.

셋째, 계약조건이 가격 결정에 영향을 미친다. 무역계약 체결 시 양 당사자 간 합의에 따라 정형거래조건이 정해진다. 이에 따라 내륙운송비, 해상운송비, 양륙비, 관세 및 기타 세금 관련 비용 등이 결정된다. 이러한 거래조건에 따라 가격은 크게 차이가 나기 때문에 계약 조건은 가격에 영향을 미치는 요인 중 하나이다.

정형거래조건에 의해 가격이 달라지는 것은 확실하다. 따라서 공급업체의 경우 가격 결정 시 반드시 이러한 정형거래조건에 따라 발생할 수 있는 비용을 가격에 반영해야 한다. 그렇지 않으면 기업의 손실로 이어질 수 있어 상세하고 명확한 원가계산이 필요하다. 국제마케팅에서도 무역상의 정형거래조건을 정확하게 파악해야 하며 원가계산 분석에서도 거래조건별, 국가별로 차이가 있으므로 특별한 관리가 필요하다.

넷째, 국제법규와 정책은 가격에 영향을 미치는 요인이다. 국가별로 가격차별화를 위한 인위적 시장분리가 유럽공동체(EC: European Committee)에 의해 불법으로 간주한다. 예를 들어 인도와 인도네시아는 자국에서 생산한 스테인리스(STS) 냉연제품을 자국시장과 달리 비교적 낮은 가격으로 EU 시장에 판매하였는데, 유럽공동체에 의해 법에 따른 제재로서 잠정적 반덤핑관세를 부과받았다(2021년 4월 30일, 한국무역협회 자료 참조하여 재작성).

국가별로 법적 규정과 정책에 의해 제품 가격에 대해 규제를 가하는 경우가 있다. 그 대표적인 경우가 반덤핑규제법으로 수출업체가 국내에서 판매하는 가격보다 더 낮게 해외시장에 덤핑가격(dumping price)으로 판매하는 경우 현지 국가의 산업을 보호하기 위해 현지국 정부에서는 반덤핑관세(anti-dumping duty)를 부과할 수 있다. 그러므로 국제법규와 정책은 국제마케팅에서 가격 결정에 영향을 미치는 요인으로 볼 수 있다.

이와 같이 국제법규와 정책은 가격 전략을 수립하는 데 있어 반드시 고려해야 하는 요소 중 하나이다. 국가별로 법적 규제의 정도가 다를 수 있기 때문에 면밀한 검토가 선행되어야 한다. 자칫 이러한 부분을 간과하여 진출국에서 비즈니스 자체가 타격을 입고 더 이상 영업을 하지 못해 그동안 투자한 모든 비용이 손실되지 않도록 주의해야 한다.

4. 가격 수용 범위

첫째, 준거가격이 있다. 국제시장에서 신규 제품 또는 기존 제품의 확장으로 가격을 정하는 데 있어 그 시장에서 기준이 되는 준거가격이 있다.

그것은 시장에서 선두기업 또는 경쟁기업들이 내놓는 가격이 기준점이 되는 경우가 많다. 그러므로 해외시장에서 처음 진출하는 기업의 경우 시장에서 형성되어 있는 준거가격을 상세하게 파악하는 것은 매우 중요하다. 왜냐하면 가격을 책정하는데 있어 준거가격은 시장에서 기준으로 제품의 가치를 평가해 주는 것이기 때문이다.

준거가격이 판매단가보다 높을수록 구매의사가 높아진다. 반면에 준거가격이 판매단가보다 낮다면 제품 가격이 비싸다고 생각해서 구매의사를 철회한다. 이러한 점에서 해외시장의 준거가격을 알아내는 것이 매우 중요한 이유이다.

둘째, 유보가격은 국제시장에서 소비자가 특정 제품에 대해 지급할 용의가 있는 최대 가격을 의미한다. 이는 소비자의 선호도와 제품의 효용성, 품질 등과 긴밀하게 연계되어 있다. 준거가격보다는 높은 가격이라도 제품의 품질이 우수하고 상표 경쟁력이 있는 경우 소비자는 유보가격까지는 지급할 의향이 있는 것이다. 그러므로 현지 국가의 소비자가 해당 제품에 대해 유보가격을 파악하는 것은 매우 중요하고 기업의 수익성을 높이는 가격 전략 중 하나가 된다.

셋째, 최저가격이 있다. 세계 시장에서 기업이 해당 제품에 대해 소비자의 수용가능 가격범위를 아는 것은 가격 전략을 설정하는데 있어 핵심이다. 왜냐하면 소비자의 행동과 가치 범위를 이해하는 것이기 때문이다.

특정 제품에 대한 소비자가 여기는 최저가격의 범위를 검토하여 기업의 가능한 품질과 소비자 가치 인식을 고려하여 가격 전략을 수립해야 한다.

제12장

국제시장 유통 전략

1. 국제유통경로의 개념

국제유통경로는 기업의 제품이나 서비스를 국제시장의 소비자가 사용하거나 소비하도록 이전시키는 개인 또는 관련 조직들의 집합을 의미한다. 국제시장에서 기업은 유통에서 경쟁기업보다 신속하고 차별화된 서비스를 제공함으로써 경쟁력을 확보하게 된다. 최근 국제시장에서 유통경로는 국제마케팅믹스 전략에서 중요성이 더욱 높아지고 있다. 이는 국제시장에서 유통경로는 쉽사리 구축되기 어렵고 한 번 수립되는 경우 변경이 어렵기 때문이다. 따라서 기업들은 마케팅믹스 전략을 구축할 때 국제시장에 가장 적합한 유통경로를 채택하려고 최대한 노력한다.

국제시장의 유통경로에서 중간상으로서 유통업자의 역할은 상당히 다양하다. 첫째, 국제시장에서 유통업자는 거래비용의 감소를 가져온다. 유통업자가 존재하기 때문에 국제시장에서 생산자와 소비자를 연결해 줌으로써 총거래 수의 최소화가 가능하다. 만약 생산자가 각 소비자와 직접 유통하는 경우 운송료, 재고관리비용, 유통인원 확보 등으로 유통비용이 증가하게 된다. 둘째, 유통업자가 중간에서 구실을 하므로 재고의 불균형 해소가 이루어진다. 셋째, 유통업자는 제품에 대한 정확한 정보 전달의 임무를 수행한다. 넷째, 유통업자가 중간에서 재고를 확보함으로써 생산자는 재고를 감소시킬 수 있다. 다섯째, 유통업자들이 자금을 융통함으로써 유통이 자연스럽게 운영되게 한다.

2. 국제유통경로의 구성원

국제시장에서 유통에 참여하는 구성원은 상당히 다양하다. 따라서 국제 마케팅에 있어 유통경로를 형성하는 구성원에 대해 분석하는 것은 큰 의미가 있다. 유통경로의 구성원은 일반적으로 다음과 같이 구분된다.

첫째, 유통경로에 있어 국제시장의 대리상이 있다. 국제시장의 대리상은 다시 중개업자, 대리점, 팩터로 분류된다.

① **중개업자**는 영어로 'broker'라고 하며 특징적으로 음식료품 또는 일차상품을 주로 취급한다. 그 대가로 중개수수료를 받는다. 중개업자는 현지 시장정보에 밝고 능숙한 장점이 있기 때문에 이들을 통하는 경우 적은 비용과 시간으로 현지시장에 신속하게 접근이 가능하다.

② **대리점**은 특정지역, 국가 또는 인접국가 등에서 제조사의 제품을 판매하는 권한을 갖는다. 일반적으로 국제시장의 대리점은 'exclusive agent', 'sales agent' 등과 같이 불린다. 이들은 주로 산업재와 소비재를 유통한다. 자체적인 유통망을 국제적으로 구축하기 어려운 수출업체들이 일반적으로 이러한 국제시장의 대리점을 활용하는 경우가 많다. 이는 이들을 통하는 경우 해당 지역 또는 국가에

대해 일정한 통제가 가능하고 집약적 유통이 이루어질 수 있기 때문이다.

③ 국제시장의 **팩터**(factor)는 중세시대의 이탈리아에서 기원을 하고 있다. 이들은 중간업자로서 수출상에게는 판매알선을 해 주고 구매자로부터 지급보증업무를 대신해 준다. 그것을 통해 판매수수료(sales commission)와 지급보증수수료(Del Credere commission)를 추가로 수취한다. 이들의 장점은 수출자와 수입자의 중간에서 신용위험을 덜어주는 데 있다.

둘째, 국제시장에서 중간상은 상당히 중요한 소임을 수행한다. 중간상은 여러 가지 형태가 있는데 다음과 같이 수입상, 유통업자, 딜러, 도매상과 소매상 등으로, 일반적으로 분류된다.

① **수입상**(importer)은 제품에 대한 전문지식을 바탕으로 수입을 주로 한다. 따라서 수입상이 잘 알고 있는 분야의 제품을 수입하는 경우가 일반적이다. 이들은 자신의 책임과 계산을 통해 수입하여 도매상 또는 소매상에게 물품을 판매한다.

② **유통업자**(distributor)는 일반적으로 해외제조업체와 연계하여 독점적인 판매권을 부여받아 특정국에 물품을 유통한다. 이들은 해외제조업체와 긴밀하게 연계되어 있어 의존도가 상당히 높다. 또한 계약 기간도 장기간 지속되는 특징이 있다.

③ 국제시장의 **딜러**(dealer)는 특정한 제품에 대해 공급업체와 지속적인 관계를 형성하고 통상적으로 산업재 또는 내구성 소비재를 소비자에게 직접 판매하는 중간상이다. 딜러는 대부분 독립적인 중간상이지만 제조업체의 요청으로 딜러의 일정 지분을 보유하는 때도 있다.

④ 국제시장의 **도매상**과 **소매상**은 다양한 형태로 현지국가에 존재한다. 일반적으로는 수입업자가 해외로부터 물품 수입을 하여 도매상 또는 소매상에게 판매한다. 국제시장에서 소비자들은 소매상을 통해 소량으로 제품을 사들이는 형태가 일반적이다. 그러나 시장에 따라 소매상이 도매상을 거치지 않고 직접 수입업자

가 되어 수입하는 예도 있다. 또한 도매상이 해외 물품을 직접 수입한 후 시장에서 소비자에게 판매하는 형태도 있다.

3. 글로벌 시장의 유통구조 분석

진출하고자 하는 국가의 유통구조를 분석하기 위해서는 다음처럼 다양한 방식으로 접근해야 한다.

첫째, 유통경로의 전체 길이를 분석해야 한다. 유통경로가 단축될수록 소비자들은 중간 유통비용이 절감되어 소비를 통해 얻는 혜택이 증대된다. 최근에는 운송수단과 디지털기술의 혁신적 도입으로 인해 유통경로가 점차 단축되고 있다. 따라서 진출국의 현재 유통경로 길이가 어느 정도인지를 구체적으로 파악하는 것은 전략구축에 매우 중요하다.

둘째, 유통마진과 유통비용을 분석해야 한다. 해외 진출 국가의 유통전략을 수립하기 위해서는 현재 국제시장에서 유통마진이 어떻게 구성되어 있는지를 확인해야 한다. 구체적으로 각 제품에 대한 현실적인 유통마진율을 산정하여 향후 전략 수립 시 참고자료로 활용할 수 있다.

또한 현재 국제시장에서 발생하는 유통비용의 정도를 파악하는 것이 핵심이다. 만약 제조업체가 단순히 제품만을 제공하는 수준이라면 유통경로에서 신용, 재고, 시장개발 등의 마케팅 비용을 부담하게 된다. 이러한 유통경로의 추가적 유통비용 부과로 인해 최종 소비자에게 판매되는 최종 판매가는 상승하게 된다.

셋째, 제공 서비스를 분석해야 한다. 국가별로 도매상과 소매상이 제공하는 서비스의 종류와 영역은 다르다. 어떤 국가에서는 소매상들이 판매촉진과 광고 등을 거의 수행하지 않고 단순히 소비자들에게 판매만 한다. 그러나 다른 국가에서는 소매상들의 판매촉진활동이 매우 활발하다. 또한 유통경로에서 소매상들의 치열한 경쟁으로 인해 마진율이 낮은 상황에서도 상인들은 소비자들에게 다양한 서비스를 제공한다.

이와 같이 국가별로 유통경로에서 제공되는 서비스는 천차만별이다. 적절한 유통 전략을 설정하기 위해서는 현재 유통경로상에서 제공되는 서비스의 현황을 파악하는 것이 핵심적인 사항이다.

넷째, 경쟁현황을 분석해야 한다. 유통경로상의 경쟁상황을 입체적으로 파악하는 것은 필수적이다. 경쟁사의 제품을 유통하는 도매상과 소매상의 구조를 파악해야 한다. 이는 이러한 유통구조를 파악함으로써 경쟁사의 판매활동과 마케팅 중점사항 등의 중요한 정보를 확인할 수 있기 때문이다.

경쟁사의 제품을 유통하는 소매상과 도매상의 상호와 소재지를 파악해야 한다. 또한 그들의 유통방식과 유통규모를 통해서 현지국의 시장 규모를 파악할 수 있다.

다섯째, 유통경로의 효율성을 파악해야 한다. 국가별로 유통업체의 유통할 수 있는 범위는 현저한 차이가 있다. 일본의 경우에는 교통망과 유통채널이 체계적으로 구조화되어 있어 하나의 유통경로와의 계약으로 전국적으로 일사불란하게 유통이 가능하다. 그러나 터키나 파키스탄 등과 같은 개발도상국의 경우 교통망과 저(低)개발된 유통채널로 인해 전국적으로 유통하는 것은 어렵다. 따라서 해당 개발도상국들은 지역별로 별도의 유통계약을 체결해야 한다.

이러한 관점에서 유통 전략을 설정하기 위해서는 진출국의 유통 효율성도 철저하게 파악해야 한다. 만약 별다른 검토 없이 유통 전략을 여타 선진국과 동일한 수준으로 수립한다면 예상치 못하게 유통이 원활하게 이루어지지 못해 수급 불안정으로 인한 큰 타격을 겪게 될 수도 있다.

4. 글로벌 시장 유통 전략

1) 전략 수립의 고려 요소

기업의 현지 진출에 따른 효과적인 유통 전략을 수립하기 위해서는 다수의 요소를 신중하게 고려해야 한다. 마케팅 믹스의 다른 요소들이 아무리 효율적으로 구성되었다 하더라도, 제품의 유통이 원활하지 못해 소비자에게 제대로 판매되지 않으면 우수한 마케팅 성과를 기대하기 어렵다. 일반적으로 기업은 해외 진출 시, 유통 전략을 수립하는 과정에서 다음과 같은 핵심 요인들(유통경로전략목표 6C)을 고려한다.

(1) 비용(Cost)

효과적인 유통 전략을 구축하기 위한 고려 요소로는 유통 비용의 전체적인 검토가 필요하다. 아무리 우수한 유통 채널이라 하더라도 비용 측면에서 과도하게 소요되는 경우 비즈니스의 성공을 확신하기 어렵다.

특별히 해외시장은 국내시장과 확연히 다를 수 있다. 운송 기반 시설 구축 상황이 좋지 않으면 운송 비용이 크게 차이 날 수 있다. 지리적으로 가까운 거리임에도 도로 상황이나 심각한 교통 체증 등으로 인해 막대한 시간이 소요된다면 시간적 및 물리적 비용이 해외시장에 진출한 기업에 상당한 부담으로 작용할 가능성이 높다. 따라서 유통 전략을 구축하기 위해 비용의 규모를 파악하는 것은 선행적으로 고려되어야 한다.

(2) 소요자본(Capital Requirement)

효율적인 유통채널의 구축은 해외시장에서의 영업 성공을 좌우하는 핵심 요소라 할 수 있다. 소비자에게 효과적으로 노출되고 소비자의 구매 과정에서 편리한 접근성이 확보될 때 해외 시장에서 생존이 가능하며 지속적인 성장을 달성할 수 있다.

이러한 관점에서 소비자에게 접근성과 편리성을 제공하기 위해 판매장소나 신속한 유통을 위한 창고 및 자가운송차량 등의 기반 시설을 구축하는 것이 유리하다. 그러나 기업이 이러한 기반 시설을 구축하기 위해서는 상당한 자본 투자가 필요하다. 따라서 기업은 효과적인 유통 전략을 실행하기 위해 필수적으로 요구되는 자본 소요를 신중히 고려해야 한다. 만약 기업이 투자할 여력이 있고 향후 해외시장에서 지속적인 성장 가능성이 있다고 판단된다면 투자를 결정하게 된다.

(3) 통제 범위(Control)

진출하고자 하는 국가에서 유통을 통제하고 관리하는 범위를 결정하는 것은 전략적으로 매우 중요한 사안이다. 원자재 수급부터 최종 소비자에게 판매되는 전체 과정을 통제할 수 있으나, 현실적으로 해외시장에서는 이러한 완전한 통제가 불가능할 수 있다. 따라서 기업은 자신의 현재 상황을 자세히 고려하여 가장 합리적인 통제범위를 설정할 필요가 있다. 기업의 가용 자원을 체계적으로 파악하는 것이 우선적으로 선행되어야 하며, 외부 자원을 전략적으로 활용하는 것 또한 효과적인 방법이다.

(4) 유통 범위(Coverage)

효과적인 유통 관리 관점에서 미국이나 중국과 같은 광대한 대륙 국가에서 판매를 위해 집중적으로 공략할 지역을 선정하는 것은 핵심적인 전략적 활동이다.

즉, 기업은 자신의 역량과 내부 자원을 종합적으로 고려하여 유통 범위를 어디까지 확장할지를 결정해야 한다. 기업이 모든 지역에 대해 판매하고 유통하는 것은 이상적일 수 있으나 현실적으로 어려운 과제이다. 따라서 효과적인 유통 전략을 운영하기 위해 기업은 유통 범위를 전략적으로 한정하는 것이 필요하다.

일반적으로 유통 범위(coverage)를 아래와 같이 구분한다.

① **집중적 유통 범위**(intensive coverage): 가능한 많은 수의 중간상에게 유통하는 방식이다.

② **선택적 유통 범위**(selective coverage): 목표로 하는 지역 내에서 중간상을 선별해서 유통하는 방식이다.

③ **전속적 유통 범위**(exclusive coverage): 특정 시장이나 지역에서 하나의 중간상만을 통해 유통하는 방식이다.

(5) 개별 특성(Character)

해외시장은 사회·문화적 환경과 경제적 여건이 현저히 다르다. 특히 진출 대상 시장이 아직 국제화되지 않으면 유통 방식과 운송 형태에서 상당한 차이가 나타난다.

이와 같은 맥락에서 해외시장의 개별 특성을 면밀히 고려하는 것은 선결과제이다. 소비자 유형이나 판매 방식 등 다양한 요소에 대한 정밀한 분석이 요구된다. 이러한 시장별 특성을 간과한 채 유통 전략을 수립할 경우, 성공적인 비즈니스 운영을 기대하기 어렵다.

또한 현지 판매자들의 진열 및 판매 행태를 정확히 이해하고, 색채 등 이미지 요소에 내재한 개별적 특성 여부를 파악하는 것이 필수적이다.

(6) 연속성(Continuity)

기업의 판매활동은 단발성 이벤트로 종료되지 않는다. 아울러 유통과 운송활동은 일단 구축되면 변경이 매우 복잡하고 지속적인 성격을 지닌다. 따라서 기업은 초기 구축 단계에서 정확하고 효과적인 유통 전략을 수립해야 한다.

임시방편적인 방식으로 유통채널을 구성하는 것은 바람직하지 않다. 장기적으로 안정적인 운영이 가능하도록 유통채널을 구축하는 것은 매우 중요한 과제이다. 따라서 유통 전략을 확립하기에 앞서 지속 가능한 운영 방안을 자세히 검토해야 한다.

5. 글로벌 시장 유통 관리

1) 글로벌 시장 소매 유통 관리

해외시장에 진출한 기업은 소비자에게 자사 제품을 제공하기 위해 여러 유형의 소매 유통망을 운영한다. 그 종류는 다양하며, 대표적인 소매 유통점의 유형을 아래와 같이 간략히 설명하고자 한다.

소매 유통점	특징	주요 제품
할인점	광범위한 제품을 저가로 판매하며, 가성비가 높은 제품을 주로 판매함	공산품, 식품, 비식품
백화점	개별적 브랜드제품과 판매원으로 구성되어 있음. 백화점 명성에 맞는 도시와 국가를 찾기 어려워 해외 진출에 제약이 있음	여성/남성제품, 아동품, 화장품 등 다양한 제품

소매 유통점	특징	주요 제품
전문점	전문점은 백화점보다 제품 구색이 적으나 특정고객을 겨냥해서 제품군별로 다양한 구색을 갖추고 있음	디즈니 스토어, 크로커 다일 등 의류, 신발 등 제품
슈퍼마켓	주택가 근처에 위치하여 편리하게 쇼핑이 가능하도록 접근성과 저가제품 위주의 판매를 함.	식품, 비식품 위주의 제품군
편의점	슈퍼마켓과 유사하지만, 회전율이 높은 편의품과 충동품 위주로 판매함. 긴 영업시간이 특징임.	식품, 주류 등의 제품군
쇼핑몰	특정 장소에 여러 브랜드 상점을 포함하여 고속도로 등 접근성이 좋은 곳에 위치함. 편리함과 여흥을 즐길 수 있음.	의류, 신발, 잡화, 레스토랑 등 제품군
아웃렛	유명 상표 제품의 재고품을 저가로 할인하는 상점의 형태. 명품을 저렴하게 판매함.	의류, 가방. 잡화 등 제품군
온라인몰	사이버 공간에 개설된 전자 상점을 통해 시간적, 공간적 제약을 넘어 쇼핑함.	제품의 제약이 없을 정도로 다양함

2) 전자상거래

글로벌 유통시장에서는 최근 전자상거래가 급격한 확산세를 보인다. 고객은 매장을 직접 방문하지 않고도 구매가 가능하며 시간적 제약이 없어 글로벌 소매시장에서 주목받고 있다. 또한 치열한 가격경쟁으로 인해 온라인상점의 가격은 배송비를 포함하더라도 상대적으로 저렴한 것이 일반적이다.

세계적 팬데믹 상황이 전 지구를 강타하면서 이러한 온라인 판매는 그 영역과 거래량이 급격히 증가하고 있다. 비대면 문화의 확산으로 외식업계마저도 테이크아웃(take-out) 방식이 더욱 확대되는 추세에 있다.

또한 카페에서 커피를 마시는 것이 기존 방식이었으나, 최근에는 온라인에서 주문하고 '드라이브 스루(drive-through)' 방식으로 커피를 받는 소비자들이 점차 증가하고 있다.

해외 진출을 모색하는 기업들은 전통적인 유통 방식에서 탈피하여 새로운 형태의 판매 방식을 검토해야 할 시점이 도래했다. 만약 기존 방식에만 의존하여 진출하고자 한다면 시장에서 외면당할 가능성이 높다.

기업이 공급하고자 하는 제품이 산업재, 식음료, 잡화 등의 품목이라고 하더라도 온라인으로 주문을 접수하고 판매하는 체계를 구축해야 한다. 또한 B2B 또는 B2C 비즈니스 등의 형태와 무관하게 실시간 주문과 배송이 상호 확인 가능한 플랫폼 구성이 필수적으로 되었다. 전자상거래에 익숙하지 않은 기업은 미래에 생존이 어려운 환경이 조성되고 있다.

제13장

글로벌 마케팅 커뮤니케이션

1. 마케팅 커뮤니케이션 개념

마케팅 커뮤니케이션은 기업이 자사 제품을 소비자에게 효과적으로 어필하기 위하여 광고, 판매촉진, 홍보, 인적 판매 등의 수단을 활용해 소비자와 쌍방향으로 소통하는 활동을 의미한다.

최근에는 이러한 네 가지 커뮤니케이션 수단(광고, 판매촉진, 홍보, 인적 판매)을 통합하여 시장에서 실행하는 전략을 '통합 마케팅 커뮤니케이션(Integrated Marketing Communication, IMC)'이라 칭한다.

2. 글로벌 시장의 마케팅 커뮤니케이션 과정

기업이 글로벌 시장에서 소비자에게 정보를 전달하는 과정은 아래처럼 간단한 도식으로 표현할 수 있다. 이러한 과정을 구체적으로 설명하면, 기업은 발신자의 역할을 하며 메시지를 시장 내 소비자에게 전송하게 된다. 이때 기업은 메시지를 부호화하여 각종 매체를 통해 전달하면, 소비자는 해당 메시지를 해석하여 피드백의 형태로 기업에 부정적 또는 긍정적 반응을 나타낸다.

3. 마케팅 커뮤니케이션 종류

1) 광고(廣告, Advertising)

기업이 자사 제품을 해외 시장의 소비자에게 효과적으로 어필하기 위해 비인적(非人的) 매체를 활용하여 제품 정보를 전달하고 구매를 유도하는 활동이 바로 광고이다.

세계 시장에서 성공적으로 진출하기 위해서는 자사 제품 특성에 부합하는 적합한 광고 전략을 선택하는 것이 매우 중요하다. 제품 유형과 목표 시장의 특성에 따라, 동일한 광고를 여러 국가에서 일괄적으로 사용하는 것이 효과적인 사례가 있지만, 각 현지 시장의 특성을 반영하여 현지화한 광고가 더 높은 효과를 거두는 경우도 존재한다.

(1) 광고의 종류

광고는 그 내용에 따라 기업광고, 공익광고, 제품광고로 분류된다. 여기서 기업광고는 특정 제품에 대한 정보보다는 기업의 이미지 향상을 목적으로 제작되는 것이다. 공익광고는 그 성격이 공익적이며 사회적 기여를 위해 제작된다. 제품광고는 일반적으로 기업이 제작하는 것으로, 기업이 실제로 공급하는 제품과 서비스에 관한 메시지를 전달하는 역할을 한다.

(2) 광고의 기능

광고는 기업이 추구하는 목표에 따라 그 기능이 다르다. 첫째, 경쟁 브랜드 대비 자사 브랜드 제품에 대한 구매를 유도하기 위해 경쟁 브랜드와의 비교를 목적으로 하는 비교광고(comparative advertising)가 있다. 둘째, 선도광고(pioneering advertising)는 신제품을 소개하는 광고로서, 새로운 소비자층과 시장을 창출하는 목적으로 제작된다. 셋째, 리마인더광고는 기존 제품이 시장에서 이미 충분히 인지되면 소비자에게 재차 회상(recall)과 재인(recognition)을 촉진하는 역할을 한다.

(3) 글로벌시장 광고활동 제약요소

글로벌 시장은 언어적·문화적 장벽으로 인해 국내 시장과 비교할 때 소비자와의 의사소통이 상대적으로 어려운 특성을 보인다. 이러한 제약요인은 다음과 같이 정리할 수 있다.

첫째, 언어 장벽이다. 다른 언어 사용은 상호 소통을 어렵게 할 뿐만 아니라, 현지에서 부적절한 어휘를 사용할 때 메시지가 정반대의 의미로 해석되는 위험을 수반한다. 예컨대 GM이 중남미 시장에 진출하면서 미국에서 사용하던 자동차 브랜드명 'NOVA'(천문학에서 '신성(新星)'을 의미하는 긍정적 영어 단어)를 그대로 채택한 사례가 있다. 그러나 스페인어권 소비자에게 'Nova'는 'No go(가지 않는다)'로 인식되어 부정적 반응을 유발하였고, 결과적으로 해당 모델의 판매 실적은 저조하였다. 이처럼 브랜드 명칭에 사용되는 언어를 현지 시장에 적합하게 선택하는 것은 기업 성패를 좌우하는 핵심 요인이다.

둘째, 색채와 이미지에 대한 문화별 인식 차이다. 중국 소비자는 빨간색을 '부(富)의 상징'으로 수용하지만, 일부 국가에서는 빨간색이 '혈액'을 연상시키는 부정적 색채로 인식되므로 광고 활용 시 주의가 필요하다. 또한 유럽과 미국에서는 반려견 이미지가 친근하고 사랑스러운 정서를 자아내지만, 중동 지역 일부에서는 반려견에 대한 부정적 시각이 존재하므로 광고 소재로 활용할 때 각별한 고려가 요구된다.

2) 국제판매촉진(Promotion)

(1) 국제판매촉진 개념

국제판매촉진은 해외시장에 진출한 기업이 단기간 내에 소비자의 구매를 유도하기 위해 다양한 촉진 수단을 강력히 활용하는 일련의 활동을 지칭한다. 이는 해외시장에서 실질적인 시장점유율 확대를 가능하게 하는 핵심적인 마케팅 전략으로서 기업 경영에 중대한 의미를 부여한다.

국제판매촉진은 기업에 다각적인 이점을 제공한다.

첫째, 신규로 진입한 해외시장에서 현지 유통업체의 제품 판매를 촉진하기 위하여 환급(rebate), 판촉물 제공 등 다양한 유인책을 활용함으로써 현지 거래처의 영업 의욕을 고취한다. 이를 통해 기업은 현지 시장 내 시장점유율을 효과적으로 제고할 수 있다.

둘째, 대형 유통매장 및 지역 슈퍼마켓 등 현지 리테일 채널에서 견본(sample) 배포, 할인 쿠폰 제공 등의 직접적인 판촉 활동을 전개하여 소비자에게 제품을 노출함으로써 브랜드 인지도를 향상시킨다. 이러한 판매촉진 활동은 소비자의 구매 의사결정 과정에 긍정적인 영향을 미친다.

셋째, 광고가 주로 광범위한 소비자층을 대상으로 하는 데 비해, 판매촉진은 목표 고객층 및 목표 시장에 직접 접근하여 구매 동기를 즉각적으로 유발함으로써 비용 대비 높은 효율성을 실현한다.

(2) 국제판매촉진 종류

① 대고객(對顧客) 판매촉진

기업이 현지 시장에 진출하여 매출을 증대하기 위해 현지 소비자에게 강력한 구매 유인을 제공하는 활동이다. 대표적인 수단으로는 쿠폰(Coupon) 제공을 통한 제품 단가 할인 또는 쿠폰 적립을 통한 차후 무료 제공 등이 있으며, 견본품(sample) 배포와 복합제공물(combination offers) 제공도 신규 시장 진입 시 일반적으로 활용된다. 예컨대 대형마트에서 신제품 견본품을 배포하여 구매를 유도하며, 복합제공물 방식은 기존 제품과 신제품을 결합하여 특별 가격으로 판매하는 형태이다. 이 밖에도 보너스팩, 경품 행사, 정기 구매 프로그램 및 회원제도 등 다양한 판매촉진 기법이 적용된다.

② 대거래선(對去來先) 판매촉진

해외시장에서는 유통채널이 상대적으로 취약하므로 현지 거래처를 효과적으로 관리하는 것이 중요하다. 이에 현지 거래처를 대상으로 수행하는 판매촉진 활동으로는 환급(rebate), 신제품 설명회 개최, 이벤트 후원, 정보 지원 및 판촉자료 제공 등이 있다. 제조사가 현지 도·소매상에게 의존하여 판매를 독려하는 판매푸시전략(Sales Push Strategy)은 해외 진출 초기 단계에서 특히 필수적인 기법으로, 거래선에 대한 적극적 인센티브 제공을 통해 시장 점유율 확보를 지원한다.

(3) 특수형태의 국제판매촉진(국제전시회)

국제마케팅에서 국내마케팅과 구별되는 주요 형태는 국제전시회를 통한 판매촉진이다. 사실 대고객 및 대거래선 판매촉진은 국내시장에서도 광범위하게 활용되기 때문이다.

국제전시회는 전 세계 주요 도시, 특히 싱가포르·독일·홍콩 등에서 연중 꾸준히 개최된다. 국제시장 진출을 모색하는 기업은 이러한 전시회에 적극 참가하여 자사 제품과 기업 정보를 홍보·전시함으로써 다수의 잠재 고객에게 브랜드 인지도를 제고하고, 궁극적으로 더 큰 비즈니스 기회로 연결할 수 있다.

3) 국제시장 홍보(Public Relation)

기업이 현지 진출 국가에서 우호적 평가를 얻기 위해서는 자사의 제품 및 브랜드에 대한 긍정적 이미지를 현지 매체(신문·라디오·TV 등)를 통해 적극적으로 홍보해야 한다. 홍보(PR)는 유료 광고와 달리 비용을 내지 않는 점에서 차별화되며, 기업의 호의적 활동을 객관적 보도로 전환함으로써 소비자의 신뢰를 획득한다.

글로벌 판매 전문가는 현지 매스컴에 나타난 부정적 기사에 신속히 대응하여 상표 인지도 훼손을 방지하는 중책을 담당한다. 특히 인터넷과 SNS가 글로벌 소비자 인식 형성의 핵심 경로로 부상함에 따라, 페이스북·구글 등 주요 플랫폼에서 기업 이미지를 제고·유지하기 위한 전략적 노력이 필수적이다. 이를 통해 강력한 상표 인지도를 구축함으로써 지속 가능한 경쟁 우위를 확보할 수 있다.

4) 인적 판매(Personal selling)

(1) 국제시장 인적 판매 개념

신규 해외시장 진출 시 잠재 고객에게 접근하는 방법으로 인적 판매를 활용한 신제품 소개는 매우 효과적인 전략이다. 영업담당자가 제품에 대한 상세한 정보를 직접 제공할 때 잠재 구매자에게 더 높은 신뢰도를 제공할 수 있다.

특히 기술적 복잡성이 높은 제품이나 금융상품과 같이 전문적 지식이 요구되는 상품의 경우 인적 판매의 효과성이 더욱 두드러진다. 이는 신규 제품 또는 브랜드가 시장에서 생소할 수 있어, 전문 지식을 보유한 영업담당자의 설명을 통해 잠재 구매자가 제품에 대한 확신을 가지고 구매 결정을 내릴 수 있기 때문이다.

(2) 국제시장 인적 판매 고려사항

국제시장에서는 인적 판매가 국내와는 상이한 제약과 환경 속에서 이루어지므로, 다음 세 가지 요소를 자세히 검토해야 한다.

① **정부 규제 장벽**: 국가별로 인적 판매에 대한 법적·사회적 인식이 크게 차이 난다. 일부 국가에서는 정치·사회적 규제가 엄격하여 인적 판매 활동을 금지하거나 제한하기도 한다. 따라서 현지 정부의 관련 법규와 규제 체계를 사전에 철저히 검토해야 한다.

② **시장 불확실성**: 진출 대상 시장에 관한 정보가 불충분할 경우, 사전 조사를

통해 시장 구조와 소비자 특성을 파악해야 한다. 다만 과도한 조사 기간은 진입 시점을 놓치는 위험을 초래할 수 있으므로, 시장 불확실성이 높은 지역에서는 현지의 기존 인적 판매 조직을 활용하여 신속하게 접근하는 전략이 바람직하다.

③ **정치적 위험성**: 정치적 불안정성과 경직된 정책 체계는 인적 판매 활동의 여건을 크게 제약한다. 진출 국가의 정치적 위험도를 평가하여 위험이 큰 경우, 현지 시장에 정통한 에이전트나 지역 기업과 제휴하여 판매를 진행하는 방안을 고려해야 한다. 이와 같은 주요 고려사항을 간과한 채 단독으로 인적 판매를 추진할 경우, 성공적인 영업 성과 달성은 거의 불가능하다. 따라서 위 세 가지 요소는 해외시장 인적 판매 전략 수립의 필수적 전제조건이다.

참고문헌

1. 국내 문헌

강원진(2011), 『무역실무 문답식 해설』, 두남출판사.

남풍우(2020), 『무역 결제론』(전정 4판), 두남출판사.

이성태 외(2006), 『알기 쉬운 경제지표해설』, 한국은행.

이대우·양의동(2014), 『신용장론』(개정 8판), 도서출판 두남.

이천수·강효원(2020), 『무역계약과 CISG』, 도서출판 범한.

임석민(2017), 『국제운송론』(개정 7판), 삼영사.

박석재(2007), 「제6차 개정 신용장통일규칙(UCP 600)의 주요 내용에 관한 연구」, 『무역상무연구』 제33권, 63~89쪽.

방희석·고용기·박근식·나정호(2021), 『국제운송론』, 박영사.

이제현(2002), 「신용장 거래의 무역사기유형분석과 예방에 관한 연구」, 『무역학회지』 제27권 2호, 3~24쪽.

김은주(2011), 「국제운송계약상 해상화물운송장과 전자선하증권의 비교연구」, 『무역상무연구』 제51권, 317~358쪽.

강영문(2006), 「국제운송규칙의 변화와 선하증권의 면책약관에 관한 연구」, 『무역상무연구』 제31권, 59~78쪽.

이천수(2013), 『무역실무 용어집』, 대진출판사.

이영달(2019), 『FTA협정 및 법령해설』, 세인북스.

법무부(2008), 『자유무역협정의 법적 고찰』, 법무부.

최장우·박영태(2010), 『인터넷 무역마케팅』, 두남출판사.

Kim, B.(2009), *Lectures on FTAs and RTAs*, 한국학술정보.

2. 외국 문헌

Krueger, A.(2020), *International Trade: What everyone needs to know*, Oxford University Press.

Narlikar, A.(2005), *International Trade and Developing Countries: Bargaining coalitions in the GATT&WTO*, Routledge.

Grimwade, N.(1989), *International Trade: New Patterns ofTrade, Production and Investment*, Routledge.

Heinz, Riehl(1998), *Managing Risk in the Foreign Exchange,Money and Derivative Markets*, New York: McGraw-Hill.

Moffett, M., Arthur, I., and David K.(2003), *Fundamentals of Multinational Finance*, Boston: Pearson Addison-Wesley.

Bridge, M.(1999), *The International Sale of Goods*, Oxford: University Press.

Smith, J. C.(2002), *The Law of Contract*(4th edition), Sweet & Maxwell.

Tracy, Walter(2003), *Letters of Credit: A view of Type Design*, Boston; David R. Godine Publisher.

Hinkelman, Edward G.(2000), *International Payments*, San Rafael: World Trade Press.

Bose, R.(2020), *Letters of Credit: Theory and Practice*, Chennai: Notion Press.

Sampson, G.(2000), *Trade, environment, and the WTO: the post-Seattle agenda*, Washington, D.C.: Overseas Development Council; Baltimore: Distributed by the Johns Hopkins University Press.

Navaretti, G. & Venables, A.(2020), *Multinational Firms in the World Economy*, Princeton, NJ: Princeton University Press.

Lopatin, A.(2019), *Essays on International Trade and Finance*, Indiana University. Economics.

Kozeniauskas, Nicholas(2018), *Essays in Macroeconomics and International Trade*, New York University. Economics.

Hyman, Benjamin G.(2018), *Essays in Public Economics and International Trade*, University of Pennsylvania. Applied Economics.

Lim, Kevin(2016), *Firm-to-Firm Relationships in International Trade*, Princeton University. Economics.

Frankopan, Peter(2016), *The silk roads:a new history of the world*, London, England: Bloomsbury.

Simchi-Levi, D., Kaminsky, P., & Simchi-Levi, E.(1999), *Designing and managing the supply chain: Concepts, strategies, and cases*, New York: McGraw-hill.

지은이 **강민효**

- 동의대학교 유통물류학과 교수
- 부산대학교 국제학 박사(국제통상전공)
- Diploma, University of Westminster(U.K.)
- 동의대학교 경영대학원 부원장 재직
- 한국글로벌무역학회 이사 재직
- 동국대학교 강사 역임
- 부산외국어대학교 강사 역임
- 글로벌 외국계 기업 20년 근무경험(독일, 이태리)
- HD현대그룹, 한라그룹 등 기업체(대기업) 교육
- 저서: 경영학원론, 국제무역실무, 국제마케팅 등

AI시대 국제물류론

1판 1쇄 인쇄_2025년 12월 05일
1판 1쇄 발행_2025년 12월 15일

지은이_강민효
펴낸이_양정섭

펴낸곳_경진출판
등록_제2010-000004호
이메일_mykyungjin@daum.net
스마트스토어_https://smartstore.naver.com/kyungjinpub/
사업장주소_서울특별시 금천구 시흥대로57길 17(시흥동, 영광빌딩), 203호
전화_070-7550-7776 팩스_02-806-7282

값 28,000원
ISBN 979-11-24168-01-1 93320